조선후기 일본사신 왕래와 접대

조선후기 일본사신 왕래와 접대

심민정 지음

경인문화사

내가 몸담고 있는 단체나 지역, 혹은 국가를 대표하는 역할을 한다는 것이 도무지 상상이 되지 않던 시기가 있었다. 학위 논문을 쓰기 위해 통신사 행록을 보면서도 옛 문투로 쓴 여행일기로 느끼거나, 지역에서 열리는 통신사축제에 참여하면서도 그저 관광문화축제로만 생각하기도 했으니 말이다. 하지만 내가 소속되어 있는 연구소나 학교 명칭을 이름 앞에 새긴 명패를 달고 학술대회나 행사에 참여하면서 조금씩 생각이 변하기 시작했다.

사신이라는 존재도 어쩔 수 없이 대표성을 띠게 되는 존재이다. 그렇다면 그 대표가 존중받거나 위엄을 갖추거나 뒷 배경이 되는 지역, 국가, 국왕의 입장을 대변해야 한다면 그것을 상징적으로 보여줄 수 있는 장치가 무엇일까? 그것이 의례나 연향 등의 '접대'인 것이다. 이 책은 접대를 통해 '사신'의 존재와 성격, 그 이면의 의도 등을 확인하고자 했다. 특히 기존에 조선에서 일본으로 파견한 사신인 통신사에 대해서는 연구 성과가 상당히 축적되어 있는 관계로 반대편의 대상인 일본사신에 집중하였다.

한편 사신의 존재와 성격, 의도 등을 파악하기란 여간 까다로운 작업이 아니었다. 우선 용어의 선택이 가장 큰 문제였다. 먼저 당시의 용어의 의미를 명확히 파악하고 사용을 해야 정확한 내용 확인이 가능하다. 제목에 버젓이 쓴 '접대(接待)'라는 용어부터 도마에 올랐다. 지금 현재 일상적으로 사용하는 '접대'라는 용어와 겹쳐지면서 사신의 무게감을 떨어뜨릴 수도 있는 상황이었다. '접빈(接賓)'이라는 용어와의 사투가 벌어졌다. 하지만 일본 사신에게 행해졌던 접빈의례 외에 일상적인 물품이나 음식 지급, 처우 등이 모두 포함된다면 '접빈'이라는 용어보다 '접대'라는 용어가 더 포괄적이고 많은 것들을 설명해 준다는 생각이 들었다.

이 책에 쓰인 용어들은 대부분 이런 숱한 고민들이 반영된 것이다. '임진전쟁', '연례송사', '차왜', '대차왜', '문위행', '통신사' 등등. 용어에 대한 고민을 깊이있게 할 수 있었던 배경에는 부경대 사학과에서 열성적인 교수님들이 스터디로 단련해주신 덕분이다. 지도교수님이신 박화진 교수님을 비롯하여 법전·경전·고서·문서 등 다양한 자료로 최다 횟수의 스터디 기회를 제공해주신 이근우 교수님, 조선시대에 관해 많은 조언을 아끼지 않았던 신명호 교수님이 그분들이시다. 또 박원용, 조세현, 김문기 교수님도 전공은 다르지만 중문, 영문 등으로 된 다양한 자료를 더듬더듬 읽어낼 수 있게 소중한 시간을 내어주신 고마운 분들이시다. 한 때는 일주일에 4~5개의 스터디를 준비할 때도 있었고, 덕분에 학위를 받기까지 엄청나게 오랜 시간이 걸렸지만 기초부터 탄탄하게 접근해야 한다는 마인드를 갖게 해주셨다.

하지만 '미학'이라고 해야 할지도 의문스러운 이 '느림' 때문에 이 책이 완성되기까지 너무 많은 분들이 마음고생을 심하게 하셨던 점에 대해서는 용서를 구하고 싶다. 이 책의 원고를 처음 제출했던 것이 2020년 12월이었는데 1년이 훌쩍 지났다. 1년 동안 카리스마를 최대한 자제하시고 차근차근 채근해주신 손승철 교수님께 너무 죄송스럽고 감사한 마음이다. 그리고 교정과 편집을 담당해준 박지현 선생님, 늦어지는 수정본을 매번 묵묵히 기다려주신 경인문화사에도 감사한 마음을 전한다.

공부를 하겠다는 소박한 마음으로 대학원 석사 과정부터 시작해서 박사학위를 따고 그 성과물로 처음 단독 연구서가 나오기까지 20년이 걸렸다. 너무 늦은 감이 있지만 주변에 늘 자리해주고 함께해준 동학들과 가족이 있었기에 이렇게 성과물을 낼 수 있는 것 같다. 지금은 뵐 수 없지만 사료 해독에 대한 중요성을 늘 강조하셨던 고(故) 김광옥 교수님, 나에게 필요한 자료를 찾으면 늘 건네주시는 이상규 선생님도 고마운 지원군이시다. 각자 다른 자리에서 연구를 지속하고 있는 이미란, 김윤미, 전지혜 선생님은 자랑스러운 후배이자 동학이다. 전공은 다르지만 대마도연구센터 옆자리에서 존재감만으로도 힘이 되어준 서경순 선생님, 한국여성독립운동연구소 소장이자 언니인 심옥주 선생님은 늘 든든한 마음의 백그라운드이다. 그리고 공부하는 부인 때문에 힘들다는 남편 백인수, 사랑하는 딸 백시연, 아들 백규빈 건강하게 자라는 걸로 보답해줘서 너무 고맙다.

유례없는 코로나 시국으로 재택업무가 늘었다. 연구서 출간과 함께 집에서 벗어나 소중한 사람들과 만나서 이야기 나눌 수 있기를 간절히 바라본다.

2021년 12월
집에서 심민정 쓰다.

들어가며

1장. 국교재개와 일본사신 접대규정 마련

2장. 연례송사 접대

3장. 차왜 접대

4장. 일본사신 접대 인원과 물품

5장. 일본사신 접대 양상

나가며

들어가며

1. 交隣體制와 朝·日使臣

조선후기 변화된 朝日관계 속에서 내왕한 일본사신에 대한 접대규정 및 실상을 규명하고자 하는 본 연구는, 처음에 '交隣이란 무엇인가?'라는 의문에서 시작하였다. 事大交隣體制로 설명되는 조선시대 외교체제 속에서 교린은 중국의 册封[1]을 받은 피책봉국 간의 대등한 외교관계로 정의되어 왔다.[2] 하지만 조선전기 정벌의 대상이 되기도 했던 對馬島를 비롯해 일본의

---

[1] '책봉체제'는 1962년 西嶋定生에 의해 "岩波講座, 「6~7世紀の東アジア」『日本歷史』, 1962"에서 제기된 이론인데, 그는 '책봉체제'란 "고대 동아시아세계"라고 하는 완결적인 역사문명권을 성립시켰던 정치적 구조에 대한 명명이라고 하면서, 시간적으로는 한과 당의 사이, 공간적으로는 중국, 조선, 일본, 베트남에 형성되었다고 정의했다. 그리고 한자의 사용, 한자를 매개한 율령, 유교, 불교의 수용 등은 언뜻 문화의 전파현상 같지만, 실은 이 체제의 정치질서에 매개되어 실현된 것이라고 했다. 그리고 전근대의 동아시아의 국제관계는 언제나 이 '책봉체제'라는 질서 형식을 매개로 형성되었다고 했다.(손승철, 『조선시대 한일관계사 연구-교린관계의 허와 실』, 경인문화사, 2006, 26쪽에서 재인용)

[2] 교린국들이 대등한 관계였다는 연구는 주로 일본 학자들에 의해 이루어졌다. 中村榮孝는 "明의 책봉체제 하에 조선의 국왕과 아시카가 쇼군이 抗禮 대등의 관계로 국교를 맺고 있고, 조선은 明에 대해 事大, 일본에 대해서 交隣을 가지고 외교상의 國是로 하였던 사례 등이 있다."라고 교린을 정의하고 있다.(中村榮孝, 『日鮮關係史の研究』(上), 吉川弘文館, 1965, 4쪽) 田中健夫도 "고려와 조선은 대외정책의 기본 방침으로 사대교린을 표방하고 있는데, 교린은 인접한 번속국 상호간에 대등 通信의 관계를 유지하려고 하는 것이다."라고 하였다.(田中健夫, 「倭寇と東アジア通交圈」『日本の社會史』1, 岩波書店, 1987, 162쪽) 즉 중국의 책봉을 받은 번속국끼리의 대등한 관계가 '교린'이라 하여 나카무라처럼 '교린'의 전형을 조선의 대외정책

여러 지방 세력들과 북방의 여진족은 모두 책봉을 받지 않았고, 하나의 국
가가 아니어도 "교린의 대상"이라는 이름표를 달고 있었다. 그렇다면 조선
에게 교린의 대상이란 중국을 제외한 인접 지역들인가? 하지만 조선과 그
리 가깝지 않았던 琉球는 여전히 교린의 대상이었으며, 조선과 이웃하지 않
은 먼 이국에서 조선으로 표착한 경우 교린의 도리라는 명목으로 물과 땔
나무를 공급하며 자국으로 돌아갈 수 있는 조치를 취해주기도 했다. 물론
이들은 중국의 책봉을 받은 나라들이 많았지만 『攷事撮要』 같은 조선의 외
교규정집에는 교린의 대상으로 기록되지 않았다. 급기야 조선후기에는 중
국의 책봉을 받지도 않은 일본이 교린국, 그것도 대등한 관계를 지향하는
"敵禮的 交隣"의 대상이 되었다.[3]

이들 사례의 공통점은 평화적 시기뿐 아니라 전쟁이나 변란 등 불안정한
시기를 모두 포함하여 조선과 지속적으로 관계를 맺고 있는 점이다. 이런
지속적 교류 관계를 확인시켜 주는 대표적인 사례로 사신의 왕래를 들 수

에서 찾고 있다. 이러한 견해는 일본의 다른 연구자도 대체로 동일하다.(村井章介,
『アジアのなかの中世日本』, 校倉書房, 1988, 335쪽; 荒野泰典, 『近世日本と東アジ
ア』, 東京大學出版會, 1988, 163~165쪽에 그러한 견해가 보인다.)

3) 교린이 대등한 관계가 아니라는 연구는 국내 학계에서 이루어졌는데, 손승철은 조
선의 대외관계에서 주요한 요건으로서의 "책봉체제"는 실제로 대등한 관계를 의미
하는 것은 아니며, 조선국왕과 일본장군 간의 적례관계를 지향하는 대등관계의 교
린이라는 견해를 제시하였다.(손승철, 『조선시대 한일관계사 연구』, 지성의 샘,
1994, 51~90쪽.; _____, 앞의 책, 2006) 여기에 더해 민덕기는 조선을 중심으로 형
성되어 있던 주변국들과의 교린관계는 사전적 의미처럼 '책봉'을 전제로 하지 않는
경우도 있었고, 모든 교린국과의 관계가 '대등'한 것만은 아니었다고 교린을 재해
석 하였다.(민덕기, 『전근대 동아시아 세계의 韓·日관계』, 경인문화사, 2007) 최근
하우봉은 이상의 교린의 의미를 종합하고 『조선왕조실록』에서 사용된 교린의 용례
를 살펴, '교린외교'는 신의·의리·도리라는 유교적 가치기준을 바탕으로 예에 합당
한 사절단을 서로 왕래하는 외교행위를 의미한다고 하였다. 이때 조선과 일본에서
는 기본적으로 외교에 대한 인식 차이가 존재했는데, 특히 조선은 상대국의 경조사
에 대한 예의를 표하는 것이 외교라고 생각하였다고 보았다.(하우봉, 『조선시대 해
양국가와의 교류사』, 경인문화사, 2014, 210~211쪽)

있다. 특히 지리적으로 인접하고, 왜구 문제 등으로 사신의 왕래가 잦았던 조일관계에서 사신이 지니는 상징적 의미는 매우 크다. 양국의 외교문제 해결, 정세 탐색, 자국의 명분과 실리를 위한 각종 규정 및 정책 마련 등이 모두 사신에 의해 이루어졌으므로 이들을 통해 조일 외교가 유지되었다 해도 과언이 아니다. 때문에 조일간의 교린관계를 확인할 수 있는 주제로 '使臣'에 주목했다.

사신을 파견하는데 있어 그 임무나 목적은 매우 다양하여 명칭이 일률적이지 않은 경우도 많다. 특히 조선후기 일본의 경우는 막부에서 파견하는 국왕사절이 사라지게 되고 대마도가 막부를 대신하는 단일 주체가 되어 사신을 파견하면서 무역이나 求請 등을 목적으로 왕래하는 경우도 많았다. 하지만 그렇다고 해서 이들 사신에게서 외교적 성격을 부정할 수는 없다. '사신'이 기본적으로 가지고 있는 외교성이 존재하기 때문이다. 그래서 외교질서나 체제 속에 사신을 자리매김하는 것 또한 의미 있는 작업이다.

흔히 조선시대 일본과 조선의 관계는 "교린관계"로 정의되어 왔다. 교린관계의 시작에서는 明을 중심으로 한 "조공책봉 관계"가 선행하였다. 명이 중심이 되어 형성된 교린체제에서 조선과 일본의 교린관계는 공식적으로 대등하고 호혜적인 관계를 의미하였다. 하지만 공식적인 의미와는 별개로 교린체제 속에서 각 개별 국가들은 대체로 "자국 중심의 교린체제"를 운영하였다. 이는 손승철, 민덕기 등의 연구에서처럼 조선전기 "다원적 교린체제" 하에서 "대등교린"과 "기미교린"이 공존[4]하고 있었던 사실에서도 확인된다.

---

4) 일본에 대한 교린을 분류하는 과정에서 민덕기는 교린은 '대등관계인 적례적 교린'과 '상하관계인 기미권 교린'으로 구분하였고(민덕기, 『전근대 동아시아 세계의 韓·日관계』, 경인문화사, 2007), 손승철은 '대등관계의 교린'과 '기미관계의 교린'으로 구분하였다.(손승철, 『조선시대 한일관계사 연구』, 지성의 샘, 1994; 『조선시대 한일관계사 연구-교린관계의 허와 실』, 경인문화사, 2006) 하지만 여기에서 적례를 행한다는 것은 기본적으로 피책봉국이라는 상황이 전제된다는 것이지 적례를 행한다고 해서 대등한 관계로 동일시 할 수는 없다고 생각한다. 반면 상하관계의

정다함은 "교린체제"에 대해 재고하면서 교린은 원전 상으로는 호혜적·
이상적 관계를 의미하지만, 실제 교린에는 문화적인 위계질서가 있었다고
지적했다. 그래서 항상 조선을 위에 두고 여진과 대마도, 막부는 조선의 선
진문화를 전수 받는 수혜자로 설정했고, 조선의 문명을 일본보다 앞선 것으
로 당연시하는 민족주의적 시각이 있었다5)고 하였다. 즉 조선을 중심으로
한 "소중화체제", "자국 중심의 교린체제"를 언급한 것이다. 이러한 양상은
조선에서 일본으로 파견한 사신, 그리고 일본에서 조선으로 온 사신에 대한
접대례나 제도에서도 어렵지 않게 확인할 수 있다. 예를 들면 각종 통신사
사행 기록들에서 조선의 문화적 우위를 과시하기 위해 문장과 글씨, 그림에
능한 구성원을 차출한다든지, 일본사신이 客舍에서 행하는 肅拜禮 같은 경
우는 단 아래에서 하도록 규정하고 있는 것이 대표적이다.

하지만 "자국 중심의 교린체제"를 조선만 운영한 것은 아니었다. 일본 또
한 막부의 권위를 높이기 위해 류큐 사신들에게 에도노보리를 강요했고, 통
신사에 대해서도 쇼군 습직을 축하하기 위해 도래하는 조공 사절로 인식하
게 했다는 점에서 동일하게 "자국 중심 교린체제"를 운영하고 있었음을 알
수 있다.

이처럼 사신은 존재만으로도 자의, 혹은 타의에 의해 기본적으로 외교적
특성을 지니게 되며, 이런 측면 때문에 양국 간의 대표적인 사절인 통신사
는 다음의 표에서처럼 조선후기 교린체제기를 시기 구분하는 대상이 되기
도 했다.

표에서는 하우봉을 제외하고는 교린체제기를 시기 구분하는데 모두 통신
사를 기준으로 삼고 있다. 하우봉은 문위행을 추가하여 조선후기 교린체제기
를 구분 하는데 조금 더 다채로운 시각을 제공하였지만 모두 조선 측 사신만

교린은 기미교린과 동일한 개념으로 생각해도 좋을 것이다.
5) 정다함, 「'事大'와 '交隣'과 '小中華'라는 틀의 초시간적인 그리고 초공간적인 맥락」
『韓國史學報』 제42호, 2011, 302~304쪽.

을 기준으로 삼았다는 점에서 객관성을 확보하지 못한 측면이 있다.

조선후기 조·일 교린관계의 변화나 특성을 도출할 때 조선 측의 사신만이 기준이 되어서는 안 되며 일본 측 사신도 함께 기준으로 작용해야 한다. 양국 사신의 교류와 교섭 과정 속에서 외교관계가 형성되기 때문이다. 본 연구는 이런 기본 인식 속에서 조선과 일본 양국 사신에 대한 연구 동향을 확인하여, 기존에 편중되어 있던 사신에 대한 연구가 고르게 확산될 수 있는 기초 자료로 활용되기를 기대하며 내용을 구성하였다. 또한 이를 통해 사신 연구 균형이 이루어진다면 조선후기 교린체제를 객관적으로 정립할 수 있는 계기가 될 것이다.

조선 시대 교린체제 시기구분

시기	孫承喆6)	三宅英利7)	李元淳8)	河宇鳳9)	한태문10)
1413	조선전기 (1392-1592) 中華的 交隣體制	무로마치막부에 파견된 통신사			
1429					
1439					
1443					
1460					
1479					
1590		도요토미정권에 파견된 통신사			
1596	임진전쟁직후 (1607-1635) 中華的 交隣體制의 復活		교린관계 회복 단계 (1603-1635)	교린관계 회복 교섭기 (1599-1635)	교린체제 모색기
1607		국교재개기 (회답겸쇄환사)			
1617					
1635					
1636	조선후기 (1636-1810) 脫中華의 交隣體制	국교안정 전기 (1636, 1643, 1655, 1682 통신사행)	通信使·問尉行 이원교류의 단계 (1636-1811)	교린체제의 확립 및 안정기 (1636-1811)	교린체제 확립기
1643					
1655					
1682					교린체제 안정기
1711		개변기(1711 통신사행)			
1719		국교안정 후기 (1719, 1748, 1763 통신사행)			
1748					
1763					
1811	交隣體制의 變質과 崩壞	쇠퇴기 (1811 사행)			교린체제 와해기

시기	孫承喆6)	三宅英利7)	李元淳8)	河宇鳳9)	한태문10)
1812 이후			問尉行 일원교류의 단계(1812-1867)	쇠퇴기 (1812-1867)	

* 심민정, 「조선후기 일본사신 왕래와 접대양상」, 부경대학교대학원사학과박사학위논문, 2015.8, 3~4쪽, <표 1>
에 한태문의 연구 성과를 부기함.

2. 조선 측 사신

　조선후기에 일본으로 도해한 조선 측 사신은 국왕사에 해당하는 통신사
(회답겸쇄환사 포함)와 역관사행인 문위행이 있었다. 통신사에 대한 연구는
현재 역사·문학·지리·외교 등 다양한 분야에서 상당히 진행되었으며, 손승
철, 장순순, 한태문, 岩方久彦 등에 의해 연구사 정리도 이루어졌다. 때문에
재차 다루지 않아도 될 것이라 생각되어 여기에서는 문위행에 대한 연구
동향을 중심으로 확인해 본다.

　국내에서 이루어진 문위행 연구는 洪性德이 선구적이다. 홍성덕은 여러
차례에 걸쳐 문위행에 대해 전반적으로 개관했는데,11) 문위행의 기원, 구성
과 도항절차, 임무 등을 정리하였다. 이에 의하면 문위행의 기원은 조선전
기 경차관이고 지역적으로 대마도에 파견되었다. 주로 問慰의 임무를 가졌
고, 예조참의 앞으로 된 서계와 별폭을 지참하고 파견된다12) 하였다. 그러

---

6) 손승철, 앞의 책, 1994; 앞의 책, 2006.
7) 三宅英利 저, 손승철 옮김, 『근세 한일관계 연구』, 이론과 실천, 1991.
8) 이원순, 「조선후기(에도시대) 한·일교류의 위상」『조선시대사논총』, 느티나무, 1992.
9) 하우봉, 앞의 논문, 1997.
10) 한태문, 「朝鮮後期 通信使 使行文學의 特徵과 文學史的 意義」『동양한문학연구』 10, 1996.
11) 홍성덕, 「조선후기 문위행에 대하여」『한국학보』 59, 1989; 앞의 박사학위논문, 1998; 「조선후기 대일외교사절 문위행의 도항인원 분석」『한일관계사연구』 11, 1999; 「조선후기 대일외교사절 문위행 연구」『국사관논총』 93, 2000.
12) 홍성덕, 위의 논문, 1989, 118~128쪽.

면서 최초의 문위행은 1632년 파견된 한상과 최의길로 파악하였다. 문위행은 당상관 1인, 당하관 1인 외 수행군관 등으로 구성되었으며, 인원수는 최저 45명에서 최고 154명에 달했다.[13] 관수왜 성립 이후 문위행 파견 절차를 간략하게 정리하면, '관수왜의 보고 및 요청 - 차왜 도래 - 문위행 파견' 순으로 진행되었고,[14] 주된 임무는 문위, 통신사행절목 강정, 왜정 정탐, 약조 및 외교 업무, 무역 등이었다.[15]

뒤이어 진행된 문위행 도항인원 분석에 관한 연구에서는 대마도와 조선측 기록에서 문위행 인원 기록이 달리 나타나는 원인에 대해 접근했는데, 실제 도항 인원과 규정된 인원의 기록 차이로 인한 것이었다고 결론을 내렸다. 또한 1693년 이후 문위행 접대 인원의 축소는 악화된 재정과 빈번한 밀무역의 발생 중에 왜관 이건이 종결되면서 대마도 측이 요구한 것으로 정리하였다.[16]

이렇게 기본적인 토대 연구가 이루어졌음에도 불구하고 한동안 일본[17] 외에 타 연구자들의 접근은 거의 없었으나 최근 10여 년 사이에 국내 연구자들에 의해 문위행에 대한 재접근이 이루어지고 있다.

유채연은 문위행의 성립과정과 개념에 대해 재고찰[18]하였는데, 기존에 일본 측과 국내 연구에서 '문위행', '문위역관(사)', '도해역관(사)' 등으로 복잡하게 통칭되던 것에 대해 객관적이고 구체적인 기준을 제시해 주었다.

우선 일본 측에서 통칭되는 '역관사'라는 명칭은 직책만이 강조된 것으로, 조선이 굳이 '문위'라는 용어를 선택한 이유를 재고해야 한다는 것이었

---

13) 홍성덕, 위의 논문, 128~134쪽.
14) 홍성덕, 위의 논문, 134~138쪽.
15) 홍성덕, 위의 논문, 138~155쪽.
16) 홍성덕, 앞의 논문, 1999.
17) 田代和生, 「渡海譯官使の密貿易-對馬藩 潛商議論の背景-」『朝鮮學報』150, 1994; 仲尾宏, 「朝鮮渡海使と對馬藩」『爪生』17, 1994.
18) 유채연, 「조선후기 '問慰行' 명칭과 성립과정에 대한 재고」『한일관계사연구』52, 2015, 183~219쪽.

다. '문위'라는 것은 윗사람이 아랫사람에게 행하는 것으로 조선과 일본(대마도)의 상하관계가 포함되어 있다. 때문에 자국 중심의 교린질서를 추구하고 있던 조선의 입장에서는 '문위'라는 용어가 필수되어야 한다는 것이다.

또한 조선이 '문위'를 목적으로 역관을 파견하였을 때 3품 이하의 관리를 차출하였으므로 '使'라는 명칭이 아닌 '官'이라는 명칭이 맞으며, 사절과 사행이라는 용어 또한 엄밀한 구별이 필요한 용어이므로 '문위관'이나 '문위행'이 정확한 표현임을 강조했다. 그리고 이상의 개념을 정립했을 때 문위행의 시초는 홍성덕이 제시했던 1632년 사행이 아닌 1629년 12월 파견된 형언길·최의길 일행으로 보았다.

문위행이 왜학역관이라는 측면에서 역관이라는 신분에 주목한 연구들도 나왔는데, 김두헌은 문위행 참여 역관의 가계와 혼인 양상[19]을, 이상규는 17세기 왜학역관을 고찰하는 과정에서 문위행의 활동을 언급[20]하였다. 이렇게 문위행의 활동을 복합적으로 분석하는 과정에서 최근에는 기존에 문위행으로 인정받지 못했던 사행에 대한 접근도 시도되고 있다. 이상규는『증정교린지』등의 조선 측 외교규정집에 기록되지 않았다는 이유로 기존에 문위행으로 포함하지 않았던 1629, 1631, 1635년 역관 사행을 문위행의 범주로 파악하였다. 동시에 이 시기(인조대 전반) 조일 간의 관계에서 무역, 특히 公木 지급문제와 외교 현안 해결이라는 측면과 한·중·일 삼국의 대외관계에서 문위행이 필요하게 된 이유 및 활동을 바라보았다.[21] 여기에 후속하여 최근에는 왜학역관 제도 개편과 연계되어 있는 1640, 1651년의 문위행에 접근하여 조일외교관계를 고찰[22]하기도 했다.

---

19) 김두헌, 「조선후기 통신사행 및 문위행 참여 역관의 가계와 혼인」『동북아역사논총』41, 2013.
20) 이상규, 「17세기 왜학역관 연구」, 한국학중앙연구원 박사학위논문, 2010.
21) 이상규, 「仁祖代 전반 問慰行 연구」『한일관계사연구』35, 2010.
22) 이상규, 「17세기 중반 문위행을 통해 본 대일외교의 내용과 성격-1640·1651년 문위행을 중심으로」『조선시대사학보』75, 2015.12.

윤유숙 또한 에도까지 다녀왔다는 이유로 문위행의 범주에 포함되지 않았던 1635년 洪喜男 일행의 성격을 재검토하였다. 이 과정에서 막부 측의 재정 원조에 주목하여 19세기 문위행을 확인하는 동시에 간접적으로 막부 측의 외교적 인식을 파악하려 하였다.[23] 池內敏 또한 막부가 문위행에 관심을 보이고 있었던 사례로 외교의례상 막부의 권위를 강조하려 했다든지, 문서를 통해 막부 측에 문위행 관련 보고를 하고 있음을 언급하였다.[24]

문위행 관련 연구는 기존에 이루어져 있던 기초 연구의 토대 위에서 현재 다양한 인식과 접근으로 연구가 확대되고 있다. 동일하게 외교 업무를 띠는 사행임에도 불구하고 통신사에 비해 연구 성과가 저조했는데, 최근의 고무적인 연구 경향으로 활기가 더해지고 있는 상황이며 앞으로의 연구 확산이 기대된다.

3. 일본 측 사신

조선전기 교린외교 정책은 '다원적 교린'을 기조로 하였다. 특히 지역에 다양하게 존재했던 세력들을 개별적으로 상대해야 했기 때문에 일본, 류큐, 야인 등 대상이 다수였음은 물론이고, 日本國王使 외에도 巨酋, 對馬島人, 受職·受圖書人 등 다양한 사신이 존재[25]하였다. 하지만 조선후기에는 교

---

23) 윤유숙, 「조선후기 問慰行에 관한 再考」 『한일관계사연구』 50, 2015.4.
24) 池內敏, 「'譯官使'考」, 한일관계사학회 월례발표회, 2015.10.
25) 조선전기 일본사신에 대한 국내 초기 연구는 이현종에 의해서 이루어졌다. 대표 논고로는 이현종, 「朝鮮 初期 向化倭人考」 『歷史敎育』 4, 1959; 「朝鮮初期 倭人接待考」 『史學硏究』 3·4·5집, 1959; 「朝鮮 初期 서울에 온 倭野人에 對하여」 『향토서울』 10, 1960 등이 있다. 이후 한문종에 의해 조선전기 대마도를 중심으로 한 일본사신이 전반적으로 고찰되었다. 대표 논고로 한문종, 「朝鮮前期의 對馬島敬差官」 『전북사학』 15, 1992; 「朝鮮前期의 受圖書倭人」 『한일관계사연구』 5, 1996; 「조선전기 日本國王使의 朝鮮通交」 『한일관계사연구』 21, 2004; 『조선전기 향화·수직 왜인 연

린의 대상이 일본으로 일원화되었으며, 조선으로 사신을 파견할 때에는 대마도가 단일 주체가 되었다. 이 때문에 조선후기 일본사신을 포괄적으로 고찰할 때에는 대마도가 언급되는 경우가 많았다.

홍성덕은 학위 논문을 비롯하여 다수의 논고를 통해 조선후기 일본사신을 전반적으로 살폈는데, 일본국왕사뿐 아니라 별차왜, 연례송사 등의 기원, 구성원, 임무 등을 세밀히 정리26)하여 기초적 토대 연구를 확립하였다. 이 과정에서 대마도의 중요성을 인식하고 「조선후기 한일외교체제와 대마도의 역할」27)을 고찰한 바 있다. 또한 한문종도 조선전기 일본사신과 대마도의 관계를 살피던 연구를 확대하여 조선 전 시기의 대일사행에서 대마도가 갖는 의의를 정리28)하였다. 이상의 연구들은 일본사신의 기본 정보를 정리하는 것과 동시에 변화된 외교질서에 입각하여 사신들의 외교적 성격을 주로 분석한 공통점이 있다.

사신의 외교적 성격을 가장 잘 드러내 줄 수 있는 대표적인 것으로 '접대·의례' 등을 들 수 있다. 조선전기 일본사신의 접대에 관해서는 처음에 교린국 사신의 位次에 대해 접근한 方琪喆의 연구29)가 있었고, 15세기 賓禮를 살피면서 일본사신의 접빈례를 확인한 이화영의 논고30)가 있었다. 하지만 두 연구 모두 16세기 중·후반기 접대례는 살피지 않아 접대의 전반적

구」, 국학자료원, 2005; 「『海東諸國紀』의 倭人接待規定과 朝日關係 : 三浦에서의 접대규정을 중심으로」『한일관계사연구』 34, 한일관계사학회, 2009; 「조선전기 倭使의 宴享接待와 女樂」『한일관계사연구』 36, 2010 등이 있다.

26) 홍성덕, 「17세기 별차왜의 來渡와 對日關係」『전북사학』 15집, 1992; 앞의 박사학위논문, 1998; 「朝鮮後期 日本國王使 검토」『한일관계사연구』 6, 한일관계사학회, 1996; 「조선후기 한일외교사행 인식과 정례화」『일본사상』 제7호, 2004.

27) 홍성덕, 앞의 논문, 2013.

28) 한문종, 앞의 논문, 2014.

29) 方琪喆, 「조선초기 교린국 사신의 위차-조·일관계를 중심으로-」『사학연구』 제79호, 2005.

30) 이화영, 「15세기 조선과 교린국의 빈례 연구」, 한국교원대학교 교육대학원 석사학위논문, 2009.

인 양상을 확인하지 못했다. 이후 체류 기간 및 인원, 선박 수 등 전반적인 접대 규정과 연향에서 女樂의 역할 등을 살핀 한문종의 연구[31]가 나와 조선전기의 일본사신 접대가 훨씬 선명해졌다.[32]

조선후기 일본사신 접대 부분은 홍성덕,[33] 민덕기,[34] 이현종[35]이 논고에서 일부분을 할애하여 규정을 중심으로 살피고 있다. 이 외에 일본사신에 대한 접대와 의례를 통해 외교적 의미를 도출하고자 한 것으로 심민정의 연구들[36]이 있다. 일본사신에 대한 접대 규정 변화 과정을 살피면서 조선시대 대외관계 변화를 접목시켜 외교적 의미를 파악하고자 하였는데, 접대의례의 양상을 그림 등의 자료를 활용하여 구체적으로 분석했다는 점에서 의의가 있다. 박화진도 「막말·명치초기 초량왜관 의례양상에 대한 고찰」[37]을 통해 조선 측 행렬이 아닌 일본사신의 행렬을 면밀히 확인한 바 있다.

접대 관련 연구에서 활용된 대표적인 자료는 「동래부사접왜사도병」이다. 그림에서 나타나는 다양한 장면들 때문에 문화적인 부분으로 접근하여 '동래부사접왜사도' 그림 자체에 대한 분석도 이루어졌는데, 신남민, 김동철, 이성훈 등의 연구[38]가 대표적이다. 이 과정에서 그림의 제작 시기는 1813

31) 한문종, 앞의 논문, 2009; 앞의 논문, 2010.
32) 심민정, 앞의 박사학위논문, 2015, 6쪽.
33) 홍성덕, 앞의 박사학위논문, 1998.
34) 민덕기, 앞의 책, 2007.
35) 이현종, 「己酉約條成立始末과 歲遣船數」『港都釜山』 4, 1964.
36) 심민정, 「조선후기 日本使臣 접대절차와 양상」『한일관계사연구』제50집, 한일관계사학회, 2015; 앞의 박사학위논문, 2015; 「조선 후기 일본사신 접대를 통해 본 朝日관계-差倭제도와 접대규정 변화를 중심으로-」『역사와경계』 96, 부산경남사학회, 2015.
37) 박화진, 「막말·명치초기 초량왜관 의례양상에 대한 고찰」『동북아문화연구』제43집, 2015.
38) 신남민, 『동래부사접왜사도병연구』, 한국학중앙연구원 석사학위논문, 2007; 김동철, 「동래부사접왜사도의 기초적 연구」『역사와세계』 37, 효원사학회, 2010; 이성훈, 「국립중앙박물관, 국립진주박물관 소장의 두 점의 「동래부사접왜사도」 연구」『동래부사 忠과 信의 목민관』, 부산박물관, 2009.

년 이후로, 제작자는 정선과 변박의 화풍을 가진 작자미상의 동래화원으로 정리되었다. 이 외에 동래부사접왜사도를 활용해 동래지역 악공·기녀 등의 공연활동을 연구한 오진호[39]와 조경아,[40] 관원의 복식을 연구한 劉頌玉·朴錦珠의 연구,[41] 접대 음식을 고찰한 심민정의 연구[42] 등도 있다. 또한 조선 측의 접대가 아닌, 일본 사신들이 준비하였던 일본 음식에 대해서 정리한 정성일의 논고[43]도 나와서 양국 음식에 대한 흥미를 유발하고 있다.

한편 일본 사신들에게 조선 측이 지급하였던 回賜品, 開市를 통해 전개되었던 공무역 등 교역의 측면에서 일본사신과의 접촉을 살피는 시각도 존재했다. 1990~2000년대까지 주로 정성일[44]과 김동철[45] 등에 의해 이루어진 대일교역 관련 연구들은 교역 물품뿐만 아니라 조선 측 상인, 사신들과 대마도인들의 접촉이라는 측면에서 조·일교류와 부산과 대마도의 교류까지 복합적으로 확인할 수 있는 시각을 제시하였다. 근년에는『倭人求請謄錄』번역 작업으로 인해 다양한 무역 물품을 소재로 한 연구들이 진행되고 있

---

39) 오진호, 「조선후기 동래부의 악공, 기생의 공연활동 연구-18~19세기 사료를 중심으로」『한국음악문화연구』제1집, 2010.

40) 조경아, 「조선시대 일본 사신의 춤 향유」『무용역사기록학』제37호, 2015.

41) 劉頌玉·朴錦珠, 「동래부사접왜사도병에 나타난 지방관아의 복식」『인문과학』22, 성균관대학교, 1992.

42) 심민정, 「18세기 왜관에서의 倭使 접대음식 준비와 양상」『역사와경계』66, 부산경남사학회, 2008.

43) 정성일, 「倭館 開市 때 제공된 日本料理 기록의 비교(1705년, 1864년)」『한일관계사연구』52, 2015.

44) 정성일, 「19세기 초 조선산 栽培蔘의 대일수출교섭-禮單蔘을 중심으로-」『국사관논총』43, 1993; 「1861~62년 대마번의 밀무역 처리과정」『한일관계사연구』2, 1994; 「조선후기 대일무역에 참가한 산고도중의 규모와 활동(1844~1849)」『한일관계사연구』8, 1998; 「조선의 銅錢과 일본의 銀貨-화폐의 유통을 통해 본 15~17세기 한일관계」『한일관계사연구』20, 2004; 「19세기 대일공무역 결제수단의 변경과 금납화-1841년의 사례를 중심으로」『한일관계사연구』45, 2013.

45) 김동철, 「19세기 牛皮貿易과 東萊商人」『한국문화연구』6, 부산대학교한국문화연구소, 1993; 「조선후기 왜관 開市貿易과 被執蔘」『한국민족문화』13, 부산대학교한국민족문화연구소, 1999; 앞의 논문, 2014.

다. 현재까지 매,46) 말,47) 皮物,48) 倭鏡49) 등이 교역되는 양상이 고찰되었다. 특히 이 교역 과정에서 차왜나 연례송사 등 일본 사신들이 직·간접적으로 관여하고 있다는 점에서 사신 활동 반경을 짐작해 볼 수 있다.

하지만 무역과 관련한 일련의 연구들은 조일관계나 교류라는 시각에서 접근한 것들이고, '일본사신' 자체에 집중하지 않았다는 점에서 다소 아쉬움이 남는다. 게다가 무역 외에 앞서 제시한 일본사신 관련 연구들은 조선후기 일본사신의 종류를 구분하지 않고 '일본사신'이라는 단일 소재로 묶어 논지를 전개하고 있다. 그러나 조선후기 일본사신은 크게 외교적 성격이 강하며 비정기적으로 내도한 差倭와 교역의 목적이 강하며 정기적으로 파견되었던 年例送使로 구분된다. 이중 차왜에 관해서는 국내 연구 성과가 일부 축적되고 있다.

차왜에 대한 기초 연구는 홍성덕의 「十七世紀 別差倭의 渡來와 朝日關係」50)에서 이루어졌다. 이 연구에서 홍성덕은 조선후기 별차왜의 기원, 명칭, 성립에 대해 구체적으로 정리하였는데, '차왜' 중 조선에서 외교사절로 인정받게 된 임시 외교사절을 '별차왜'로 규정하였으며, 1635년 12월 柳川調興 사건의 종결로 도래한 平智友를 최초의 별차왜로 보았다. 그리고 1636년 8월 통신사호행을 위해 건너온 平成春·藤智繩 일행은 최초의 접위관 접대를 받은 별차왜라 하였다.51) 한편 본 연구자 또한 홍성덕과 마찬가지로 차왜 중 조선에서 인정을 받아 연례 등의 공식 접대를 받았던 정식외교사절을 별차왜로 정의하였으나 홍성덕과 달리 최초의 접위관 접대를 받

---

46) 김경미, 「17~18세기 對日 외교·교역과 매」『역사와세계』34, 2008; 이승민, 「조선후기 對馬島와의 매 교역과 그 의미」『한일관계사연구』45, 2013.

47) 이승민, 「조선후기 對馬島와의 말 교역과 그 의미」『사학연구』107, 2012.

48) 하여주, 「조선후기 대일관계 속의 皮物」『한일관계사연구』49, 2014.

49) 권주영, 「조선시대 倭鏡의 유입과 배경」『미술사학연구』283·284, 2014.

50) 홍성덕, 「十七世紀 別差倭의 渡來와 朝日關係」『전북사학』15, 1992.

51) 홍성덕, 앞의 논문, 1992, 103~112쪽.

은 별차왜는 1636년 2월 통신사청래차왜로 도래한 橘成供부터 보았다.[52)]
또한 '기유약조 전후-겸대제 실시 이후-초량왜관 이전 후' 각 시기별로 차
왜의 명칭과 범주가 달라진다고 하였다.[53)]

차왜는 종류만 해도 27종이며, 조선후기에 파견된 別差倭는 총 696회나
도래하였다.[54)] 이 때문에 개별 차왜들을 모두 고찰하는 데에는 한계가 있
다. 그래서 일부 차왜들을 중심으로 연구가 진행되었다. 이훈은 대마도 표
류민 송환을 살피는 과정에서 '漂差倭'의 형성과 접대에 대해 살폈으며,[55)]
이혜진은 裁判差倭를,[56)] 윤유숙은 비정례 차왜를 고찰[57)]하였다. 또 박화진
은 일본에서의 통신사 접대를 준비하는 과정 속에서 통신사행 관련 차왜에
대해 언급[58)]하기도 했다. 이 외에 심민정은 일본사신 접대라는 측면의 기
존 연구 연장선상에서 차왜에 대한 접대를 살폈다.[59)]

---

52) 심민정, 앞의 논문, 『역사와경계』 96, 2015, 282~285쪽.
53) 심민정, 「두모포왜관시기 差倭 接待例 변화와 정비-『接倭式例』 분석을 중심으로」
    『동북아문화연구』 46, 2016, 21~22쪽.
54) 홍성덕, 앞의 논문, 1992.
55) 이훈, 「朝鮮後期 대마도의 漂流民送還과 對日관계」 『국사관논총』 26, 1991.
56) 이혜진, 「17세기 후반 朝日外交에서의 裁判差倭 성립과 조선의 외교적 대응」 『한일
    관계사연구』 8, 1998.
57) 윤유숙, 「근세 朝日통교와 非定例 差倭의 조선도해」 『사총』 70, 2010.
58) 박화진·김병두, 『에도 공간 속의 통신사』, 한울, 2010.
59) 심민정, 앞의 논문, 『역사와경계』 96, 2015; 앞의 논문, 2016.
    여기까지의 내용은 '심민정, 「조선후기 조·일사신 연구 현황과 전망-국내 연구동향
    을 중심으로-」 『지역과 역사』 제38호, 부경역사연구소, 2016'의 내용을 요약·정리
    한 것이다.

4. 본서의 구성

본서의 내용은 기본적으로 박사학위논문『조선후기 일본사신 왕래와 접대양상』[60]을 기초로 하였다. 하지만 중간 중간 발견되는 내용상의 오류와 보충을 요하는 부분에 대해 5년 동안 추가 연구를 진행하면서 발표한 논문들로 수정·보완을 더하였다.

구성은 크게 두 부분으로 나누어볼 수 있는데, 1~3장에서는 조선후기 임진전쟁 이후 교린국으로서 일본사신에 대한 의례 등 접대 규정이 마련되고 정비되어가는 과정을 담았다. 1장은 전란 후 일본과의 국교가 재개되는 과정에서 대마도 및 일본막부 측 사신선 내왕과 접대규정이 마련되는 과정을 살폈다. 2장에서는 연례송사의 기원과 개념·범주를 확인하고, 연례송사 겸대제의 시행, 접대규정이 변화하는 양상을 정리하였다. 3장에서는 차왜의 기원과 정례화되는 과정, 다양한 차왜들에 대한 접대 규정이 정비되는 과정을 확인하였다. 이 과정에서 1682년 임술통신사행을 기점으로 조선 측에서 '차왜 겸대제'를 시도한 내용, 대차왜제도 및 재판차왜의 성립을 중점적으로 고찰하였다. 이상의 장들에서는 학위논문에서 살피지 못한 부분을 보완하여 발표한 논문들의 내용을 추가로 최대한 반영하였는데, ①「두모포왜관 시기와 초량왜관 시기 연례송사 접대 비교 연구-『接倭式例』(1659)와 『嶺南接倭式例改謄錄』(1732)을 중심으로-」(『한일관계사연구』제65집, 2019) ②「조선 후기 일본사신 접대를 통해 본 朝日관계-差倭제도와 접대규정 변화를 중심으로-」(『역사와경계』96, 2015) ③「조선후기 通信使行 관련 差倭接待」(『조선통신사연구』제24호, 2017) 논문 내용을 추가하여 수정·보완하였다.

4장과 5장은 일본사신 접대를 위한 준비과정에서부터 접대 실태 및 양상을 전반적으로 담고 있다. 4장에서는 일본사신이 조선으로 파견되기 전 접

---

60) 심민정, 앞의 박사학위논문, 2015.

대인원, 日供, 연향 잡물 등을 조달하고 준비하는 과정을 살피고 있다. 일본사신을 접대하기 위해 중앙에서 파견하는 접위관을 비롯하여 동래부 및 왜관에서 조달하는 인원 등을 확인하였다. 준비 물품 중에서는 주로 연향물품 준비를 중심으로 확인하였다. 조선후기 대동법 시행으로 일공 등은 현물로 지급하기 보다는 쌀로 환산하여 지급하였으므로 실제 현물이 조달되는 것은 연향이었기 때문이다. 이 과정에서 왜관이 있는 동래부의 역할이 컸음은 말할 필요가 없다. 5장에서는 실제 일본사신을 접대하는 과정과 양상을 정리하였다. 다행스럽게도 일본사신을 접대하러 가는 행렬, 숙배례, 연향 등의 장면을 담고 있는 「東萊府使接倭使圖屏」이 현존하고 있어 이 그림을 최대한 활용하여 접대 양상을 살폈다. 이 과정에서도 학위논문 외에 ④ 「조선후기 日本使臣 접대절차와 양상」(『한일관계사연구』 제50집, 2015)을 참조하여 수정·보완하였다.

본장들 외에 <부록>에서는 일본사신 접대와 관련하여 기존에 잘 활용되지 않았던, 그리고 접대 사례를 잘 보여주는 논문을 별도로 실었다. 학위 논문 작성단계에서 활용하였던 『嶺南接倭式例改釐正謄錄』(18세기)에 대한 소개도 있지만, 이후 새롭게 활용한 『接倭式例』(17세기)에 대한 소개와 분석도 구체적으로 이루어졌다. 차후 다양한 분야에 두루 활용되었으면 하는 바람이다.

1장. 국교재개와 일본사신 접대규정 마련

"동아시아전쟁"이라는 이칭을 가지기도 하는 임진·병자전쟁은 한·중·일 삼국의 대내적 변화뿐 아니라 각국 간의 외교관계에도 큰 변화의 바람을 불어넣었다. 특히 조일관계에서 양국의 외교정책 및 소통을 담당했던 "使臣"도 구성에서부터 역할, 접대에 이르기까지 다양한 변화를 겪고 있다.

조선전기 일본사신은 "다원적 교린"이라는 말이 잘 설명해 주듯 막부에서 파견하는 國王使, 巨酋使, 지방의 諸酋使, 受職人, 對馬島特送使 등 다양한 명칭의 사신들이 다양한 주체에 의해 파견되고 있었다. 조선에서는 이들 사신을 크게 ① 국왕사 ② 거추사 ③ 九州 절도사 및 대마도주 특송사 ④ 제추사와 수직인의 4부류로 구분하여 접대했다.

이렇게 사신들의 부류가 다양했던 것은 일본의 국내 사정과 관련이 깊다. 당시 조선 측 고민거리 중 큰 몫을 차지했던 왜구의 발생원인 등에서도 볼 수 있듯이 일본은 남북조 내란기, 전국동란 등을 겪고 있었다. 물론 무로마치 막부라는 통합된 무가정권이 존재했지만 막부의 통제력이 지방 곳곳에 미치기에는 역부족인 상황이었다. 그래서 조선도 왜구 문제 등의 해결을 위해서는 막부를 통한 통제보다 지방과 직접 접촉하는 외교를 행할 필요성이 있었던 것이다. 이 때문에 조선은 일본과의 외교관계를 개별적·다원적으로 이루어 나가야 했다. 결과 이웃한 일본과의 교린관계는 "국가대 국가"라는 단일화된 체제를 지향하기보다 개별 지역, 개별 영주를 상대하는 특수성을 가질 수밖에 없었다.

게다가 대외관계의 중심축이었던 중국, 즉 明이라는 변수 또한 무시할 수 없었다. 그래서 책봉체제 속으로 들어오게 된 막부 및 유구와는 대등함을 지향하는 적례적 교린관계로, 야인을 비롯하여 대마도 등 상대적으로 조선보다 낮은 위치에 있었던 세력들과는 기미적 교린관계로 "조선식 교린관계"를 재정립했던 것이다.

전쟁을 기점으로 일본사신의 구성, 성격, 양상 등 모든 것이 달라졌다. 따라서 조선에서 사신을 맞이하는 접대 또한 달라질 수밖에 없었다. 조선후기의 사신은 크게 무역사신의 성격이 강했던 "年例送使"와 외교사행인 "差倭"로 구분된다. 이를 조금 더 세분하면, 연례송사는 세견송사, 특송사, 수직인으로 나누어지고, 외교사행으로는 차왜 외에 잠시 존재했었던 일본국왕사를 추가할 수 있다. 하지만 더 세부적으로 들어가면 조선후기의 일본사신은 임무와 직책에 따라 훨씬 다양한 구성을 보이고 있다.

본 장에서는 일본사신에 대한 실제 접대가 어떻게 이루어졌는가를 살피기에 앞서 조선후기의 일본사신은 전기에 비해 어떻게 달라졌는지, 조일관계가 변화하면서 일본사신의 구성 체계 또한 어떻게 변화하는지를 확인하고자 한다. 이 과정 속에서 일본사신에 대한 규정의 개편도 동시에 확인할 수 있다.

일본사신 및 접대규정의 변화는 조선후기 전 시기를 아울러 살펴본다. 이는 기존의 연구 성과들이 일부 시기에만 한정되어 있었던 점을 보완하고자 한 것이다. 조선후기 전체를 아울러 규정의 변화를 살피는 것은 대일정책 및 조일관계가 변화하는 흐름도 함께 확인할 수 있는 계기가 될 것이다.

1. 국교재개와 기유약조

1607년 回答兼刷還使가 일본에 파견되어 양국 간 國書가 교환되면서 조선과 일본의 공식적인 국교재개가 명실상부하게 이루어졌다. 하지만 완전한 국교회복이라고 하기에는 미흡한 점이 있었다. 국교회복을 통해 회답겸쇄환사가 파견된 것처럼 양국의 정례화 된 사신교류는 외교상 가장 필수적인 부분이었고, 이들 사신에 대한 接賓禮의 정비도 필요불가결한 사안이었다.

交隣國의 사신을 접대하는 예는 조선전기에도 마련되어 있었다. 五禮儀에 賓禮가 포함되어 있었고, 『海東諸國記』의 「朝聘應接紀」에도 교린국의 각종 사절을 접대하는 예가 정리되어 있었다. 하지만 전란 후 조선과 일본 양국의 상황은 그 전과 많이 달라져 있었다. 일본의 경우 德川家康에 의해 새로운 막부가 개창되어 여러 제도가 정비되는 등 국내의 안정화를 위한 시도가 있었고, 對馬島 또한 달라진 막부와의 관계에 적응하면서 조선과의 관계 회복을 위한 노력들을 이어갔다. 이런 상황에서 국서교환을 통한 양국 국교회복의 시작은 큰 의미를 지니며, 이 국서를 전달하게 될 사신들의 접대 및 처우에 대해서도 고심해야만 했다. 이 과정에서 李志完은 일본에서 오는 외교 사절에 대한 接待事目 마련을 시도하였다.

> 사간 李志完이 아뢰기를,
> "못난 소신은 중책을 맡을 자격이 없어 성심으로 면직을 청하였으나 윤허를 받지 못하였으니 밤낮으로 염려하여 몸둘 곳이 없습니다. 삼가 생각건대 봄기운이 점차 가까워져 머지않아 倭使가 나올 것이니 허다하게 강구하여 정할 일을 모름지기 미리 요량하여 시기에 앞서 내려가야 전도되는 걱정을 면할 것입니다. 그런데 신은 현재 言官이고 또 삼성 교좌의 시기를 만났으니 여가가 없을 뿐만 아니라 앞으로 또 別試 監試官의 일이 있습니다. 本院의 5명이 나뉘어 5곳의 시험장으로 가 出傍하고 과거를 끝내기까지는 8~9일이 걸릴 것인데, 倭使가 바다를 건너온다는 소식이 뜻밖에 오면 형세가 반드시 군색할 것입니다. 신의 本職을 체차하고 일행의 員役과 접대하고 시행할 모든 節目을 해조로 하여금 舊例에 비추어 참작해서 급히 마련하여 시행토록 하소서."
> 하니, 아뢴 대로 하라고 답하였다.[1]

---

1) 『선조실록』 41년(1608) 1월 20일(무신).

이지완이 倭人에 대한 접대 및 約條의 절목을 마련할 것을 禮曹에 알리는 이 내용은 『東萊府接倭狀啓謄錄可考事目錄抄册』에도 나와 있어2) 약조의 기본 내용은 조선 측에서 미리 준비하였음을 알 수 있다. 이후 1608년 4월에는 國恤로 인해 일본사신 접대 연향을 거행하지 못했다는 내용3)으로 보아 일본사신이 도래했고, 조선 측은 약조에 관한 내용을 일정 부분 통보했을 것이다.

1608년 4월 이전에 파견된 이 사신에 대해서 中村榮孝는 조선의 國恤에 대한 국왕사신인 進香使로 파악하여, 약조의 내용에 대해 조선 측과 여러 차례 의논을 하였고, 그 해 11월 다시 玄蘇 일행을 파견하여 거듭 논의를 거친 후에 대마도 측의 요구가 많이 반영된 己酉約條를 이듬해 6월 체결했다고 언급했다.4) 이에 대해 홍성덕은 1608년 11월에 온 국왕사는 玄蘇와 平景直 일행이 아니었고, 『변례집요』의 1608년 3월 사신 파견 기사5)도 1609년 3월의 誤記로 보았다.6) 동시에 1609년 기유약조 체결은 조선이 마련한 약조를 통보만 하는 방식이었으며 대마도 측의 의견은 배제되었다고 하였다.7)

실제로 기유약조의 내용에 대해서 조선 측은 대마도, 혹은 막부와 협의하는 과정을 거치지는 않은 것 같다. 1608년 1월 왜인 접대 및 약조 절목에 대한 부분을 예조에게 마련하게 한 후 2월에는 왜인을 접대하는 일에 대해 조사하여 개정하는 일을 다시 예조에 당부하였고8), 3월에는 對馬島主 歲遣船을 전란 이전에 의거하여 25척으로 정하였다.9) 이 과정에서 왜인과의

---

2) 『東萊府接倭狀啓謄錄可考事目錄抄册』 무신(1608) 정월.
3) 『東萊府接倭狀啓謄錄可考事目錄抄册』 무신(1608) 4월.
4) 中村榮孝, 『日鮮關係史の硏究』, 吉川弘文館, 1969, 282쪽.
5) 『변례집요』 권1 「별차왜」 무신년(1608) 3월; 『변례집요』 권2 「송사」 무신년(1608) 3월.
6) 홍성덕, 앞의 박사학위논문, 1998, 77~80쪽.
7) 홍성덕, 앞의 박사학위논문, 1998, 64~65쪽.
8) 『東萊府接倭狀啓謄錄可考事目錄抄册』 무신(1608) 2월.
9) 『東萊府接倭狀啓謄錄可考事目錄抄册』 무신(1608) 3월.

어떠한 조율 기사도 알려진 바 없다. 또한 1609년 조약에 포함되는 몇 가지 내용들이 정해지는 과정을 보면, 조선이 먼저 통보하고 대마도 측에서 건의할 사항이 있으면 이를 제시하는 방식이었다. 예를 들어 1609년 5월 이미 일본사신이 와 있는 상태에서 歲賜米豆를 100석으로 강정했다. 같은 달 25척으로 정했던 세견선은 20척으로 감했는데,[10] 이 때는 의견을 다투었다는 내용이 있어 왜인 측의 건의가 있었던 것으로 보인다. 하지만 결국 조선이 마련한 안대로 약조는 체결되었다. 또한 6월에 12건의 약조가 강정되기 직전에는 세견선 20척 내에 特送船 3척을 포함하는 내용을 통보만 하는[11] 등 中村榮孝의 생각처럼 倭使가 여러 차례 도래하여 대마도 측에 유리하게 내용을 논의하는 과정은 보이지 않는다. 이는 기유약조의 내용을 보면 더욱 명확해진다. 즉 전란 이전에 비해 접대가 같은 수준을 유지하거나 축소된 건은 있지만 더 우대하는 조문은 없다.[12]

이처럼 약조가 체결되는 과정을 보았을 때 기유약조가 가지는 의미는 다음과 같이 정리된다. 첫째, 기유약조는 국가 외교상 필요한 사신접대와 관련한 부분을 중요시하였다. 물론 접대 부분이 약조의 12개 조문 중 많은 부분을 차지하지는 않지만 "館待有三例 國王使臣爲一例 對馬島主特送爲一例 對馬島受職人爲一例"[13]의 조문을 제일 처음에 넣고 있는 점, 이지완이 기존에 약조를 마련하는 과정에서 예조에 "倭人接待에 관한 節目"을 조사하게 했다는 점은 약조에서 우선순위를 어디에 두고 있었는지 생각하게 하는 대목이다. 대마도와의 교역과 관련한 부분은 차후 조율할 기회가 많았기 때문에 그보다는 국가의 입장에서 큰 틀의 규정이나 규례의 마련이 더 중요하다고 생각한 것이다. 하지만 대마도와의 교역에 관한 조문이 상대적으로 많은 분량을 차지하면서 기존의 기유약조 평가는 대마도와의 교역 재개

---

10) 『東萊府接倭狀啓謄錄可考事目錄抄冊』 무신(1608) 5월.
11) 『東萊府接倭狀啓謄錄可考事目錄抄冊』 무신(1608) 6월.
12) 기유약조에서 일본사신 접대 규정 부분은 다음 절에서 자세히 다루기로 한다.
13) 『변례집요』 권5 「약조」 기유(1609) 6월.

부분에 집중되었다.

일부에서는 약조를 체결한 주체가 누구인가에 집중하여 기유약조를 조선 전기에 체결했던 '조선-대마도 약조의 부활'로 평가하였다. 로날드 토비는 기유약조의 체결 주체가 대마도와 조선이기 때문에 '조선-일본'의 국교재개 와 연결 짓는 것은 과대평가라고 했다. 즉 조선과 일본의 국교회복은 1607 년 국서교환으로 이루어졌다[14]는 것이다. 田中健夫 또한 기유약조는 조선 전기에 대마도와 조선이 여러 차례 맺어왔던 약조들을 계승한 것임을 강조 했다.[15] 이에 대해 손승철과 민덕기는 교역재개라는 부분 외에 交隣關係라 는 입장에서 볼 때 기유약조는 조선이 대마도에 대한 羈縻的 交隣體制를 부활시킨 것으로 평가했다.[16] 홍성덕은 국가체제의 외교적인 부분에 더 접 근하여, 기유약조는 임진전쟁 전 다원적 통교체제를 잘못된 규례로 인정하 면서 관백이 대마도를 포함한 諸道를 통합했다는 판단을 토대로 체결한 것 이라 했다. 그래서 기유약조의 체결은 '기미관계에 의한 교린체제', 즉 '대 마도를 통한 對幕府政策'에 기인한 것으로 평가했다.[17]

이런 평가는 기유약조의 체결 주체가 비록 조선과 대마도이지만, 대마도 를 총관하는 주체는 막부이기 때문에 '조선-대마도-막부' 라는 연결 구도를 확인한데 따른 결론이다. 이는 구체적으로 약조의 조문 중 국왕사신의 路 引도 대마도가 발급하게 한 데서 확인된다. 또한 1607년 회답겸쇄환사가 파견되었을 때 幕府의 執政은 "이 뒤로 서로 통할 일이 있으면 대마도를 시켜 하십시오."[18]라고 하여 조선과의 외교에서 대마도가 막부를 대신하는 통교자임을 명확히 하였다. 때문에 이전까지 기유약조가 단순히 조선전기

---

14) ロナルド・トビ著・速水融 外譯, 『近世日本の國家形成と外交』, 創文社, 1990, 43~44쪽.
15) 田中健夫, 『中世海外交涉史の研究』, 東京大出版會, 1959, 273쪽.
16) 손승철, 『조선시대 한일관계사 연구-교린관계의 허와 실』, 경인문화사, 2006, 129~130 쪽; 민덕기, 『전근대 동아시아 세계의 韓·日관계』, 경인문화사, 2007, 256~257쪽.
17) 홍성덕, 앞의 박사학위논문, 1998, 69쪽.
18) 경섬, 『해사록』 하, 6월 11일 임인.

의 癸亥·壬申·丁未約條와 연장선상에 있었다는 인식은 재고할 필요성이 있다. 기유약조는 조선의 對對馬島 交隣政策의 완성이 아닌 對日本 交隣政策의 완성으로 보아야 한다. 이 약조를 계기로 조선의 對日本 교린정책은 이전의 '多元的 交隣'에서 그 통로가 대마도로 일원화된 '二元的 交隣'(대마도:羈縻/幕府:敵禮)체제로 자리매김하였다.

2. 일본사신 접대규정

기유약조는 대체로 일본과 조선의 관계에서 외교적인 부분보다 경제적인 부분, 즉 교역과 관련된 내용을 중심으로 연구되었다. 하지만 기유약조에는 교역 뿐 아니라 일본사신에 대한 접대를 규정하여 국가의 외교적인 측면에 대한 내용을 담고 있다. 이는 조선전기의 임신약조, 계해약조 등이 사신접대 규정을 제시하고 있지 않은 것에 비하면 큰 차이점이다. 앞서 보았듯이 일부 연구에서는 기유약조가 일본 막부의 의견이 아닌 대마도의 의도가 많이 반영된 것이라 하여 '대마도-조선'의 입장에서 해석해야 한다는 견해도 있다. 하지만 약조의 내용을 상세히 살펴보면 조선의 의중은 대마도뿐만 아니라 막부의 상황까지 두루 고려한 것임을 알 수 있다. 기유약조의 구체적인 내용은 다음 <표 1-1>에서 확인된다.

『증정교린지』에 제시된 기유약조의 내용은 『변례집요』에 제시된 내용과 비교하면, '왜관에 머무르는 기한'이 추가되어 있고, '文引이 없는 자 및 부산을 거치지 않는 자는 적으로 논단한다.'[19]는 문구가 없다. 그리고 세견선의 선박 수, 즉 '대선 6척, 중·소선은 각 7척'[20]이라는 내용이 보이지 않으며, 그 외에는 동일한 내용을 담고 있다. 이 중 '왜관에 머무르는 기한'은

---

19) 『변례집요』 권5 「약조」.
20) 『변례집요』 권5 「약조」.

원래 기유약조에 포함된 내용은 아니다.[21] 즉 1609년 당시에 정립되어 있지 않던 사신 명칭인 "別差倭"를 사용하고 있다는 것이 기유약조 체결 당시의 내용이 아님을 짐작하게 해준다.

〈표 1-1〉 己酉約條의 내용

세사미두		100섬	
접대례	國王使	上·副船만 허락.	과해량 20일분
	島主送使	도주세견선 17척, 특송선 3척. 총 20척.	과해량 10일분
	對馬島受職人	연 1회 내조 다른 사람 보내지 못함.	과해량 5일분
선박 등급	小船	25尺 이하. 선부 20명.	선부는 정해진 인원수를 넘지 못함. 정해진 인원수보다 적을 때는 인원수를 헤아려 料 지급.
	中船	26尺. 선부 30명.	
	大船	28~30尺. 선부 40명.	
文引		모든 선박은 대마도주가 발급하는 文引 지참. 도주의 문인이 없는 자는 적으로 판단한다.	
圖書		대마도주에게는 圖書를 만들어 지급. 견본을 예조와 校書館에 보관하고, 釜山浦에 두어 서계가 올 때마다 진위를 상고함.	
왜관에 머무르는 기한		도주특송선 110일 / 세견선 85일 **표차왜 및 기타 별차왜 55일(차후 추가된 규정)**	

※ 『증정교린지』 제4권 「約條」 참조.
※ 사신접대 관련 규정은 밑줄로 표시함.

이상의 내용을 제외하면 임진·병자전쟁 후 국교재개의 일환으로 체결한 이 조약의 내용은 세사미두, 선박 왕래 규정, 그리고 일본사신 접대 규정으로 삼분할 수 있다. 이 중 세사미두와 선박 왕래 규정은 그 규모가 조금 축소되었지만 대마도에 대한 기미 교린정책의 부활로 볼 수 있다. 특히 일종의 도항증명서이자 입국허가증의 역할을 했던 文引과 圖書를 모두 對馬島

---

21) 『국역증정교린지』 제4권 「약조」, 128쪽. 왜관에 머무르는 기한에 대한 규정은 본래 기유약조에 포함되어 있지 않다. 이 기한이 정해진 것은 『변례집요』 권2 「送使」조에 의하면, 1611년(광해군 3) 11월이며, 『통문관지』 권5 「연례송사」에서는 무진년(1628)에 50일에서 35일이 추가되어 85일이 되었다고 기록하고 있다. 또한 차왜의 체류 기한이 정해지기 시작한 것은 차왜가 접대를 받기 시작하는 1636년(인조 14) 이후이다.

主에게 전담케 한 것은 조선전기와는 달라진 처우이다. 이는 물론 전쟁 이후 달라진 지방의 위상 및 막부의 통제 강화책의 일환이었던 朱印狀제도 등의 영향도 있었겠지만, 전쟁 종결 후 지속적으로 조일국교재개를 시도했던 대마도에 그 권한을 일임하여 기미교린 대상을 단일화하겠다는 조선의 의도도 반영된 것이다.

한편 기유약조에서 조선이 대마도와 막부를 모두 고려한 외교적 측면이 잘 드러나는 부분이 바로 사신 접대 규정이다. 이 규정의 삽입으로 조선은 대마도와 일본을 "交隣"이라는 외교체제의 틀 속에 포함시키고 있다. 조선에서 접대하는 일본사신은 3부류인데, 日本國王使, 對馬島主送使, 對馬島受職人이다. 이들은 모두 釜山館[22]에 나아가 肅拜를 하였으며, 잔치를 베풀어 접대하고 서계를 받았다.[23] 접대를 받는 일본사신을 차례로 살펴보면 다음과 같다.

첫 번째, 일본국왕사는 조선전기부터 파견된 사신으로 막부에서 將軍이 "日本國王" 명의의 국서를 지참하여 보낸 국왕사절이다. 국왕사절은 국가를 대표하는 사절인 만큼 기존의 적례적 교린정책의 연장선 상에서 조선이 접대하는 가장 큰 사절로 포함시켰다. 하지만 조선후기에는 "일본국왕사"라는 명칭의 사절 파견이 그리 오래 유지되지 못했다. 기유약조 체결 전까지는 1606년 請聘使, 1608년 報聘使, 1609년 約條講定使가 도래하였고, 접대규정이 마련된 이후에는 1616년 請聘使, 1622년 報聘使 등 총 5회 파견[24]되는데 그쳤다.

---

22) 초량왜관으로 객사가 이전하기 전까지 일본 사신들은 釜山鎭의 객사에서 肅拜禮를 행하였다.

23) 『국역증정교린지』 제1권 「대마도인 접대에 관하여 새로 정한 사례」, 13쪽.

24) 홍성덕, 「조선후기 한일외교사행 인식과 정례화」 『日本思想』 제7호, 2004, 93쪽; ____, 「조선후기 일본국왕사 검토」 『한일관계사연구』 6, 한일관계사학회, 1994. 한편 1629년 關白의 명을 칭하고 도래한 玄方 일행에게 국왕사에 준하는 접대를 하였으므로 국왕사에 포함시켜야 한다는 논의가 있지만 이 때에는 국왕사의 가장 중요한 요건인 막부 쇼군의 국서가 없었다는 점에서 국왕사로 볼 수 없을 것이다.

그런데 1629년 關白의 명령을 칭하고 온 玄方 일행에게 조선은 상경을 허락하고 국왕사에 준하는 접대를 하면서 일본국왕사는 명칭과 성격에 변화를 겪게 된다. 일종의 特送使였던 玄方 일행에게 특송사보다 후한 국왕사격 접대25)를 하게 되면서 대마도가 국왕사격의 외교사절을 파견할 수 있는 빌미를 제공한 것이다. 때문에 그 뒤에는 막부가 국서와 함께 사신을 보내는 사례는 없어지고, 일이 있으면 대마도주가 관백의 뜻으로 差倭26)를 정하여 보내었다.27) 게다가 얼마 지나지 않아 國書改作事件이 폭로된 이후 막부를 통한 사신 파견 등의 외교적 권한이 대마도주에게 일임되었다.

접대 일례로 규정된 두 번째 사신은 대마도주송사이다. 島主送使船은 1년에 총 20척이 도래하였는데, 17척은 歲遣船, 3척은 特送船이었다. 그 중 제1·2·3특송선과 세견제1·2·3선은 大船, 세견제4선~10선은 中船, 세견제11~17선은 小船이었다.28)

<표 1-2> 대마도주송사선 인원수

도주송사선	선척별 구성원(변례집요)
세견제1선	正官 1, 伴從 2, 格倭 40.
세견제2선~3선	정관 1, 반종 1, 격왜 40
세견제4선~10선	정관 1, 반종 1, 격왜 30(40²⁹).
세견제11선~17선	정관 1, 반종 1, 격왜 20(30³⁰).
제1·2·3특송	정관 1, 都船主 1, 2선주 1, 封進押物 1, 반종 7, 격왜 70.

※ 『통문관지』 권5 「年例送使」 참조.
※ 선척별 구성원수 중 ( ) 안에 표시된 인원수는 『변례집요』 권2 「送使」 참조.

25) 실제로 이전의 국왕사신보다는 못한 접대를 받았으나 특송사보다는 후한 접대를 받았다.
26) 『度支志』 권18 「賓禮」 下에서는 "관백의 뜻으로 大差倭를 보내었다."라 하여 차왜가 아닌 대차왜로 나온다.(『국역증정교린지』 제1권 「대마도인 접대에 관하여 새로 정한 사례」, 11쪽)
27) 『국역증정교린지』 제1권 「대마도인 접대에 관하여 새로 정한 사례」, 11쪽.
28) 『국역증정교린지』 제1권 「대마도인 접대에 관하여 새로 정한 사례」, 11~12쪽.
29) 『변례집요』 권2 「송사」에는 세견 제1선~6선까지 격왜가 40명이다.
30) 『변례집요』 권2 「송사」에는 세견 제7선~12선까지 격왜가 30명이다.

도주송사선의 인원수는 기유약조에는 없지만 『통문관지』와 『변례집요』
에는 기록되어 있다. 이들 인원수는 선척에 탈 수 있는 인원수가 아니라 접
대하는 인원수로 보아야 한다. 그런데 <표 1-2>에서 보듯이 두 기록에서 격
왜의 인원수가 조금 차이가 난다. 이는 시간이 경과하면서 접대 인원에 변
동이 생긴 것을 반영한 결과로 보이는데, 기유약조 체결 무렵 최초로 정해
진 접대 인원수는 『통문관지』의 기록에 따랐을 것이다. 기유약조에서 정한
선척별 船夫 인원수와 비교했을 때 특송선의 격왜수를 제외하고는 대선(세
견제1~3선) 40명, 중선(세견제4~10선) 30명, 소선(세견제11~17선) 20명으로
격왜의 인원수가 일치하기 때문이다.

한편 기유약조 체결 직후의 도주송사 중 특송사선은 여전히 일정부분 외
교사절의 성격을 유지하고 있었다. 이는 1612년 특송을 국왕사로 접대한
점[31], 1627년 丁卯胡亂 후 대마도에서 특송을 보내 조선에 축하하는 글을
보내면서 접대에 우대를 요청하여 연향을 베풀어 주었던 일[32] 등에서 확인
된다. 즉 특송사가 이 시기까지는 외교적 성격을 잃지 않았던 것이다. 하지
만 별차왜제도가 정립되어가면서 특송사의 외교적 성격은 점차 사라지고
교역·무역적인 부분의 입지가 커지게 되었다.

송사선의 파견은 시간이 경과할수록 접대와 관련한 부분에서 폐해를 야
기하기 시작했다. 약조에서 송사선의 접대를 위해 선척 크기 및 船夫 인원
수를 규정하였음에도 불구하고 항상 정해진 인원보다 더 많은 수를 접대하
였다. 1611년 세견 제1선이 도해하였을 때, 조선 측에서는 정해진 접대구성
원인 정관 1인과 반종 2인만 숙배례와 다례에 참여하게 하였다. 하지만 대
마도 측에서는 연향만은 함께 온 도선주, 압물, 반종이 모두 참석할 수 있게
해달라고 요청하였고 결국 조선은 이를 수락하였다.[33] 이후 1612년에도 세

---

31) 『변례집요』 권2 「송사」 임자(1612) 9월.
32) 『변례집요』 권2 「송사」 정묘(1627) 6월.
33) 『변례집요』 권2 「송사」 신해(1611) 10월.

견제1선의 도선주 1인, 압물 1인을 추가로 접대해 주었으며,[34] 1631년 세견 제1선에도 이전에 추가된 인원을 포함하여 정관 1인, 도선주 1인, 압물 1인, 반종 3명을 접대하였고,[35] 이는 이후 규례가 되었다. 하지만 접대 인원수가 늘어나는 것이 조선 측에는 부담이 되었다. 때문에 다른 방편으로 受職人船에 대한 점검을 단행하는 방향으로 접대의 부담을 경감하고자 했다.

마지막 접대례로 기유약조에서는 對馬島受職人을 규정하고 있다. 조선 전기에도 왜구 진압 및 표류인 송환, 외교상 공로가 있는 왜인들에게 圖書와 직책을 주어 접대하였다. 기유약조 체결시에는 임진왜란 이전의 수직인 은 모두 인정해 주지 않고, 이후 공이 있는 사람들에게 직첩을 주었다.『증정교린지』에는 藤永正, 世伊所, 馬勘七, 平智吉, 平信時 등 5인에게 上護軍·副護軍의 관직을 주었다[36]고 되어 있다. 하지만 이 외에도 1609년에는 국교재개의 공으로 橘智正, 平景直, 源信安에게 同知, 堂上, 司猛의 벼슬을, 1612년에는 世伊所, 馬堂古羅, 信時老 등에게 직첩을 내렸다.[37] 또한 藤信久, 源信安, 藤右門, 橘智正의 아들, 利兵衛도 수직인으로 활동한 기록[38]이 있다. 이들에게는 직첩을 주었고, 매년 혹은 격년으로 관복이 내려졌으며 각종 무역 및 求請에 참여할 수 있게 하였다. 이후 이들 5인의 수직인이 모두 죽은 후에는 中絶五船이라 하여 연향·回賜·求請 등은 모두 폐지하고, 進上과 공무역은 1특송사에 붙여 보내게 하였다. 1809년에는 진상 및 공무역도 모두 혁파하였다.[39]

한편 기유약조에는 기록되지 않았지만 약조 체결 이후 대마도주 외에 조

---

34) 『변례집요』 권2 「송사」 임자(1612) 7월.
35) 『변례집요』 권2 「송사」 임신(1631) 3월.
36) 『국역증정교린지』 제1권 「대마도인 접대에 관하여 새로 정한 사례」, 12~13쪽.
37) 『변례집요』 권3 「圖書賞職」.
38) 이상의 수직인은 『광해군일기』, 『東萊府接倭狀啓謄錄可考事目錄抄冊』 등에서 활동한 내용은 알 수 있으나 직첩 하사 등의 구체적인 내용은 확인하기 힘들다.
39) 『국역증정교린지』 제1권 「연례송사」, 34쪽. 규정상으로는 혁파된 것으로 기록되어 있으나 실제로는 1812년 이후에 혁파된 것으로 보인다.

선으로부터 圖書를 받는 왜인이 등장하게 되었고, 이들도 숙배례를 행하고, 연향접대를 받았다.[40] 조선후기 受圖書人은 副特送使, 萬松院送使, 流芳院送使, 以酊菴送使, 平彦三送使, 平義眞送使로 총 6인이었다.

〈표 1-3〉 조선후기 受圖書人

수도서선	수도서인	도서발급(혁파)	도해 인원
副特送使	柳川景直	1611	정관 1, 부관 1, 도선주 1, 2선주 1, 留船主 1, 봉진압물 1, 사복압물 1, 사봉 2, 반종 7, 격왜 40, 副船 격왜 30, 수목선격왜 20
萬松院送使	平義智	1622	정관 1, 도선주 1, 진상압물 1, 반종 3, 격왜 40
流芳院送使	柳川調信	1622(1638 이후)	
以酊菴送使	玄蘇	1609	정관 1, 반종 3, 격왜 40
平彦三送使	平義成	1611(1657)	정관 1, 진상압물 1, 반종 3, 격왜 40
平義眞送使	平彦滿	1642(1702)	

※ 『국역증정교린지』 제1권 「대마도인접대에 관하여 새로 정한 사례」; 「연례송사」, 12~38쪽. 참조

<표 1-3>에서 보이듯이 조선후기 수도서인은 도서를 발급받은 시점이 1609년부터 1642년 사이로, 평의진송사를 제외하면 마지막은 1622년이다. 도서 발급의 배경을 확인하면 임진전쟁 후 조일 간 국교재개에 공이 있는 자들이 대부분이다. 조선은 이상에서처럼 조일관계에서 외교적 공로가 있는 왜인들에게 우대하는 방편으로 도서를 발급하여 앞으로의 조일 외교관계에서도 이들이 그 몫을 해주기를 의도한 것이다.

하지만 약조 체결 당시 접대 대상에는 포함되지 않았던 受圖書人이 도래하고 受職人도 추가되면서 조선 측의 접대는 점차 부담으로 다가왔다. 때문에 이런 부담을 조금이나마 덜기 위해 접대 인원을 줄이려는 노력을 기울이기 시작했다. 그러나 약조 체결 시 선척의 크기 및 선부가 구체적으로 규정되었던 국왕사 및 송사의 접대 인원을 줄이기는 쉽지 않았다. 그래서 약조에 세부 규정이 마련되지 않았던 세견선 및 수도서선의 선척 크기 및

---

40) 『국역증정교린지』 제1권 「대마도인 접대에 관하여 새로 정한 사례」, 12~13쪽.

인원수를 조사하기 시작했다. 1626년 9월, 왜인에게 점검에 대한 통보를 하자 처음에는 전에 없던 일이라 하여 약조를 정한 후에 조사에 임하겠다고 하였다.[41] 하지만 조선은 이후 접대 인원수를 규정대로 돌리기 위해 압박하였으며, 같은 해 12월에 도래한 受職倭에 대해서는 선박 크기 및 승선 인원을 조사하여 추가 인원 5명을 적발해 내었다.[42] 이러한 조선의 점검 시도 배경에는 당시 발생했던 정묘호란의 영향도 있었던 것으로 보인다. 전쟁 전후의 경제·사회적 피폐화는 일본사신 접대에 대한 부담으로 작용하였고, 조선은 선척 및 인원수 점검이라는 방법을 이용하여 조금이나마 폐해를 줄이고자 하였다.

기유약조에 규정된 일본사신 접대 규정은 소략하지만 기준 틀은 제시해 주고 있다. 조선은 이 틀을 토대로 하여 세부안들을 마련하였다. 그래서 국서개작사건이 폭로되어 규정의 개편이 필요하게 되었을 때 단기간 내에 효율적인 조정이 이루어질 수 있었다. 이런 상황은 조선전기에 왜인 통제를 위해 접대규정을 정비했던 과정과 유사하며, 종국에는 접대의 폐해로 인해 조선 및 지방민들이 겪게 되는 어려움까지도 동일하게 전가되어 갔다.

---

41) 『변례집요』 권2 「송사」 병인년(1626) 9월.
42) 『변례집요』 권2 「송사」 병인년(1626) 12월.

2장. 연례송사 접대

본 장에서는 일본사신 중 '年例送使'[1]가 정착되어 가는 과정 및 접대 규정과 사례, 양상을 확인한다. 이 과정에서 연례송사의 접대 규정 및 사례를 확인할 수 있는 『접왜식례(接倭式例)』[2]와 『영남접왜식례개등록(嶺南接倭式例改謄錄)』[3]의 내용을 비교하고자 한다.

『접왜식례』는 조선후기 이형상이 동래부사로 재임(1690.8.~1691.7.)할 당시 일본사신을 접대하는 사례를 정리한 것으로 보인다. 연례송사 접대의례와 물품 등은 1659년 일례를 기록하였고, 차왜 접대 사례는 임진전쟁 이후부터 1689년까지 정리되어 있다. 박민철과 구지현은 『접왜식례』가 민정중이 동래부사로 재임할 당시(1658~1659) 기록한 내용을 필사하여 작성한 것인지 검토가 필요하다고 하였다.[4] 연례송사의 경우 민정중 재임기간의 사

---

1) 연례송사 자체에 대해 논의한 국내외의 대표적인 연구로는 '田代和生, 『近世日朝通交貿易史の研究』, 創文社, 1981'과 '홍성덕, 『17세기 朝日外交使行研究』, 전북대학교박사학위논문, 1998'이 있다. 두 연구 모두 근세 조일관계 속에서 연례송사를 다루고 있기 때문에 연례송사 자체에만 집중하지 못한 부분이 있다.

2) 『접왜식례』는 '심민정, 「두모포왜관시기 차왜 접대례 변화와 정비 -『접왜식례』 분석을 중심으로」『동북아문화연구』 제46집, 동북아시아문화학회, 2016'에서 자료를 활용하면서 간략히 소개된 바 있다. 본서의 <부록> 편에서 내용을 공개한다.

3) 이하 『영남접왜식례개이정등록』은 『영남접왜식례』로 약칭한다. 본 자료의 표제는 『嶺南接倭式例改謄錄』이라고 되어 있는데, 속지에는 '釐正'이라는 글자가 추가되어 있다. 『영남접왜식례』에 대해서는 '심민정, 「『嶺南接倭式例改釐正謄錄』(1732년, 장서각 소장)」, 『한일관계사연구』 제60집, 한일관계사학회, 2018'에서 자료소개를 하고 있다. 본서의 <부록> 편에서 내용을 공개한다.

4) 구지현, 「이형상의 일본지리지 동이산략(東夷散略) 연구」『인문과학연구』 44, 강원대학교 인문과학연구소, 2015, 21~22쪽.

레이므로 이런 추측이 가능하지만5) 『변례집요』, 『별차왜등록』 등의 내용과
비교해볼 때 1659년 3월 교체된 이만웅(李萬雄) 때 접대사례에 해당한다.
즉 『접왜식례』에는 1659년 전체 연례송사의 접대를 총 망라하고 있기 때문
에 1659년 초 임기가 끝난 민정중의 접대 기록일 수 없는 것이다. 또한 차
왜 접대식은 1689년까지 기록된 것으로 보아 이형상 재임이 끝난 직후 정
리하여 작성한 것으로 보는 것이 타당하다.

『영남접왜식례개등록(嶺南接倭式例改謄錄)』은 조선후기 왜관으로 내왕
했던 연례송사(年例送使)에 대한 접대 관련 내용을 담고 있다. 작성 시기는
속표지에 ‘雍正十年壬子九月日’이라고 표기하고 있어 1732년(영조 8) 작성
되었음을 알 수 있다. 이 시기는 초량왜관 시기에 해당한다. 동시에 기존 아
명송사(兒名送使)인 평의진(平義眞)송사 등이 중단되어 연례8송사가 정착
되어 있던 시기이기도 하다. 때문에 연례송사에 대한 접대례가 완비되어 기
존의 접왜식례(接倭式例)를 수정하고 보완할 필요에 의해 작성된 것으로
추측된다.6)

이상의 두 자료는 각각 두모포왜관 시기와 초량왜관 시기를 대표하고 있
고, ‘접왜식례’라는 공통 용어를 사용하고 있어 시기별 접대규정의 변화를
파악하기에 적합한 자료임을 알 수 있다. 이 두 자료를 기본적으로 활용하
여 연례송사 접대를 확인하되 구체적인 사례가 필요한 경우에는 각종 사례
집이나 규정집들을 참조한다면, 시기별 연례송사 접대 사례의 차이점 및 특
징이 구체적으로 도출될 것이다.

특히 본 장에서 다루고자 하는 사신은 ‘연례송사’이다. 연례송사에 초점
을 맞춘 이유는 사신접대라는 측면에서 접대례의 기준이 되기 때문이다. 차
왜가 정례화된 접대를 받기 시작하는 시기가 1635년 12월부터라는 기존 연
구 결과를 보았을 때, 연례송사는 이미 그 전부터 접대례를 실시하고 있었

5) 심민정, 앞의 논문, 동북아시아문화학회, 2016, 20쪽.
6) 심민정, 앞의 자료소개, 한일관계사학회, 2018, 255쪽.

다는 점에서 의미가 있다. 『접왜식례』에 의하면, 차왜에게 접대례 적용시 '특송사선례, 세견1선례, 세견4선례' 등 연례송사선 접대례를 그 기준으로 삼고 있다.[7] 때문에 차왜 접대 보다 앞서 연례송사에 대한 접대 양상을 구체적으로 확인하려는 것이다.

연구 대상을 '연례송사 접대'로 한정하였지만 실제로는 조선후기 전체 시기의 일본사신 접대 사례의 특징을 도출하여 외교적 함의를 정리할 수 있기를 고대한다.

1. 연례송사의 개념과 범주

연례송사란 1609년 기유약조에 의해 외교 통상을 목적으로 하여 매년 1회씩 정기적으로 도항하던 일본사절을 의미한다. 그렇다면 연례송사의 범주에는 대마도주 특송사(特送使), 세견선(歲遣船), 수도서선(受圖書船), 수직인선(受職人船)[8]이 포함된다. 이들에게는 통교권이 허용되었으며, 조선 측으로부터 접대를 받은 자들이 대부분 '송사'로 명명되었다.[9] 여기에서 접대는 문인이나 도서가 찍힌 서계를 지참할 경우에 허용하며, 접대하는 조선 측 관원 및 물품 등이 동원되고, 서계식, 숙배식, 연향 및 다례 등의 의례가 행해지는 접대를 의미한다.

이렇게 ① 1609년 기유약조 이후 매년 1회 정기적으로 도항 ② 서계를 지참 ③ 조선 측의 인적 물적 동원이 이루어진 접대가 행해진다는 조건이 충족되는 일본사절을 연례송사라고 한다면, 그 범주는 시기별로 상황에 따

---

7) 심민정, 앞의 논문, 2016.
8) 『증정교린지』 권1, 「年例送使」조에는 中絶五船이 범주에 포함되어 있다. 중절오선은 受職人이지만 접대는 허락되지 않았고, 진상과 공무역은 허락되었다.
9) '송사'이지만 접대가 허용되지 않는 예외는 뒤에서 다시 언급하겠다.

라 달라질 수 있다. 하지만 여러 연구나 자료에서 '연례송사'의 개념은 명확
히 정립되어 있지 않으며, '연례송사=연례8송사'와 같은 개념이나 범주로
잘못 인식하는 경우가 대부분이다.

> (ㄱ) 임진왜란에 의해 단절된 조일 양국 간의 통교가 1609년(광해군 1) 기
> 유약조(己酉約條)로 재개되면서 대마도에서는 대마도주 세견선(歲
> 遣船) 20척, 수직인선(受職人船) 5척, 수도서선(受圖書船) 5척에 대
> 해 매년 1회씩의 통교를 허용했는데, 이들을 '**연례송사**(年例送使)'
> 라 한다.
>
> **연례송사**는 1637년 '겸대(兼帶)' 제도가 실시되면서 모두 8개의 사절
> 단으로 나뉘어 매년 1·2·3·6·8월 중에 각각 순번에 의해 정기적으로
> 도항하게 되면서, '**연례8송사**(年例八送使)'라고 불렀다.
>
> 『한국민족문화대백과』「팔송사(八送使)」

> (ㄴ) 겸대제의 실시로 세견선의 도항 횟수가 줄어듦에 따라 일본에서 조
> 선으로 파견할 수 있는 사선의 수는 受圖書船(以酊菴·萬松院·副特
> 送船使)을 포함하여 8선으로 줄었다. 따라서 조선이 실질적으로 형
> 식을 갖추어 접대하게 된 사선은 8척이 되므로 이를 가리켜 年例8
> 送使라 하였다.
>
> 『신편 한국사』 V.2.2) (3) 겸대제 실시와 외교 사행의 정비

(ㄱ), (ㄴ)의 자료를 보면, 연례송사의 범주가 변화한 계기를 1637년 시행
된 '겸대제(兼帶制)' 단 한 시기로만 보고 있다. 겸대제 시행 전 연례송사의
범주는 특송사를 포함한 세견선 20척, 수도서선 5척, 수직인선 5척으로 총
30척이었으며, 겸대제 시행 후에는 총 8척의 '연례8송사'가 정립되었다고
설명하고 있는 것이다. 그렇다면 위 자료처럼 연례송사의 범주가 변화한 시
기는 '겸대제 시행'시기로 단일화할 수 있을까? 수직인선을 연례송사로 보

는 것은 적합할까? 그리고 겸대제도 이후 연례송사를 연례8송사와 동일한 명칭으로 사용해도 될까? 각종 사료에서는 연례송사를 어떻게 기록하고 있는지 일부 사례를 다음 표에 제시하였다.

〈표 2-1〉 '送使' 인용 사례

	내용	출전
①	관우를 새로 만드는 것 때문에 정사조의 **9송사**는 정지하여 출래하지 않았다.(因館宇新創 丁巳條九送使停止不出來)	『변례집요』 권7「宴禮進上」 정사년(1677) 3월
②	**9송사(送使)** 가운데 단지 제 1선(第一船)을 내보내면서, 5일 간의 잡물(雜物)을 비록 대관왜(代官倭)의 연수(宴需)에 입급(入給)한다 하더라도 땔나무와 숯을 덜어버리면 절반은 입급해야 합니다.(九送使內, 只出送第一船, 五日雜物, 雖入給代官宴需, 減除柴炭, 折半入給.)	『숙종실록』 숙종 23년(1697) 9월 5일 임오
③	통신사가 도해하는 해에 **8송사**를 정지하는 일은 원래는 없던 일인데, 임술년(1682)부터 시작하였습니다…(信使渡海之年 八送使停止之義 元來無之事候處 壬戌年より相始,…)	『분류기사대강』 3(대마도종가문서자료집 3) 享保3년(1718) 무술 윤10월 22일
④	지난 가을 조선국에 기근이 있었는데 올해에는 백성들이 기근으로 굶어죽는 자가 있었습니다. 양국 간 성신의 뜻은 서로 간에 중요하므로 선례는 없었지만 올해 **9송사**를 차견하는 일은 정지시켜야 한다는…(去秋朝鮮國飢饉ニ而 當年ニ至下民及餓死候者有之候 兩國御誠信之義ハ御互之事ニ候故 先例ハ無之候得共 當年九送使被差渡候事 御停止被成候下候義ハ…)	『분류기사대강』 3(대마도종가문서자료집3) 享保17년(1732) 임자 3월 12일
⑤	동래부사 정권(鄭權)의 첩보에 이르기를, '관수왜의 말에 '기해년에 통신사와 상치(相値)되어 **8송사(八送使)**를 정지하였고,…'(東萊府使鄭權牒報以爲, '館守倭言, '己亥以通信使相値, 停八送使,)	『영조실록』 영조 25년(1749) 3월 21일 기사
⑥	이번 배편 중 임신년 아직 출래하지 않은 송사로, 이정암에서 부특송에 이르기까지 **5송사**는 정지한다는 것으로 봉행 등이 서계로 보내었으니, 이 서계를 보여드리옵니다.(今於船便, 壬申條未出來送使, 自以酊菴, 至副特送五送使停止事, 奉行等書契出來是如, 同書契出示是乎矣.)	『典客司日記』 2 영조 29년 癸酉(1753) 4월 20일
⑦	접대하는 왜인 중 대마도주가 연례로 총 8차례의 배를 보내는데, 이를 '8송사'라 한다. 제1선은 1송사, 제2선은 2송사, 제3선은 3송사라 한다. 제4선에서 제17선까지는 4송사, 1특송에서 3특송은 5송사, 부특송은 6송사, 만송원은 7송사, 이정암은 8송사라 한다.(接倭對馬島主, 年例遣船, 凡八次, 謂之八送使. 第一船, 爲一送使, 第二船, 爲二送使, 第三船, 爲三送使, 第四船至第十七船, 爲四	『六典條例』 卷5「禮典」「禮曹」「典客司」「接倭」

내용	출전
送使, 一特送至三特送, 爲五送使, 副特送, 爲六送使, 萬松院, 爲七送使, 以酊菴, 爲八送使.)	

<표 2-1>에 의하면 '送使'라고만 쓰인 경우 '구송사', '오송사', '팔송사' 등 특정 시기에 조선으로 파견된 특정 범주의 연례송사를 지칭하고 있다. 이를 통해 연례송사는 시기별로 범주가 달라지고 있음이 확인된다.

한편 이들 연례송사의 범주를 살펴보았을 때 특징 중 하나는 접대를 받는 송사가 '연례송사'의 범주에 포함된다는 점이다. 하지만 ⑦의 내용을 봤을 때 수직인선은 연례송사의 범주에서 제외되고 있다. 또 『증정교린지』「연례송사」조를 보면 '중절오선'은 포함되어 있지만 '수직인'은 다른 목차에 포함되어 있다. 수직인선의 경우 연례송사의 조건을 일부 충족하지만 외교사절이라는 의미보다 조선 측 직첩을 받은 관리로서 보지 않았을까 생각된다. 이 때문에 각종 규정집에서 연례송사의 범주에 포함시키지 않고 있는 것이다. 하지만 이들 수직인이 죽은 뒤 공무역선은 허가받으면서 연례송사 중 하나인 1특송사선에 붙어 왔기[10] 때문에 항목을 부기한 것으로 보인다.

이상의 내용을 종합하면, '연례송사'는 조선 측의 허가를 받아 해마다 도해하는 일본 측 사절을 의미하며, 이때 접대 의례를 받는 송사만이 '연례송사'에 포함된다. 이에 따르면, 앞서 『한국민족문화대백과』「팔송사」 항목에 설명된 '연례송사' 개념 정의는 오류임을 알 수 있다. 즉 '겸대제' 이전의 수직인도 연례송사에 포함시키기 힘들다고 볼 수 있으며, '겸대제' 이후 '연례송사=연례팔송사'로 동일하였다는 점은 수정이 필요하다 하겠다.

그렇다면 각 시기별 연례송사 범주는 동일하였을까? 그렇지 않다. 심지어 같은 두모포왜관 시기나 초량왜관 시기에도 연례송사는 변동이 있었다. 구체적인 내용은 다음 <표 2-2>와 <표 2-3>에 정리하였다.

---

10) 『증정교린지』 제1권 「연례송사」 중절오선.

〈표 2-2〉 조선후기 倭送使船 범주

	기유약조(1609)	접왜식례(1659)	영남접왜식례개(이정)등록(1732)
특송사	특송선 3척	특송제1선(2, 3선 겸대)	특송제1선(2, 3선 겸대)
세견선송사	도주세견선 17척	세견제1선 세견제2선 세견제3선 세견제4선(5~17선 겸대)	세견제1선 세견제2선 세견제3선 세견제4선(5~17선 겸대)
수도서선 (受圖書船)	부특송선 만송원(萬松院)송사 **유방원(流芳院)송사** 현소(玄蘇:以酊菴)송사 **평언삼(平彦三)송사**	부특송선 만송원(萬松院)송사 **평의진(平義眞:언만)송사** 이정암(以酊菴)송사 **유방원(流芳院)송사(1638 재발급 후 혁파)**	부특송선 만송원(萬松院)송사 이정암(以酊菴)송사
기타 접대 송사	국왕사 상선(上船)·부선(副船)	참판사로 대체	참판사(대차왜)로 대체
관수(館守)	×	○	○
기타	대마도수직인 - 연 1회 내조	● 수직왜선(受職倭船) -藤永正, 世伊所, 平 智吉, 平信時, 馬勘七 - 연 1회 요미 지급	● 공무역 -중절오선(中節五船) -**평미일(平彌一:平義如)송사** ● 육물(陸物) -대관왜(代官倭)

〈표 2-3〉 시기별 연례송사 범주 변화

기유약조(1609) 이후	겸대제(1637) 이후	유방원송사 혁파(1638) 이후	평의진도서 발급(1642) 이후	평언삼송사 혁파(1657) 이후	평의진송사 혁파(1702) 이후
송선 3척 주세견선 17척 특송선 송원(萬松院)송사 방원(流芳院)송사 소(玄蘇:以酊菴) 사 언삼(平彦三)송사	특송제1선(2,3선 겸대) 세견제1선 세견제2선 세견제3선 세견제4선(5~17선 겸대) 부특송선 만송원송사 평언삼(의성)송사 이정암(以酊菴)송사 유방원 송사	특송제1선 세견제1선 세견제2선 세견제3선 세견제4선 부특송선 만송원송사 평언삼송사 이정암송사	특송제1선 세견제1선 세견제2선 세견제3선 세견제4선 부특송선 만송원송사 평언삼송사 평의진송사 이정암송사	특송제1선 세견제1선 세견제2선 세견제3선 세견제4선 부특송선 만송원송사 평의진송사 이정암송사	특송제1선 세견제1선 세견제2선 세견제3선 세견제4선 부특송선 만송원송사 이정암송사
연례25송사	**연례10송사**	**연례9송사**	**연례10송사**	**연례9송사**	**연례8송사**

<표 2-2>, <표 2-3>에 의하면 조선후기 연례송사의 범주는 크게 ① 1609
년(기유약조)~겸대제 시행 이전 ② 겸대제 시행~1701년 ③ 1702년 이후 초
량왜관 시기의 3시기에 따라 달라진다.

첫째, 기유약조 체결(1607년) 이후 연례송사는 특송사선 3척, 대마도주
세견선 17척, 대마도 수도서인선이 포함되어 총 25척의 연례송사선이 파견
되었다. 1년에 총 20척이 도해한 도주 송사선은 17척이 세견선(歲遣船)이
고, 3척은 특송선(特送船)이었다. 그 중 제1·2·3특송선과 세견제1·2·3선은
대선(大船), 세견제4선~10선은 중선(中船), 세견제11~17선은 소선(小船)으
로 선척 크기가 달랐다.11)

한편 기유약조에는 기록되지 않았지만 약조 체결 이후 대마도주 외에 조
선으로부터 도서(圖書)를 받는 왜인이 등장하게 되었다. 이들을 수도서왜인
이라 하며, 조선 측의 허가에 따라 매년 도해하였다. 이들도 숙배례를 행하
고, 연향접대를 받았다.12) 하지만 이들이 도서를 발급받은 시기가 모두 다
르기 때문에 순차적으로 연례송사의 범주에 포함되어 갔다. 겸대제 시행 이
전까지의 수도서인은 다음 표와 같다.

〈표 2-4〉 조선후기 受圖書人

수도서선	수도서인	도서발급(혁파)
副特送使	柳川景直	1611
萬松院送使	平義智	1622
流芳院送使	柳川調信	1622(1635 회수) 1638 재발급(얼마 지나지 않아 혁파)
以酊菴送使	玄蘇	1609
平彦三送使	平義成	1611(1657)

※ 『증정교린지』 제1권 「대마도인접대에 관하여 새로 정한 사례」; 「연례송사」 참조.

<표 2-4>에 의하면 겸대제 시행 전까지의 수도서인(受圖書人)은 부특송
사(副特送使), 만송원(萬松院)송사, 유방원(流芳院)송사, 이정암(以酊菴)송

11) 『국역증정교린지』 제1권 「대마도인 접대에 관하여 새로 정한 사례」, 11~12쪽.
12) 『국역증정교린지』 제1권 「대마도인 접대에 관하여 새로 정한 사례」, 12~13쪽.

사, 평언삼(平彦三)송사로 총 5인이었다. 이들은 임진전쟁 후 조일 간 국교 재개 과정에서 외교적 공로가 있는 자들로, 조선은 우대의 방편으로 도서를 발급하여 통교와 접대를 허락해 주었다.

기유약조에서는 대마도 수직인(受職人)에게도 연 1회 내조하여 무역할 수 있는 권한을 허락해 주었다. 조선전기에도 왜구 진압 및 표류인 송환, 외교상 공로가 있는 왜인들에게 도서(圖書)와 직책을 주어 접대하였다. 하지만 기유약조 체결 시에는 임진전쟁 이전의 수직인을 모두 인정해 주지는 않았고, 이후 공이 있는 사람들에 한해 직첩을 주었다. 『증정교린지』에는 藤永正, 世伊所, 馬勘七, 平智吉, 平信時 등 5인에게 상호군(上護軍)·부호 군(副護軍)의 관직을 주었다[13]고 되어 있다. 하지만 이 외에도 1609년에는 국교재개의 공으로 橘智正, 平景直, 源信安에게 동지(同知), 당상(堂上), 사 맹(司猛)의 벼슬을, 1612년에는 世伊所, 馬堂古羅, 信時老 등에게 직첩을 내렸다.[14] 또한 藤信久, 源信安, 藤右門, 橘智正의 아들, 利兵衛도 수직인 으로 활동한 기록[15]이 있다. 이들에게는 직첩을 주었고, 매년 혹은 격년으 로 관복이 내려졌으며 각종 무역 및 구청(求請)에 참여할 수 있게 하였다. 이후 이들 5인의 수직인이 모두 죽은 후에는 중절오선(中絶五船)이라 하여 회사(回賜)·구청(求請) 등은 모두 폐지하고, 진상(進上)과 공무역은 1특송 사에 붙여 보내게 하였다. 1812년에는 진상 및 공무역도 모두 혁파하였 다.[16] 하지만 이들은 앞서 언급한 것처럼 일본 측 외교 사절로 보기보다는 공로를 인정하여 직첩과 무역권을 인정해 주는 기미 호혜의 대상으로 인정

---

13) 『국역증정교린지』 제1권 「대마도인 접대에 관하여 새로 정한 사례」, 12~13쪽.

14) 『변례집요』 권3 「圖書賞職」.

15) 이상의 수직인은 『광해군일기』, 『東萊府接倭狀啓謄錄可考事目錄抄册』 등에서 활동 한 내용은 알 수 있으나 직첩 하사 등의 구체적인 내용은 확인하기 힘들다.

16) 『국역증정교린지』 제1권 「연례송사」, 34쪽. 규정상으로는 1809년 혁파된 것으로 기록되어 있으나 실제로는 1812년 이후에 혁파된 것으로 보인다.(정성일, 「易地聘 禮 실시전후 대일무역의 동향」 『경제사학』 15, 1991, 16~17쪽)

하였으므로 연례송사와는 별도로 분리해서 보아야 할 것이다.

두 번째 시기는 겸대제 시행 이후로 이 때 본격적으로 아명송사(兒名送使)를 포함한 연례송사가 확정되었다. 이 시기에는 아명송사의 도서 발급 및 혁파 여부에 따라 연간 9송사 혹은 10송사가 파견되는 모습을 보였다.

1635년 3월 14일 유천조흥(柳川調興)과 대마도주 사이의 소송에 대한 판결이 나면서 앞으로 발생할 국서 및 서계의 위조 및 조작을 방지하고자 이정암송사가 문서 관련 업무를 전면적으로 검수하게 되었다. 이는 동시에 조선 측에서 외교상 담당하게 될 사절들에 대한 접대 규정 재정비에도 변화를 초래하였는데, 가장 큰 변화이자 대표적인 사례는 대표 사절선이 나머지 연례송사선을 대표하여 접대를 겸하는 '겸대제(兼帶制)' 시행이었다. 이로 인해 연례송사의 범주는 이전보다 더 분명해졌다.

겸대제 시행 초기는 아니었지만 시간이 지날수록 연례송사선이 출래하는 달까지 규정되어 갔다. 1637년 5월 겸대제 최초 적용 사절로 도래한 2·3특송선과 평언삼송사, 세견제5~17선이 정관 없이 서계만 지참하고 나왔다.[17] 하지만 송사선이 출래하는 달이 지정되면서 1월에는 세견제1·2·3선이, 2월에는 이정암송사와 세견제4선이 출래하는 것으로 정착되었다. 3월에는 1특송사, 6월에는 만송원송사·평언만송사가, 그리고 8월에는 부특송사선이 출래[18]하였다.

『접왜식례』에 의하면, 겸대제 시행 이후 연례송사 범주에서 사라진 유방원(流芳院)송사와 평언삼(平彦三)송사, 그리고 새로 추가된 평의진송사가 주목된다. 유방원은 유천조신(柳川調信)의 법명으로 1622년 조선으로부터 도서를 받았다. 하지만 국서개작 폭로 사건에서 유천조신의 손자인 유천조흥이 패하게 되면서 조선에게 받은 도서는 반환되었다. 그 후 대마도주는 사송선의 권한을 부활시키기 위해 노력한 끝에 조선에 요청을 하여 1638년

---

17) 『변례집요』권2 「송사」 정축(1637) 5월.
18) 『증정교린지』권1 「연례송사」; 「겸대」.

에 도서가 재발급되었지만 얼마 뒤에 혁파되었다.[19] 그렇다면 겸대제 시행 이후라도 유방원송사가 있을 당시의 연례송사는 '10송사'가 되는 것이다.

평언삼송사는 평의진(平義眞)송사와 함께 아명송사(兒名送使)라고도 부른다. 언삼(彦三)은 대마도주 의성(義成)이 어렸을 때 이름으로 아버지 종의지(宗義智)가 도주로 있을 때인 1611년에 조선으로부터 도서를 받아 송사가 되었다. 이후 1657년 의성(義成)이 죽으면서 도서를 반납하고 폐지되었다.[20] 겸대 시행 후 20여 년 유지된 송사였지만 『접왜식례』의 연례송사 관련 내용 작성 시점이 1659년으로 추정되기 때문에 평언삼송사는 빠져있다. 반면에 다른 아명송사인 평의진송사는 새로 추가되었다. 평의진(平義眞)은 의성(義成)의 아들이며 어릴 때의 이름은 언만(彦滿)이다. 평의진송사는 평언삼송사의 예에 따라 1642년 도서가 발급된 송사이며, 이 두 송사가 함께 있던 시기 또한 '연례10송사' 시기인 것이다. 하지만 이후 평언삼송사가 혁파되고 1702년 의진(義眞)이 죽으면서 도서가 회수[21]되기 전까지는 '연례9송사' 시기가 유지되었다.

이상의 송사들처럼 겸대제 시행 이후라 하더라도 연례송사 범주는 항상 고정적이지 않았고, 아명송사의 변동이 연례송사 범주에 영향을 많이 미쳤다고 볼 수 있다.

마지막으로 1702년 평의진송사 폐지 이후 연례송사가 변화한 것을 확인할 수 있다. 연례송사 중 특송선, 세견선 등은 겸대제 시행 이후와 달라진 바가 없으며, 수도서선 중 아명송사의 접대여부에 변화가 보이는 것이 특징이다. 기존의 인식으로는 1702년 평의진송사 폐지 이후 접대를 받는 연례송사는 1특송선, 세견제1·2·3·4선, 부특송선, 만송원송사, 이정암송사이며, 이 8송사를 '연례8송사'로 일컫는다는 것이 일반적이다. 특히 이 연례8송사를

---

19) 『국역증정교린지』 제1권 「대마도인 접대에 관하여 새로 정한 사례」, 13~14쪽.
20) 『국역증정교린지』 제1권 「대마도인 접대에 관하여 새로 정한 사례」, 14~15쪽.
21) 『국역증정교린지』 제1권 「대마도인 접대에 관하여 새로 정한 사례」, 15~16쪽.

겸대제 이후 연례송사와 동일시하는 경향까지 있다. 하지만 연례8송사는 1702년 이후의 연례송사를 지칭하기 때문에 동일시해서는 안 된다.

『영남접왜식례』에는 연향과 의례 등의 접대는 없지만 공무역에는 참여하는 수도서선 아명송사로 평미일(平彌一)송사가 보인다. 평미일(平彌一)은 『변례속집요』「연례송사선인수」조에도 기록되어 있는데, 대마도주 종의성(宗義誠)의 장남인 종의여(宗義如)의 어릴 때 이름이다. 도서를 받은 아명송사인 것이다. 하지만 평의진(平義眞)송사처럼 접대를 받지는 못했다. 그렇지만 공무역에는 참여하고 있다. 평미일송사 이후 아명송사는 도서를 발급받더라도 접대를 받지는 못했다. 이 때문에 연례송사의 범주에서 제외되었고, '연례8송사'가 정착되어갔다.

『영남접왜식례』는 1732년 연례송사 접대 일례를 담고 있기 때문에 평미일송사만 기재되어 있으나 그 이전부터 아명송사의 도서 발급 및 접대 여부는 시험대에 오르고 있었다. 특히 1682년 임술통신사행 이후 일본사신 접대 규정을 재정비하는 과정에 아명송사의 접대 관행도 바로잡으려 하였다. 유채연은 1683년 종의진(宗義眞)의 아들 우경(右京)의 도서사급과 관련한 분쟁을 그 시초로 보고 외교상에서 조선 중심의 주도적 외교권을 확보하는 과정에서 아명송사의 도서사급을 이용했다고 하였는데,[22] 이 시기를 거쳐 아명송사는 연례송사에서 제외되어 갔다.

이상 '연례송사'는 그 개념과 범주가 명확하지 않은 채 사용되어 왔음을 확인하였다. 홍성덕은 조선왕조실록 번역의 오류를 확인하면서 '해마다 파견하는 송사'를 '연례송사'라는 고유명사로 표기해야 한다[23]고 말한 바 있다. 하지만 국내 대표적인 사전이라 할 수 있는 『한국민족문화대백과』에

---

22) 유채연, 「조선시대 兒名圖書에 관한 고찰」『한일관계사연구』 62, 한일관계사학회, 2018.

23) 홍성덕, 「『조선왕조실록』 한일관계기사 번역 검토」『한일관계사연구』 38, 한일관계사학회, 2011.

'팔송사'는 있지만 '연례송사'는 없다. 그리고 사료에서는 팔송사 외에 5송사, 9송사 등 범주를 달리하는 연례송사 용어들이 쓰이고 있음에도 불구하고 이런 용어들의 개념은 정리하지 않고 있다. 8송사는 어느 일정 기간에 파견된 연례송사를 지칭하는 용어일 뿐이다. 이를 전체 연례송사와 동일시하는 개념 설명이나 표현은 부적절하다.

사절의 개념과 범주가 명확하지 않은 상태에서 역할이나 활동 양상, 사절의 의미를 파악하기는 힘들다. 각 시기별 범주와 개념을 명확히 재정리하여 앞으로의 연구에 적용해야 할 것이다.

2. 연례송사 겸대제

仁祖가 즉위한 이후 동아시아 국제질서는 다각도로 변화하였다. 임진전쟁 과정에서 약체화된 명에 비해 후금은 급격히 성장하여 요동까지 침공하는 등 중국 질서 재편은 불가피했다. 반면 일본은 도쿠가와 막부의 정책이 점차 안정되어 가면서 지방 통제책이 어느 정도 마무리 되었다. 조선은 북쪽의 혼란에 대한 불안과 남쪽의 강성에 대한 대비책 마련으로 국내의 안정에만 집중할 수 없는 상황이었다. 특히 1627년 발생한 정묘호란은 위기감을 더욱 가중시켰다. 게다가 전란 후 경제력이 회복되지 않은 상태에서 후금으로 들어가게 된 세폐의 증가 등은 반대로 일본사신 접대에 대한 심각한 부담으로 작용하였다.[24] 조선은 북방의 상황으로 인해 일본과의 위기감이 가중될까 염려하여 일본사신에게 접대의 감축에 대해 직접적으로 언급하지는 않았다. 하지만 이런 불안은 급기야 1629년 국왕사를 칭하면서 내도한 玄方 일행을 盛接하고[25] 上京시키는 우를 범하는 것으로 이어졌다.

---

24) 『인조실록』 6년(1628) 2월 13일 을사; 『인조실록』 6년(1628) 12월 7일 계사.
25) 玄方 일행은 關白의 국서를 지참하지 않았으므로 국왕사가 아닌 巨酋使의 예로 접

특히 이 사행은 전례 없이 正官인 玄方과 副官인 平智廣이 각각 별도로 숙배례를 행하고 진상을 바치는 이례적인 의례를 행하고 있는데, 아마도 玄方을 중심으로 한 일본국왕사의 기능과 平智廣을 중심으로 한 대마도송사의 기능을 함께 가지고 도래한 사행으로 인식한 듯하다. 조선의 불안을 단편적으로 보여준 이 사행 접대는 이후 전개될 교린정책의 변화를 암시하였다. 기유약조는 대마도 측에서 볼 때 조선전기에 비해 무역량이 다소 줄어든 결과를 낳았는데, 교역량을 늘리기 위해 대마도는 여러 차례 특수한 명목을 부여한 사신을 파견했다. 이들 사신은 조선의 접대례에 포함되지 않았지만 혹 조선이 일시적으로 접대를 해주기만 한다면 일례가 될 가능성이 있음을 의도한 것이었다. 이런 상황을 만들어낸 대마도에 대해 조선은 1629년 사행을 접대하는 과정을 겪으면서 일본사신 접대규정 및 의례를 변화하려는 분위기를 형성하였다. 게다가 1631년 발생한 '柳川一件'26)은 그런 움직임을 더 가속화 시켰다.

柳川一件은 對馬島州 宗氏와 家臣 柳川氏 사이에 발생한 분쟁을 일컫

대해야 한다. 그러나 조선은 이들이 關白의 명령을 받고 왔다는 이유로 상경 인원은 거추사의 15인에 4명을 더 허락하였다. 또한 예조 연향시 '사신재배-읍답'의 의례를 '읍-읍'으로 개정, 상경시 교자를 허락한 것 등은 거추사에 대한 접대보다 격이 높은 것이었다. 결국 1629년 玄方 일행에 대한 조선정부의 접대는 거추사보다는 높지만 일본국왕사보다 낮은 것이었다.(홍성덕, 앞의 박사학위논문, 1998, 89쪽)
26) 柳川一件에 대해서는 일본측의 연구가 대다수를 차지한다. 일본측 연구로는, '田代和生,『近世日朝通交貿易史の研究』, 創文社, 1981; ____,『書き替えられた國書』, 中央公論社, 1983; 三井大作,「德川幕府初代における朝鮮との修好貿易」『史學雜誌』10-2, 1902; 三宅英利,『近世日朝關係史の研究』, 文獻出版, 1986; 荒野泰典,『近世日本と東アジア』, 東京大學出版會, 1988, 200쪽'이 있다. 국내 연구로는, '柳在春,『임란후 한일국교재개와 국서개작에 관한 연구』, 강원대대학원 석사학위논문, 1986; 손승철,『조선시대 한일관계사 연구-교린관계의 허와 실』, 경인문화사, 2006, 136~172쪽'이 있는데 이들 연구의 경우 사건의 경위와 과정보다는 국서의 내용이 어떻게 개작되었는지에 집중하여 살피고 있다. 柳川一件의 전체적인 경위에 대해서는 '민덕기, 앞의 책, 2007, 257~280쪽'에서 자세히 정리하고 있다. 본고에서는 민덕기의 연구를 중심으로 재정리한다.

는 말로, 국내에서는 '國書改作 폭로 사건'으로 알려져 있다. 1626년 10월, 柳川調興은 대마도주 宗義成에게 肥前지방의 토지 2천 석에 대해 새로 쇼 군의 朱印狀을 받고 싶다는 뜻을 밝혔다. 그런데 도주가 이를 허락하지 않자 柳川調興은 막부의 각료에게 소송을 내게 되었다. 결과는 調興의 조부인 柳川調信의 몫이었던 천 석에 대하여 朱印狀을 받는 것으로 낙착되었다. 하지만 이는 柳川氏가 막부와 대마도주에게 이중으로 臣從한다는 모순된 결과였다.

1631년 柳川氏는 대마도주로부터 받은 천 석의 토지와 세견선 1척의 권리를 반환하겠다고 밝혔다. 이는 그가 막부로부터 직접 받은 천 석과 자신의 세견선 1척, 流芳院船 1척의 권리를 기반으로 막부의 신하가 되겠다는 의지를 명확히 한 것이다. 이에 대해 대마도주는 柳川調興을 '不臣'으로, 柳川氏는 대마도주를 '橫暴'로 각기 소송하였다.

막부의 대응은 소극적이어서 거의 2년간 소송은 방치되다가 1633년 5월 5일에 가서야 대마도주는 老中에게 심문을 받게 되는데, 이때 調興은 도주의 대조선 외교와 관련한 내용을 폭로하였다. 그 내용은 도주가 국서개작과 일본국왕사의 파견을 모두 계획하였고, 1624년 조선 사절이 쇼군에 올린 예물도 마음대로 양을 늘렸으며, 관련서류도 그에 맞추어 날조했다고 주장했다. 또한 1629년 玄方의 상경시 玄方이 가져온 조선의 서한도 대마도에서 위조한 것이라고 했다.[27]

이와 관련한 심리는 1634년 10월 20일에 시작하여 1635년 3월 11일 마지막 심리가 이루어졌다. 결과는 1635년 3월 14일 판결문에서 도주에게 죄가 없고 국서개작은 모두 柳川調興 父子의 짓으로 규정하였다. 이에 따라 柳川調興은 津輕으로, 玄方은 盛岡으로 유배형에 처해졌다. 또 국서개작에 직접 참여한 세 사람 중 두 사람은 사형, 한 사람은 유형에 처해졌다. 대마도주에 대해서는 막부의 양자 처벌 원칙에 따라 일정 부분 부담을 주는 지시가 내려

---

27) 민덕기, 앞의 책, 2007, 258~260쪽.

졌는데, 그 해나 이듬해 안에 通信使의 내빙을 실현하는 것이었다.[28]

田代和生은 대마도주의 승소에 대해서, 조선국왕에게 행하는 肅拜 등의 조공의식을 대마도가 대신 이행함으로써 양국의 외교적 마찰을 방지하는 역할을 했다[29]고 주장했다. 하지만 막부 측에서는 대마도주가 조선의 입장에서 조선의 藩臣 역할을 하지 않을까 우려하는 부분도 있었다. 때문에 통신사내빙에 대한 명령을 하여 그 이행여부로 대마도주를 다시 평가하려 했다. 결과 도주는 통신사 파견은 물론이고 조선의 국서에서 "日本國大君"의 명칭 및 일본식 연호를 사용하고, 대마도주에 대한 호칭을 足下에서 閣下로 변경시키는 등 조선과 막부의 외교의례를 적례적 관계로 이끌어 올리게 되면서 막부로부터 대조선 외교의 전담자로 인정받게 되었다. 그러나 한편으로 막부는 以酊庵輪番制[30]를 마련하여 대마도를 통제하는 시스템도 함께 갖추게 되었다.

〈표 2-5〉 국서개작사건 폭로 후 변경된 서식

항목	전	후
서계 폭	한 폭	本書와 別幅의 2폭
干支 앞	龍集 등 별자리 이름	일본천황 연호
장군 칭호	國王	大君
대마도주 호칭	足下	閣下
조선국왕에게 바치는 공무역품	進上	封進

※ 이훈, 『외교문서로 본 조선과 일본의 의사소통』, 경인문화사, 2011 참조.

---

28) 민덕기, 앞의 책, 2007, 265~266쪽.

29) 田代和生, 앞의 책, 創文社, 1981, 174~180쪽.

30) 柳川一件의 결과 대마도의 외교문서를 담당하던 玄方이 유배되었기 때문에 대마도주는 막부에 이를 담당할 새로운 인물을 요청했다. 결과 막부는 조선과의 외교문서를 직접 취급하는 승려를 京都의 五山에서 파견하였는데, 1635년 10월 光璘이 임명되어 대마도에 도착하였다. 이후 以酊庵에는 2년 임기의 윤번제로 승려가 파견되었으며, 이는 막부가 대마도를 통한 대조선외교를 감찰하는 동시에 외교체제상으로는 '막부-대마도주-조선'의 외교 지휘계통을 확립한 것이다.

한편 조선도 이 사건에 당면하여 막부와의 관계를 악화시키지 않으면서 현실적인 대처 방안을 마련하기 위해 분주하게 움직였다. 결과 막부에 대해서는 적례적 교린의 대상자로 인정해 주면서 중간 소통을 전담한 대마도는 기미교린의 대상으로 압박하는 외교정책을 마련하여 실리를 챙기려 하였다. 이는 <표 2-5>에 보이듯이 서식의 변경으로 막부와 적례를 지향하려 하고 있지만, 대마도에서 파견하는 參判使(이후 大差倭)의 서계가 정2품 예조판서가 아닌 종2품 예조참판 앞으로 보내진 점,31) 대마도의 사신이 이전처럼 뜰 아래에서 숙배례를 해야 했던 점 등은 '예조와 대마도'의 적례관계를 인정하지 않았던 조선의 모습을 보여준다.

柳川調興과 대마도주의 분쟁이 처음 조선에 알려진 것은 1631년이었는데,32) 조선은 그 사정을 파악하기 위해 여러 차례 渡海譯官을 파견하였다. 우선 1631년 邢彦吉 일행과 1632년 韓祥·崔義吉 일행에게 사건의 진행과 내용에 대해 탐지하는 임무를 주어 파견하였다.33) 하지만 이때는 막부 측에서도 적극적으로 소송을 진행시키지 않았고, 1633년 5월에 가서야 대마도주가 심문을 받게 되었으므로 조선에서도 확실한 성과를 얻기는 힘들었다. 그러다가 1634년 12월 마침내 島主差倭 藤智繩 일행이 내도하여 馬上才人의 파견을 요청하였다.34) 이는 당시 關白이 도주의 외교적 능력을 시험하기 위한 것이었으며, 조선 조정에서도 사건의 진행 및 결과를 확인하기 위해 이를 허락하고 1635년 1월 洪喜男·崔義吉 일행을 馬上才人과 함께 파견하였다.35) 조선의 이런 조처는 판결에 있어서 대마도주에게 희망적인 결과를 안겨주었다. 하지만 동시에 조선 측에서는 이를 빌미로 대마도에 대

---

31) 이 때문에 대차왜라는 용어가 정착되기 전까지 이에 상응하는 일본사신을 '참판사'라고 명명하였다.

32) 『東萊府接倭狀啓謄錄可考事目錄抄册』, 신미(1631) 9월.

33) 『변례집요』 권18 「도해」 신미(1631) 9월; 임신(1632) 8월, 9월.

34) 『변례집요』 권1 「별차왜」 갑술(1634) 12월.

35) 『변례집요』 권1 「별차왜」 을해(1635) 1월.

한 처우와 그들이 파견하는 사신에 대한 접대 부담을 축소하는 제도를 관철시킬 수 있었다.

같은 해 6월 대마도에서는 도주차왜를 보내 이 쟁송사건의 결말을 알려왔다.36) 이후 이 사건과 관련하여 도래한 대마도의 차왜는 이례적으로 접대를 인정받게 되면서 정식 외교사절로 정착되어 갔다. 이는 한편으로 대마도의 송사 및 수직·수도서인들의 외교사절적 성격이 점차 소멸되고 교역사절로 자리매김하게 되는 계기를 만들었다. 또한 왜관을 효율적으로 총관하기 위해 '館守'를 파견하기 시작했다. 반면 조선은 대마도주의 요청을 수용해 준 대가로 사신들의 접대를 축소하여 부담을 줄이고자 兼帶制의 시행을 이루어냈으며, 각종 일본 사신들의 접대 제도를 재정비하면서 대일외교체제를 재정립하고자 하였다.

대마도주와 柳川調興 사이에 발생한 국서개작사건의 소송 및 심리가 진행되면서 1635년과 1636년 두 해 몫의 세견선이 나오지 않자 조선 측은 한꺼번에 내도할 시 접대의 어려움 등으로 폐단이 초래될까 고심하였다. 1626년 調興送使의 경우도 7년 동안 조선의 일을 주선하느라 도래하지 못했다며 한꺼번에 공무역과 잡물을 모두 받으려고 한 사례가 있었기 때문이다.37) 이때에는 3년의 몫만 인정해 주었는데, 1636년에는 햇수로는 2년만 정지된 것이라 해도 도래하는 선척수가 38척38)에 달했으므로 접대 준비에 많은 물력이 소요될 것임은 자명했다. 또한 그해 2월에 通信使請來差倭가 도래했기 때문에 통신사 파견준비에 필요한 인력과 물력까지 동원할 경우 조선의 경제적 부담은 감당하기 어려운 수준이었다. 때문에 차왜 藤智繩에게 두해 몫의 세견선을 겸대하도록 주선케 했으며, 藤智繩은 겸대를 허가한다는 내

---

36) 『변례집요』 권1 「별차왜」 을해(1635) 6월.
37) 『변례집요』 권2 「송사」 병인(1626) 11월.
38) 당시 특송선 3척, 세견선 14척, 만송원·평언삼송사선을 합해 총 19척이었으며, 2년 치가 한꺼번에 도래할 경우 38척 분의 접대를 준비해야 했다.(『변례집요』 권2 「송사」 병자(1636) 10월)

용으로 당시 渡海譯官이었던 洪喜男 편에 알려왔다.[39] 이후 통신사행으로
인해 세견선 파견이 잠시 정지되었다가 1637년 5월부터 특송선과 세견선을
겸하여 접대하는 겸대가 시행[40]되어 정착되었다.

<표 2-6> 연례송사의 겸대

	출래선	겸대	출래하는 달
1	세견제1선	-	1월
2	세견제2선	-	
3	세견제3선		
4	세견제4선	세견제5선~17선	2월
5	以酊菴送使	-	
6	1특송사	2특송사, 3특송사, 중절오선(수직인선)	3월
7	萬松院送使		6월
8	平彦滿(平義眞)送使	* 1702년 平義眞 사후 폐지	
9	부특송사	-	8월

※『국역증정교린지』제1권「연례송사」;「겸대」참조.

겸대를 대마도 측에 본격적으로 주선한 것은 1636년이지만 1635년 홍희
남 일행과 함께 馬上才를 파견했을 때부터 겸대의 일은 논의되었다.『증정
교린지』에 의하면, 1635년 홍희남이 江戸에 가서 대마도주의 무고함을 변
론했으며 이와 함께 도주를 타일러 세견선을 겸대하게 하였다[41]고 기록하
고 있다. 결과 제1특송선이 제2·3특송선을 겸대하고, 세견제4선송사가 제5
선~17선까지 겸대하며 料와 별폭, 구청, 육물 등의 물품은 公代官에게 주어
서 그가 처리하도록 하였다.[42]

---

39)『변례집요』권2「송사」병자(1636) 4월.
40)『변례집요』권2「송사」정축(1637) 5월.
41)『국역증정교린지』제1권「겸대」.
42)『국역증정교린지』제1권「겸대」.

〈표 2-7〉 겸대제 후 연례송사 파견 및 접대

송사	솔속	유관일 (숙공)	연향 횟수
세견제1선	正官 1, 都船主 1, 封進押物 1, 伴從 3, 格倭 40, 水木船格倭 15	85일 (2일)	하선다례 1, 하선연 1, 노차연 1, 예단다례 1, 상선연 1, 명일연 3
세견제2·3선			하선다례 1, 하선연 1, 노차연 1, 상선연 1
세견제4선	정관 1, 반종 1, 격왜 30	85일	하선다례 1, 하선연 1, 노차연 1, 예단다례 1, 상선연 1
세견제5~10선	격왜 30		겸대 이후 다례와 연향은 영구히 폐지
세견제11~17선	격왜 20		
1특송사	정관 1, 도선주 1, 2선주 1, 봉진압 물 1, 사복압물 1, 사봉 1, 반종 7, 격왜 40, 부선격왜 30, 수목선격왜 20	110일 (5일)	하선다례 1, 하선연 1, 별연 1, 노 차연 1, 예단다례 1, 상선연 1, 명 일연 4, 별하정 2, 예하정 2
2·3특송사	격왜 40, 부선격왜 30, 수목선격왜 20		겸대 이후 다례와 연향 폐지
以酊菴送使	정관 1, 반종 3, 격왜 40	85일	하선다례 1, 하선연 1, 노차연 1, 예단다례 1, 상선연 1
萬松院送使	정관 1, 도선주 1, 봉진압물 1, 반 종 3, 격왜 40, 수목선격왜 15	85일 (2일)	하선다례 1, 하선연 1, 노차연 1, 예단다례 1, 상선연 1, 명일연 3
부특송사	정관 1, 부관 1, 도선주 1, 2선주 1, 留船主 1, 봉진압물 1, 사복압 물, 사봉 2, 반종 7, 격왜 40, 부선 격왜 30, 수목선격왜 20	110일 (5일)	하선다례 1, 하선연 1, 별연 1, 노 차연 1, 예단다례 1, 상선연 1, 명 일연 4, 별하정 2, 예하정 2
中絶五船	한 해에 한번 내조 수직인 사후 진상·공무역은 1특송사에 붙여 보내고, 연향·회 사·구청 등 모두 폐지		
平彦滿(平義 眞) 送使	정관 1, 진상압물 1, 반종 3, 격왜 40	85일 (2일)	하선다례 1, 하선연 1, 노차연 1, 예단다례 1, 상선연 1, 명일연 3

※ 『국역증정교린지』 제1권 「대마도인 접대에 관하여 새로 정한 사례」; 「연례송사」; 「겸대」 참조.

겸대가 실시되자 일본 사신들에게 제공되던 연향 등의 접대비가 현저하
게 줄었다. 1637년 5월 겸대제의 최초 시행 대상으로 도래한 송사선의 경
우, 제2·3특송선과 平彦三送使船, 세견제5~17선(13척)이 정관 없이 서계만
지참하고 나왔으므로, 公貿木·쌀·콩 등의 물건을 실어 보냈고, 5일 잡물을
대략 쌀로 바꾸어 줄여 마련하였다. 또한 茶禮와 宴享, 名日宴 등에 소요되

는 잡물은 쌀 468섬으로 계산하여 전액을 줄인 후에 왜인 手標를 받아냈다.[43] 이로써 조선이 우려하던 폐단이 상당히 줄어들게 되었다.

하지만 이렇게 실시된 겸대에 대해 양국의 견해는 엇갈렸다.

> 가) 회계하기를,
> "매년 줄어드는 양이 468섬이니, 한 해 두 해 지나면 그 수가 얼마입니까. 영남의 民力이 이로 인해 숨을 돌릴 수 있게 되었으니, 참으로 다행입니다. 역관 홍희남, 강우성, 이장생 등이 國事에 마음을 다하여 시종 주선하였으니, 참으로 포상할 만합니다. 동래부사 또한 그 공이 없지 않으니, 상께서 재가하심이 어떻겠습니까?" 하였는데, 判下 내에 "동래부사 등을 해조로 하여금 참작하여 시상하고 아울러 加資하도록 하라." 하였다.[44]

> 나) 겸대 송사의 일은 우리에게 별로 이득이 되는 策은 아니었다. 이로 인해 세견선이 전보다 줄어들기 시작했으며, 한때의 조그마한 이익 때문에 저들의 간계에 넘어가 가벼이 이전의 약조를 저버린 것이다.[45]

가)에서처럼 조선은 겸대를 이루어낸 것이 접대의 폐해를 크게 줄일 수 있는 성과로 파악하고 있다. 반면에 대마도 측에서는 겸대로 세견선이 줄어 이득이 줄게 된 것으로 이해하고 있다. 실제로 세견선이 준 것은 아니었고 접대를 받을 수 있는 사신이 줄어든 것이었으나, 대마도는 막부로부터 추궁을 받게 될까 두려워하여 이를 막부에 보고하지는 않았다. 그러나 이를 실책으로 여긴 대마도는 다른 방안을 강구하게 되었고, 여러 명목으로 차왜를 파견하여 조선으로부터 접대례로 인정받기에 이르렀다. 차왜의 접대는 송사선의 접대보다 훨씬 더 큰 경제적 부담과 폐해를 초래하였는데, 『증정교

---

43) 『변례집요』 권2 「송사」 정축(1637) 5월.
44) 『변례집요』 권2 「송사」 정축(1637) 5월.
45) 松浦允任, 『朝鮮通交大紀』 권7 「光雲院公」.

린지』에서는 "차왜 접대비용이 송사보다 배가 넘어 드디어 무궁한 폐단이
되었다."[46]고 하였다. 또한 차왜의 외교적 성격이 점차 강화되면서 연례송
사는 특송선마저 외교적 성격이 약화되고, 무역 업무에 중점을 두는 쪽으로
변화하였다.

3. 두모포왜관 시기와 초량왜관 시기
연례송사 접대 변화

앞서 보았듯이 연례송사는 기본적으로 조선 측의 접대를 받았다. 두모포
왜관 시기와 초량왜관 시기를 통틀어 접대가 허락된 연례송사는 대체로 세
견선, 특송사선, 수도서선의 일부였다. 기유약조 체결 당시만 하더라도 세
견선 17척과 특송사선 3척, 조선으로부터 도서를 받는 수도서선 모두 접대
의 범주에 포함되었지만, 겸대제 시행으로 접대의 범주와 기준은 달라졌다.

사실 겸대제 이후 연례송사선에 대한 접대기준이 초량왜관 시기가 된다
고 해서 큰 변화가 있었다고는 생각하지 않는다. 왜냐하면 연례송사선 접대
규정은 이후 비정기적으로 도래하는 각종 차왜의 접대 기준이 되었으므로
연례송사 접대규정이 바뀐다면 차왜에 대한 접대 규정도 바꿔야했기 때문
이다. 일례로 초량왜관 시기 관백고부차왜(關白告訃差倭)는 1특송사, 표인
영래차왜(漂人領來差倭)는 세견1선 접대례가 기준이 되고 있으며,『접왜식
례』에서는 모든 차왜를 접대할 때 연례송사선 접대례를 그 기준으로 기록
하고 있을 정도이다.

하지만 아주 작은 변화라고 해도 초량왜관 시기에 왜 그런 변화가 생겼
는지 고민해 보는 것도 의미있는 작업이 될 것이라 생각한다. 접대를 받는
모든 연례송사들을 한꺼번에 파악하기는 힘들기 때문에 본 절에서는 특송·

---

46)『국역증정교린지』제2권 「차왜」.

부특송사, 세견선, 기타 수도서선, 관수(館守)로 구분하여 연향 횟수, 접대 인원 등의 규정 변화를 확인한다.

1) 특송·부특송사

특송사선은 연간 3척이 출래하였지만 그 중 1특송사선만 접대를 받는 대상이었다. 특송사는 세견선보다 우위의 접대를 받고 있어 그 위상이 짐작이 간다. 부특송사선은 수도서선이기는 하지만 '부특송사'라는 명칭에서 볼 수 있듯이 특송사에 준하는 처우를 받았음이 짐작된다. 가장 융숭한 접대가 이루어졌던 두 송사의 접대 규정은 다음 <표 2-8>과 같다.

〈표 2-8〉 두모포왜관과 초량왜관 시기 특송·부특송사선 접대규정

| | 특송사 제1선(2, 3선 겸대) | | 부특송사 | |
	두모포왜관 시기	초량왜관 시기	두모포왜관 시기	초량왜관 시기
인원	원역13 ┌정관 1 ├도선주 1 ├2선주 1 ├봉진압물 1 ├사복압물 1 ├봉진 1 └반종 7	원역13 ┌정관 1 ├선주 2 ├압물 2 ├시봉 1 └반종 7 **대객(조선측) 2**	원역16 ┌정관 1 ├부관 1 ├도선주 1 ├2선주 1 ├留船主 1 ├봉진압물 1 ├사복압물 1 ├시봉 2 └반종 7	원역16 ┌정관 1 ├부관 1 ├선주 3 ├진상압물 2 ├시봉 2 └반종 7 **대객(조선측) 2**
유관일수	110일 - 숙공 5일 포함 - 숙공일에는 매일 루飯, 朝飯, 점심, 夕飯 제공		110일 숙공 5일 포함	
다례·연향 횟수	하선다례 1 **별하정 2** 하선연 1 **예하정 2** 별연 1	하선다례 1 **별하정 1** 하선연 1 예하정 × 별연 1	하선다례 1 **별하정 2** 하선연 1 **예하정 2** 별연 1	하선다례 1 **별하정 1** 하선연 1 예하정 × 별연 1

특송사 제1선(2, 3선 겸대)		부특송사	
두모포왜관 시기	초량왜관 시기	두모포왜관 시기	초량왜관 시기
노차연 1	노차연 1	노차연 1	노차연 1
명일연 4	명일연 4	명일연 4	명일연 4
銅鑞鐵간품다례 1	**동납철간품다례 ×**	**銅鑞鐵간품다례 1**	**동납철간품다례 ×**
예단다례 1	예단다례 1	예단다례 1	예단다례 1
상선연 1	상선연 1	상선연 1	상선연 1
	5일 조반 1, 5일 숙공 1		**6일 조반 1, 6일 숙공 1**

※ 두모포왜관 시기는 『접왜식례』, 초량왜관시기는 『접왜식례개이정등록』을 참조하였다.
※ 시기별 차이가 나는 부분은 진한 글자로 표시함.

    <표 2-8>에서 확인할 수 있는 두 시기 접대 규정의 차이점은 접대인원에 대객(對客)이 포함되어있다는 점, 다례·연향 횟수의 차이가 일부 확인된다는 점이다.

    우선 접대 인원에서 초량왜관시기 '對客'을 별도로 기재하고 있는 것이 흥미롭다. 대객은 동래부사와 부산첨사를 의미하는데, 이들도 접대상을 받기 때문에 조선 측 관원이지만 물품 등의 조달 측면에서 볼 때에는 기재할 필요가 있었을 것이다. 대객의 음식상 크기와 종류는 대체로 정관과 동일한 수준이었다.

    다례·연향 횟수 측면에서는 별하정과 예하정, 동남철간품다례, 조반숙공 제공 횟수가 차이를 보였다. 별하정과 예하정은 특송사 및 부특송사에게만 제공되는 접대 중의 하나로 하정(下程)이란 외국 사신들이 머무르는 기간 동안 물품이나 음식물 등을 지급해 주는 것을 의미한다. 이때 별하정은 별도로 특별히 지급하는 하정, 예하정은 정례에 따라 지급하는 하정으로 구분한다. 『접왜식례』에는 특송사와 부특송사 모두 별하정과 예하정이 각각 2차례로 기록되어 있지만 『영남접왜식례』에는 별하정만 1차례로 기재하고 있다.

    한편 이보다 늦은 시기의 규정집인 『증정교린지』에는 『접왜식례』와 마찬가지로 별하정과 예하정을 2차례로 규정하고 있다. 혹 『영남접왜식례』

단계에서 작은 이변이 있었던 것은 아닌지 의문이 들었으나 별하정과 예하정을 어떤 형태로 제공했느냐에 따라 연향횟수의 차이가 있었던 것이 확인되었다. 『영남접왜식례』에서는 「연향잡물질」에 별하정 1차례를 기록한 것과는 별도로 「일공잡물질」에 '별하정 2번, 예하정 2번 건물 입급'이라고 기재되어 있었다. 『증정교린지』에도 연향 횟수 부분에 '별하정 2, 예하정 2'이라고 되어있기는 하지만 지공(支供)은 「일공」조에 '별하정 예하정 조로 000'이라고 기재해 놓아 일공에 추가로 지급된 음식물목을 의미하는 것으로 보인다. 반면에 『영남접왜식례』「연향잡물질」에 기재된 별하정 1차례는 실제 연향의 형태로 제공된 것으로 보아야 할 것이다.

　『접왜식례』에는 '동납철간품다례'를 별도로 기록하고 있다. 하지만 『영남접왜식례』 단계에서는 각 사신별로 동납철간품다례를 하는 기록은 보이지 않으며, 이는 『증정교린지』 단계에서도 동일하다. 다만 『영남접왜식례』의 '관수' 기록 마지막 부분에는 1년 한 차례 제공되는 동납철간품다례 및 흑각간품다례에 제공되는 식재료를 별도로 기재하고 있다. 이 때문에 관수의 업무로 인한 관수 접대로 보아야 하는지 의문이다. 『증정교린지』에는 '진상물건간품식'이 별도로 기재되어 있으나 한편으로는 생동간품식과 흑각간품식은 '공무역간품'으로 따로 분류해두고 있다. 그 방법은 진상간품식과 동일하다.[47]

　『영남접왜식례』 기록상 또 한 가지 특이한 점은 조반과 숙공도 다례·연향의 일환으로 인식하여 별도로 연향 횟수에 포함시키고 있다는 점이다. 『접왜식례』에서도 유관일수 기록에 조반과 숙공 제공 일수를 별도로 기재하고 있기 때문에 동일한 기간 동안 조반과 숙공을 제공한 것은 확인된다. 하지만 『영남접왜식례』에서는 이를 연향에 포함시켜 접대 물목 분류를 더 세분화하고 있다는 점이 주목할 만하다.

---

47) 『증정교린지』 권3 「진상물건간품식」.

2) 세견선송사

세견선송사 중 접대를 받는 송사는 세견제1·2·3·4선이며, 다음 <표 2-9>
와 같은 접대 규정을 적용했다. 두모포왜관 시기와 초량왜관 시기 모두 살
펴보았을 때에 차이가 나는 부분은 인원수에 대객이 포함된다는 점, 조반
숙공을 연향 횟수에 포함하였다는 점, 간품다례가 사라진 점이며 앞서 본
특송사선의 변화와 크게 다르지 않다.

〈표 2-9〉 두모포왜관과 초량왜관 시기 세견선송사 접대규정

	세견제1선송사		세견제2선, 3선송사	
	두모포왜관 시기	초량왜관 시기	두모포왜관 시기	초량왜관 시기
인원	원역6 ┌정관 1 ├도선주 1 ├봉진압물 1 └반종 3	원역6 ┌정관 1 ├선주 1 ├압물 1 └반종 3 **대객(조선측) 2**	원역2 ┌정관 1 └반종 1	원역2 ┌정관 1 └반종 1 **대객(조선측) 2**
유관일수	85일 숙공 조반 2일 포함 기유약조 강정시 50일		85일 숙공 조반 2일 포함	
다례·연 향 횟수	하선다례 1 하선연 1 노차연 1 명일연 3 **간품다례 1** 예단다례 1 상선연 1	하선다례 1 하선연 1 노차연 1 명일연 3 **간품다례 ×** 예단다례 1 상선연 1 **2일 조반 1**	하선다례 1 하선연 1 노차연 1 상선연 1	하선다례 1 하선연 1 노차연 1 상선연 1 **2일 조반 1**
세견제4선송사(5~17선 겸대)				
	두모포왜관 시기	초량왜관시기		
인원	원역2 ┌정관 1 └반종 1	원역2 ┌정관 1 └반종 1 **대객(조선측) 2**		
유관일수	85일 숙공 2일 포함			

	하선다례 1	하선다례 1	
다례·연 향 횟수	하선연 1 노차연 1 상선연 1	하선연 1 노차연 1 상선연 1 **2일 조반 1**	

※ 두모포왜관 시기는 『접왜식례』, 초량왜관 시기는 『접왜식례개이정등록』을 참조하였다.
※ 시기별 차이가 나는 부분은 진한 글자로 표시함.

3) 기타 수도서선 송사

부특송사를 제외한 기타 수도서선 송사 중 두모포왜관과 초량왜관 시기 모두 접대를 받는 송사는 이정암송사와 만송원송사이다. 초량왜관 시기에 접대 인원에 대객이 포함된 점은 앞서 본 특송사선, 세견선과 동일하다. 차이점은 만송원송사 연향 횟수에 동납간품다례가 사라진 점, 반면에 이정암송사 연향 횟수에는 오히려 예단다례가 추가된 점이다. 이정암송사가 기존에 예단다례를 시행하지 않았다는 점이 의문이며 그 이유가 무엇인지는 알 수 없다.

평의진송사는 폐지되면서 접대 대상에서 사라지고 있는데, 연향·다례 횟수 규정은 초량왜관 시기 이정암송사와 거의 동일한 수준이었다.

〈표 2-10〉 두모포왜관과 초량왜관시기 기타 수도서선 송사 접대규정

	이정암(以酊菴)송사		만송원(萬松院)송사	
	두모포왜관 시기	초량왜관 시기	두모포왜관 시기	초량왜관 시기
인원	원역4 ┌정관 1 └반종 3	원역4 ┌정관 1 └반종 3 **대객(조선측) 2**	원역6 ┌정관 1 ├도선주 1 ├봉진압물 1 └반종 3	원역6 ┌정관 1 ├선주 1 ├압물 1 └반종 3 **대객(조선측) 2**
유관일수	85일 숙공 조반 2일 포함		85일 숙공 조반 2일 포함	
다례·	하선다례 1	하선다례 1	하선다례 1	하선다례 1

	이정암(以酊菴)송사		만송원(萬松院)송사	
	두모포왜관 시기	초량왜관 시기	두모포왜관 시기	초량왜관 시기
연향 횟수	하선연 1 노차연 1 상선연 1	하선연 1 노차연 1 상선연 1 **예단다례 1** **2일 조반 1**	하선연 1 노차연 1 명일연 3 **동남간품다례 1** 예단다례 1 상선연 1	하선연 1 노차연 1 명일연 3 **동남간품다례 ×** 예단다례 1 상선연 1 **2일 조반 1**

	평의진(平義眞·언만)송사	
	두모포왜관 시기	초량왜관시기
인원	원역5 ┌정관 1 ├봉진압물 1 └반종 3	×
유관일수	85일 숙공 조반 2일 포함	×
다례· 연향 횟수	하선다례 1 하선연 1 노차연 1 예단다례 1 상선연 1	×

※ 두모포왜관 시기는 『접왜식례』, 초량왜관 시기는 『접왜식례개이정등록』을 참조하였다.
※ 시기별 차이가 나는 부분은 진한 글자로 표시함.

4) 관수

　『접왜식례』와 『영남접왜식례』에는 모두 연례송사 외에 관수왜의 접대례도 포함하여 기록하고 있다. 『접왜식례』에는 다례·연향 횟수는 구체적으로 기록하지 않았지만 『영남접왜식례』의 경우는 초량왜관 시기 접대를 받았던 다른 연례송사와 마찬가지로 다례·연향 횟수와 제공 물목까지 상세히 기록하고 있다. 비슷한 시기에 예조가 편찬에 관여한 『통문관지』, 『춘관지』, 『증정교린지』 등에는 관수를 '관수차왜(館守差倭)'로 명명하며 차왜의 범주에 포함시키고 있는 반면에 『영남접왜식례』에는 관수가 연례송사와 같은 접대 범주에 들어가 있는 것이다.

그렇다면 관수는 왜 연례송사와 같은 범주에 포함시키고 있는 걸까? 이에 대해 이상규도 동일한 의문을 가지고 자료에 접근한 바 있다. 이상규는 『통문관지』를 비롯한 책은 예조에 보관된 일본 관계 기록을 토대로 편성하였기 때문에 이미 없어진 사례까지 실어 놓았던 것이고, 『영남접왜식례』는 1732년 당시 연례송사로 인정하고 있었던 부분까지 기록하였기 때문[48]으로 보았다. 이에 의하면 1732년 당시까지는 관수왜가 연례송사의 범주에 들어가 있었지만 『통문관지』, 『춘관지』, 『증정교린지』 등에서는 그 이후에 관수왜를 차왜의 범주로 인식하고 접대했다는 말이 된다.

하지만 본 연구자는 여기서 "식례(式例)"라는 단어에 주목하고자 한다. 식례란 사례를 제시한 것이기도 하지만 규례가 되기도 하는 것이다. 왜인을 접대할 때의 규정은 대체로 연례송사 접대 규정이 기본이 되고 있다. 차왜라고 해서 접대 규정이 별도로 존재했던 것이 아니다. 대차왜의 경우 기준이 되는 관백고부차왜(關白告訃差倭)의 접대는 대체로 제1특송선의 예에 따르며, 소차왜 중 표인영래차왜(漂人領來差倭)는 세견 제1선송사의 예에 따른다. 즉 종류가 많고 비정기적으로 도래했던 차왜의 경우 별도의 접대 기준을 마련하기가 어려웠을 것이다. 이 때문에 연례송사를 기준으로 삼고 있다.

관수 또한 동일선상에서 생각할 수 있다. 관수왜가 『통문관지』, 『증정교린지』 등에서는 차왜의 범주에 포함되어 있으나 그 접대는 '연례송사와 같다.'고 기록하고 있다. 하지만 어떤 종류의 연례송사와 같은 지는 제시되어 있지 않다. 아마도 관수는 생성 단계에서 연례송사와 같은 범주로 파악되어 접대례가 갖추어졌기 때문일 것이다.[49]

---

48) 이상규, 「『영남접왜식례개이정등록』」, 부산 향토문화전자대전.
49) 심민정, 앞의 자료소개, 한일관계사학회, 2018, 260~261쪽.

〈표 2-11〉 두모포왜관과 초량왜관 시기 관수(館守) 접대규정

	관수(館守)	
	두모포왜관 시기	초량왜관 시기
인원	관수 1 반종 3	정관 1 반종 3 **대객(조선측) 2**
유관일수	매 3년마다 교체50)	
다례·연향 횟수	기록 없음	하선다례 1 하선연 1 상선연 1 예단다례 1

관수는 서계를 주고받는 하선다례, 예단다례가 각각 1차례씩, 그리고 하
선연과 상선연이 각각 1차례씩 시행되는 등 가장 기본적인 접대례를 받고
있다. 하지만 관수의 기본 임기는 2~3년 정도이므로 매년 내도하는 연례송
사로 보기는 힘들어 차왜의 범주에 포함시킨 것은 아닐까 생각된다. 특이한
점은 앞서 특송사선 접대례에서 언급했듯이『영남접왜식례』에는 연 1회 실
시되는 동납철간품다례와 흑각간품다례 관련 접대 물목이 관수왜 항목의
말미에 기록되어 있다는 점이다. 이것이 관수의 업무에 포함되기 때문에 별
도로 기재한 것인지는 구체적으로 확인해 볼 사항이다.

---

50)『접왜식례』에는 3년마다 교체된다고 하였으나 실제로는 2~3년마다 교체되고 있고
  명확히 3년으로 단정하기는 어렵다.(허지은, 「근세 왜관 관수의 역할과 도다 도노
  모」『한일관계사연구』제48집, 2014)

3장. 차왜 접대

1. 차왜의 정례화

1) 별차왜와 接慰官

국서개작사건 폭로 후 관백과 대마도주의 경조사 및 通信使·問慰行 등의 외교사절 관련 업무로 파견된 각종 명목의 차왜는 조선에서 정식으로 연향 등의 접대를 받게 된다. 이는 대마도의 입장에서는 조선에서 인정하는 사절의 파견횟수를 늘려 막부로부터 대조선외교의 전담자로 인정받는 동시에 조선과의 교역 등에서 얻게 될 이익이 증가하는 흡족한 결과를 낳았다. 반면에 조선의 입장에서도 그리 나쁜 결과만은 아니었던 것이, 차왜를 인정해 주면서 외교현안을 논의하는 사절이 완벽히 분리되어 관련업무가 훨씬 명확해졌다. 동시에 연례송사의 접대를 최소화하는 겸대제가 시행되었기 때문에 접대에 대한 부담도 일정부분 경감할 수 있었다.

한편 조선에서는 모든 차왜를 접대해야 할 정식 사절로 인정하지는 않았다. 차왜 중 정치·외교적인 권한을 가지면서 막부 및 대마도주와 관련한 경조사 등의 업무, 조선에서 일본으로 파견하는 외교사절과 관련한 업무등을 담당하는 차왜를 중심으로 접대가 이루어졌다. 이들을 "別差倭"라 하였는데, 일반 차왜와 정식 사절로서의 별차왜는 어떤 차이가 있는지는 차왜의 기원을 확인해 보면 명확히 드러난다.

<표 3-1> 차왜의 용례와 의미

출전(시기)	내용	의미
『선조실록』(1595)	"어제 저녁 正使 李宗城의 差官 楊賓이 小西飛의 差倭 2명과 함께 熊川에서 올라왔는데…"	선발하여 보낸 왜인
『광해군일기』(1609)	"島主差倭 橘智正…"	임시 외교사절
『변례집요』(1629)	"差倭 正官 玄方 副官 平智廣…"	정식 외교사절(거추사 겸 특송사)
『변례집요』(1635)	홍희남 일행을 호행한 橘智繩 일행	정식 외교사절
『변례집요』(1636)	"差倭 橘成供…欲請信使…"	정례화된 정식 외교사절(별차왜)

　　差倭란 差遣倭, 差送倭 등의 용례에서 보건데, '선발하여 보낸 왜인'이라는 의미이며, 보다 구체적으로는 '일본의 막부장군 또는 그 명을 받은 대마도주가 특별한 임무의 수행을 위해 파견한 왜인'이라는 의미로 조선후기 일본이 보낸 임시 외교사절을 지칭하는 용어이다.[1] '차왜'라는 용어가 처음 보이는 사례는 1595년『선조실록』인데,[2] 이 때에는 차왜가 단순히 '선발하여 보낸 왜인'이라는 의미로 사용되었다. 이 용례에서는 '외교사절'이라는 의미는 아닌 것이다. '외교사절'의 자격으로 파견된 차왜를 일컫는 용례는 1609년 "島主差倭 橘智正"[3]에서 처음 보인다. 하지만 이 또한 조선에서 접빈례에 규정된 내용으로 접대하는 정식 외교사절의 지위는 얻지 못했다. 1629년 차왜의 경우는 접대를 받기는 했으나 사절의 성격이 모호하여 논란이 많다.

---

1) 하우봉·홍성덕 역, 『국역증정교린지』 제2권 「차왜」, 53쪽; 홍성덕, 앞의 박사학위논문, 1998, 90쪽, 173~175쪽.
2) 『선조실록』 28년 6월 기유.
3) 『변례집요』 권1 「별차왜」 무신(1608) 3월. 이 사절은 정관 玄蘇, 부관 平景直, 도주차왜 橘智正 등 총 324명이 도래하였으며, 上京 요청은 거부하고, 약조를 정하고 접대하였다고 되어있다. 1609년 기유약조 체결 이전의 사행 내도에 대해서 1608년 3월의 사절 파견기록을 정확한 것으로 보고 中村榮孝는 총 3차례(1608년 3월, 1608년 11월, 1609년 3월)로 파악한 반면 홍성덕은 '약조를 정하였다.'는 내용과 광해군의 회답서 내용을 들어 1608년 3월 사행은 1609년 3월 사행의 오기로 총 2회(1608년 11월, 1609년 3월)로 파악하였다.(홍성덕, 앞의 박사학위논문, 1998)

차왜가 조선의 접빈례에 의해 접대를 받는 정식 외교사절로 인정받는 것은 1635년 국서개작사건과 관련하여 도래했던 도주차왜 및 당시 江戶를 왕래한 홍희남 일행을 호행한 橘智繩 때부터이다. 1635년 대마도에서 국서개작과 관련한 쟁송사건의 결말을 알리고자 도주차왜를 파견했는데, 이때 조선은 기존의 규례대로 다례나 연향 등의 접대를 하지 않고 요미만 지급하였다. 그런데 얼마 뒤 차왜는 다례를 베풀어주지 않은 것에 대해 서운함을 내비쳤고[4], 조선에서는 논의 끝에 2개월 후 연향을 베풀겠다는 의사를 표시하였다.[5] 그러나 당시 도주차왜는 바로 연향을 받지 않고 기다렸다가, 그해 12월 柳川調興, 玄方, 流方 등의 도서를 반납하러 온 橘智繩 등의 차왜와 함께 접대를 받았다.[6] 이때 조선은 慶尙道都事에게 접대, 宴享을 시행하게 했는데, 이후 규례가 되면서 차왜가 일본의 공식적인 사절로 접대 받는 계기가 되었다. 이 때 차왜는 경상도도사, 즉 鄕接慰官에 준하는 관원으로 접대하게 하였다. 물론 정식으로 접위관을 임명한 것은 아니지만 역관 2명을 별도로 차출하여 보내었고, 이후 국왕사는 참판사로 경접위관의 접대를 받고, 도주차왜는 향접위관의 접대를 받는다는 점을 감안한다면 이는 향접위관의 접대를 받은 시초적 사례로 볼 수 있을 것이다. 그리고 이듬해 1636년 2월 通信使請來差倭[7]부터는 조선에서 임명한 接慰官 접대 및 宴享 접대를 모두 받는 사행으로 인정되었으며, 이후 이들은 別差倭라는 공식용어로 기록되었다. 이는 접위관제도가 정착되는 1637년 이후부터 『別差

---

4) 『변례집요』 권1 「별차왜」 을해(1635) 6월.
5) 『변례집요』 권1 「별차왜」 을해(1635) 8월.
6) 『변례집요』 권1 「별차왜」 을해(1635) 12월.
7) 조선에서 접위관을 파견하여 접대의례에 의해 차왜를 접대하는 부분에 대해서 홍성덕은 1636년 8월 통신사호행차왜부터로 파악하고 있는데, 1636년 2월 파견된 橘成供 등 통신사청래차왜를 '경상도 도사를 京接慰官으로 칭하고 전례대로 접대해야한다'는 회계가 있었으므로 이 시기부터 정식 접대 외교사절로 파악해야 할 것이다. 1636년에는 이후 8월에 온 통신사호위를 위한 차왜에게 京官 접대를, 9월에 온 통신사호행차왜에게는 鄕接慰官이 접대하게 하는 등의 조처를 하고 있다.

倭謄錄』8)이 기록되고 있다는 점에서도 확인된다. 이런 사례들에 의하면 별차왜란 각종 명목으로 파견되어 "○○차왜"라고 불리어지며 연례 등의 공식접대를 받았던 정식 외교사절로 정의할 수 있다.

그렇다면 별차왜의 접대는 접위관제도의 시행과 동시에 규정되었다고 보아야 한다. 조선후기에 편찬한 규정집들에서는 차왜를 大差倭와 小差倭로 구분하여, 대차왜는 京接慰官이, 소차왜는 鄕接慰官이 접대하는 것으로 규정하고 있다. 별차왜를 심도 있게 연구한 홍성덕9)을 비롯하여 접위관의 차왜 접대 실태를 밝힌 양흥숙10)은 규정집을 인용하여 대·소차왜의 구분과 경·향접위관의 접대가 거의 동시에 이루어진 것으로 인식하였다. 그러나 실제 대·소차왜의 구분 및 편성체계는 초량왜관으로 이전한 후 1680~1720년 사이에 이루어졌다.11) 즉 겸대제 실시 및 접위관제도의 시행과 동시에 대·소차왜의 구분 및 접대인원이 규정되지는 않았던 것이다. 초기 별차왜에 대한 접대는 대·소차왜 명칭의 확립과 상관없이 파견 주체 및 업무의 경중에 따라 京接慰官과 鄕接慰官을 적절히 임명하는 제도가 시행되었다.

접위관의 접대는 1629년이 시작이다. 하지만 이때 접대관원으로 임명되었던 정홍명은 宣慰使와 接慰官으로 그 명칭이 교체되는 등 혼란스러운 일면이 있었다. 또한 당시 접위관은 별차왜를 대상으로 한 것이라기 보다 국왕사, 혹은 특송사로 인식되는 일본사절을 접대하기 위함이었으므로 본격적인 향·경접위관 제도의 시행으로 보기는 힘들다. 하지만 이후 일본국왕사 파견이 끝을 맺고, 국서개작사건의 발각 등으로 양국 사신 파견 및 의례규정 등에 변화가 초래되면서 별차왜의 접대는 접위관이 전담하는 것으로

---

8) 『별차왜등록』은 총 10권으로, 1637년부터 1856년까지의 기록을 담고 있다.
9) 홍성덕, 앞의 박사학위논문, 1998.
10) 양흥숙, 앞의 논문, 2000.
11) 홍성덕은 본 연구에서 대·소차왜의 편성체계는 1680년~1720년 사이에 이루어졌지만, 대·소차왜의 구분은 경·향접위관의 접대와 동시에 이른 시기에 진행된 것으로 인식하였다.(홍성덕, 앞의 박사학위논문, 1998, 180쪽)

제도화되었다.

『변례집요』에서는 향접위관의 시작을 1636년 8월 통신사호행차왜 접대를 기점으로, 경접위관의 시작은 1642년[12] 관백생자고경차왜 및 통신사청래차왜 파견 시기로 보고 있다. 하지만 경접위관의 경우 1636년 2월 통신사청래차왜를 경접위관이 접대한 사례가 기록되어 있으므로[13] 1636년부터 시행된 것으로 보아야 한다. 차왜별로 보면, 표인영래차왜는 1645년, 도주환도고지차왜는 1652년 이후, 문위역관호행차왜는 1660년에 규정이 갖추어졌다. 조위차왜는 1649년 경접위관이 임명된 이후 大喪인 경우 계속 경접위관의 접대를 받았고, 왕비의 喪일 경우 향접위관의 접대를 받았다.[14]

향·경접위관의 임명은 차왜와 국내외 사정 등 모든 것을 종합적으로 고려하여 이루어졌다. 일단 차왜가 도래하면 동래부사가 장계를 올려 사신단의 구성 및 성격, 인원수 등을 보고한다. 그러면 예조에서는 이를 기초로 당시의 상황 등을 고려하여 향접위관, 혹은 경접위관을 임명하였다.

<표 3-2>는 향·경접위관 제도가 시작된 후 외교업무를 전담하는 재판차왜가 정착되기 전까지 별차왜를 접대한 접위관을 정리한 것이다. 대체로 경접위관의 접대를 받는 별차왜는 수신인이 예조참판 앞으로 된 서계를 지참하고 왔으며, 주로 관백의 경조사 및 관백이 관여하는 업무와 관련하여 도래하는 경우가 많았다. 이들을 일본에서는 '參判使'라 하였다. 하지만 이상과 같은 모든 경우가 경접위관의 접대를 받지는 않았다. 통신사호행차왜의 경우 예조참판에게 보내는 서계를 지참했음에도 불구하고 慶尙道都事, 즉 향접위관의 접대를 받았다. 이것은 통신사를 호행하는 경우 통신사행 준비 등으로 인해 조선 국내 인적·물적 조달로 많은 부담이 있었기 때문에 별도

---

12) 1646년 일본인을 접대할 때 지나치게 우대하여 교만한 마음을 가질까 우려하여 접위관의 품계를 5·6품 정도로 낮추면서 당시 접위관 자격의 전례를 1642년 접위관 李泰運으로 삼고 있다.(『비변사등록』인조 24년(1646) 11월 5일)
13) 『변례집요』권1「별차왜」.
14) 홍성덕, 앞의 박사학위논문, 1998, 190~191쪽.

로 경접위관을 파견할 수 없었던 탓이다.[15] 또한 이듬해에 통신사를 청하
는 차왜가 올 것을 알리기 위해 1653년 파견된 來歲當送信使差倭 같은 경
우도 단 1회 파견에 그쳤고 전례가 없었기 때문에 향접위관이 접대하였으
며 접대 인원수를 줄이기까지 했다.

〈표 3-2〉 1636년~1681년 차왜 접대 접위관

차왜 (1682년 이후 대·소차왜)	향접위관	경접위관
통신사호행차왜(대)	1636, 1643, 1655	
통신사호환차왜(대)	1637, 1643, 1656	
통신사청래차왜(대)	1653(내세당송신사차왜)	1636, 1642, 1681
관백생자고경차왜(대)		1642
도서청개차왜(대)		1642, 1659
도주퇴휴고지차왜(소)	1648	
조위차왜(소)		1649, 1659, 1675
진하차왜(소)		1650, 1660, 1675
관백승습고경차왜(대)		1651, 1680
도주환도차왜(소)	1652, 1660, 1664, 1666, 1668, 1670, 1672, 1675, 1678, 1680, 1681	
幹事(재판)差倭[16](소)	1656, 1659	
도주고부차왜(소)	1658(접위관 파견 ×)	
도주승습고경차왜(대)		1658
문위역관호행차왜 (소 재판차왜 승계)	1660, 1663, 1665, 1666, 1667, 1671, 1672, 1673, 1678, 1679, 1680, 1681	
표왜입송회사차왜(×)	1672, 1673, 1676, 1679	1664, 1646
관백신사고부차왜(대)		1680
기타 별차왜	1642(공무목 지급회사차왜) 1642(어필하사에 대한 회보) 1642(통신사절목 재가) 1645(耶蘇宗門 체포 건) 1649(다대포첨사 구타 사건) 1650(진하 도주차왜)	1645(황당선 耶蘇宗門 체포 건) 1646(도해역관 최의길 파견요청) 1647(청의 사정 탐지 재촉) 1648(청의 사정 탐지 건) 1667(표류네덜란드인 영거차왜) 1668(표류남만인 영거차왜)

---

15) 『국역증정교린지』 제2권 「차왜」.

차왜 (1682년 이후 대·소차왜)	향접위관	경접위관
	1651(藤智繩의 임무 교체) 1652(부채 징수 건) 1652(마필 구무 요청) 1652(조위역관 요청 건) 1653(조위역관 파견 회사) 1657(도주 에도 입성 고지) 1661, 1662(왜관 이전 문제) 1668(잠상 문제) 1671(표류인 시신 송환) 1679(표류제주인 沒死 연유고지)	1668, 1670, 1672(移館차왜) 1669(유황, 잠상 문제) 1674(이관결정회사차왜) 1678(移館致謝差倭)

※ 『변례집요』 권1 「별차왜」 참조
※ 향·경접위관 모두 1636년 이후를 기준으로 삼았다.

반면 접대례에 포함되지 않거나 향접위관의 접대를 받아야 하는 차왜임에도 불구하고 더 우대하여 접대를 하는 경우도 있었다. 1645년 耶蘇宗門의 체포를 요청하기 위해 도래한 藤智繩은 정례화된 차왜가 아니었지만 향접위관의 접대를 받았다. 조선이 그를 접대한 이유는 이전에도 야소종문에 대한 일로 여러 차례 도항했지만 한 번도 접대를 하지 않았기 때문이었다.[17] 1665년 표류인을 데리고 온 차왜는 향접위관으로 접대를 해야함에도 불구하고, 이들이 막부에 생색을 내기 위해 특별히 優待를 요청해 왔으므로 회유한다는 뜻으로 경접위관을 임명하였다.[18]

대마도에서 차왜라는 명목으로 사신을 파견하면 동래부사가 작성한 장계를 기준으로 조정에서 의논하여 사신의 경중을 파악하고 접대할 별차왜로 인정할 것인지 아닌지의 여부를 결정한다. 이 결정에 따라 향·경접위관도 결정되었다. 그러나 규정 외의 차왜가 왔을 때나 전례가 없는 경우, 약조를

---

16) 『변례집요』 1권 「별차왜」 신유(1681) 조에 재판차왜의 호칭은 1681년 7월에 시작되었다고 하고 있다. 하지만 『접왜식례』에서는 이보다 이른 1680년 9월에 재판의 명칭이 보인다.

17) 『별차왜등록』 을유(1645) 2월 20일.

18) 『비변사등록』 현종 6년(1665) 7월 21일.

어긴 경우 등에는 접위관을 파견하지 않고,[19] 분쟁이 생기지 않도록 요미를 지급하는 등 조선 나름의 접대규례를 차츰 정비해 갔다.

<표 3-2>에서도 확인하였듯이 향·경접위관 제도의 시행 이후 접대하는 각종 별차왜는 초량왜관으로 이전 후 정비되는 대·소차왜와 비교하면 2배 정도 많으며, 같은 명칭의 차왜라도 다른 접위관이 접대하는 경우도 있었다. 이러한 사실을 바탕으로 별차왜 파견 및 접대는 크게 두 가지로 의미를 부여할 수 있다. 첫째, 차왜에 대한 접위관의 파견 및 접대는 조선에서 왜사의 성격 및 당시 정황을 고려하여 임의대로 결정한 것으로 고정적인 규정 및 강제집행권이 있었던 것은 아니었다. 이전의 연구들은 일본사신과 관련된 내용이 기록되어 있는 『통문관지』, 『춘관지』, 『증정교린지』 등의 규정집을 토대로, 별차왜가 정례화되면서 바로 '소차왜는 향접위관, 대차왜는 경접위관이 접대'하는 것이 규례화 된 것으로 이해하였다. 이는 이상의 규정집들이 적어도 1720년 이후에 편찬되는 것들이므로 그 이전의 상황이나 전례보다 이후의 명문화된 규정을 중심으로 정리했기 때문이다. 하지만 초량으로 왜관이 이전하고 1682년 통신사행에서 별차왜의 정비와 관련한 약조가 체결되기 이전에는 대·소차왜의 구분[20]이 이루어지지 않았으므로 별차왜의 접대는 조선에서 당시의 상황을 복합적으로 고려하여 결정한 것이다. 그럼에도 불구하고 한번 시행이 되면 그것이 곧 규례이자 전례가 되어 이후 동일한 성격의 차왜 접대 기준으로 작용하였다.

둘째, 접대하는 차왜의 수가 아주 많은 점이 주목된다. 특히 정기적으로 도래하는 통신사 관련 차왜나 대마도주 및 관백의 경조사와 관련된 차왜 외에 기타 별차왜의 경우 1회 도래로 그치는 경우가 많은데도 조선에서는 향·경접위관을 파견하여 접대하고 있다. 이는 대마도가 접대를 받기 위해

---

19) 양흥숙, 앞의 논문, 2000, 72쪽.
20) 대소차왜의 구분이 규정된 시점 및 양상에 대해서는 다음 절에서 구체적으로 확인하고자 한다.

임의대로 명목을 붙여 차왜를 계속 양산해 내고 있기 때문이다. 즉 각종 차왜를 정규·정례화시키기 위한 시도인 것이다. 결과 대마도에는 구청 및 교역 기회를 제공하는 등 유리한 구도를 만들어 냈으나, 조선에서는 늘어나는 차왜와 그에 따르는 접대의 폐단 등으로 인해 심각한 부담을 초래하였다. 이는 이후 왜관 이건의 요구를 수용하는 대신 접대할 차왜(대·소차왜)를 정비하게 되는 계기로 작용하였다.

2) 館守差倭

館守差倭는 조선에서는 館守倭, 館守로, 일본에서는 館司 등으로 불리며 왜관 내의 업무를 총괄하는 책임자로 알려져 있다. '館守'라는 정식 명칭이 처음 등장하는 것은 조선에서는 1639년 平智連으로, 일본 측에서는 1637년 파견되었던 平成連으로 보고 있다. 조선 측에서는 일본에서보다 조금 늦게 그 직책이 인정받고 있는데, 양국에서 시작하는 기점이 차이가 나는 것은 館守라는 직책과 명칭이 처음 등장하여 생소하였기 때문에 정식 업무담당자로 정착해 가는 과정에서 생긴 결과라 할 수 있다.[21] 하지만 조선에서는 최초 관수로 인정한 平智連의 접대를 이전에 파견된 차왜 平成連의 예에 따르도록 하고 있어[22] 이 둘을 동일한 업무를 했던 차왜라는 연장선상에서 파악하고 있다.

---

21) 관수차왜의 최초 등장 시점에 대한 조선과 대마도의 입장이 다른 이유 및 상황에 대해서는 '허지은, 「근세 왜관 관수의 역할과 도다 도노모」 『한일관계사연구』 제48집, 2014, 175~180쪽; 長正統, 「日鮮關係におる記錄の時代」 『東洋學報』 50-4, 1968, 76~77쪽' 참조. 두 연구 모두 조선의 관수 인정 시점이 늦은 것에 대해서 조선이 관수의 상주를 인정하고 일본인 접대제도 속에 명확하게 위치시킨 시점을 기준으로 삼았기 때문이라고 하였다.

22) 『변례집요』 권4 「관수」 기묘(1639) 7월. 『변례집요』에서는 1639년 7월부터 관수가 시작되었다고 기록되어 있으나, 『東萊府接倭狀啓謄錄可考事目錄抄冊』에서는 1639년 11월부터 관수라는 칭호가 시작되었다고 하고 있다.

관수를 왜관에 상주하는 정식 관원으로 인정하고 접대규정을 마련하게 된 데에는 국서개작 폭로사건이 배경이 된 것으로 알려져 있다.

> 인조 17년 기묘(1639)에 도주 平義成이 平智連을 보내어 말하기를 "調興의 일은 모두 이권이 아래에 있음으로 말미암아 도주가 권한이 없고 왜관에서 금하는 것이 엄하지 않아 분쟁의 단서를 기른 것이다." 하였다.23)

위의 내용에서처럼 국서개작사건의 발생 원인은 대마도주의 권한이 명확하지 않고 왜관에서 왜인들의 관리가 엄격히 이뤄지지 않았기 때문으로 보고 있다. 그 결과 왜관 관리 등의 내용을 담은 약조를 조선과 체결하기에 이르렀고, 그 주체가 바로 관수가 된 것이다. 조선과 일본 양국만의 상황으로 관수 발생 원인을 파악하기에는 이상의 설명이 적절해 보인다. 하지만 여기에 늦게나마 조선이 관수를 인정하게 된 결정적인 원인은 조일양국의 외부에서도 찾을 수 있다.

국서개작사건이 마무리되고 난 후 이듬해인 1636년 정식으로 '通信使'라는 명칭을 사용한 국왕사절이 일본으로 파견되었다. 국왕사절단의 명칭 변화에서도 보이듯이 이는 조선과 일본 간에 새로이 재편되는 대외질서를 의미하였다. 그 변화를 주도하기 위해 조선 측에서는 일본 국내 동향을 파악하고 대비해야할 필요성도 제기되었다. 즉 표면적으로는 양국 간의 분란을 야기하지 않으면서 안으로는 내실을 다지려 한 것이다. 이런 과정에서 그해 연말에 발발한 병자호란은 일본에 대한 조선의 이면적인 정책을 더 심화시키는 계기가 되었다. 북방에서의 위기는 남방에서 발생할지도 모를 분란을 막기 위한 노력으로 작용하였고, 이에 조선은 겉으로 우호를 내세우며 적례적인 교린체제를 위한 의례를 정비하고 사전에 소요 등을 막기 위한 약조를 마련했다. 안으로도 일본을 통제할 수 있는 시스템 마련이 시급했는데,

---

23) 『국역증정교린지』 제2권 「차왜」 관수차왜.

이것은 '館守'를 통해 이루려 했다. 즉 관수를 통해 양국 간의 의례 정비 및 왜관 내 일본인 제재 등을 내용으로 한 약조를 마련하여 일본인 감시와 통제를 실현하려 한 것이다. 그래서 『증정교린지』에서는 관수왜를 정하여 실행한 업무 중 첫 번째로 "禁徒·禁戢을 거느리고 여러 왜인들이 館門 밖에 나와 몰래 장사하지 못하도록 약정하여 관문 안에 그 내용을 새긴 흰 판을 세웠다."24)고 기록하고 있다.

관수의 구체적인 수행업무 및 역할에 대해서는 『館守條書』에서 확인된다. 『館守條書』의 작성연대는 확실하지 않으나 재판차왜의 언급 및 마지막 항목의 내용으로 볼 때 1709년 7월 이후의 기록으로 보인다. 모두 16개 항목으로 구성되어 있다.25)

<표 3-3> 『館守條書』에 나타난 관수의 역할

항목	내용
1	朱印이 있는 왜관벽서의 내용 확인, 왜관 내 규칙 전달 및 왜관 내 통행시 용무 등 조사
2	일본사신 연향시 동래부사·부산첨사 두 사람 중 한 사람이 병중이라도 연향을 진행하도록 지시
3	양국의 통교교역이 지체되지 않도록 지시. 양쪽의 업무는 충돌이 없도록 상호 협의하고, 양국 관리 및 상인이 규정을 어기지 않도록 전달할 것
4	조선과 중국 관련 풍설은 어떤 것이든 허실에 관계없이 내용을 문서로 작성하여 비밀리에 보고할 것
5	관수가 병으로 답장 전달시 참석이 어려우면, 裁判·橫目·승려·일본 통사를 함께 참석하게 하여 주의하여 답장 전달이 이루어지게 할 것
6	답장 서계의 수정으로 인해 날짜가 지체되면, 그 일수대로 5일차 잡물을 요구할 것
7	조선으로 건너간 사람들의 면직은 정해진 내용을 지키고, 신중히 결정할 것
8	문서와 관련한 관수의 생각은 즉시 지시하고 대마도에도 알려줄 것
9	왜관의 돌담이 파손되었을 때에는 즉시 수리 요구
10	뱃사공들이 체재할 때 청소를 소홀하지 않도록 지시

24) 『국역증정교린지』 제2권 「차왜」 관수차왜. 본 인용 약조는 1653년 정약한 開市에 대한 약조인 것으로 보인다.
25) 『館守條書』의 항목에 대해서 田代和生은 모두 17개라고 하였으나, 허지은은 16개 항목이라고 하며 각 항목의 내용을 구체적으로 제시하여 관수의 역할과 기능을 밝히고 있다.(허지은, 앞의 논문, 2014, 192~202쪽)

항목	내용
11	도항증을 가지고 오는 자는 끼어서 유숙하지 말고 도항증을 우두머리에게 제출하도록 지시
12	연향 때 동반 참석자는 방해하지 않도록 지시하고, 이를 어길시 책임자가 물러나도록 지시
13	모든 서한은 東向寺에 필사해 두도록 하고, 글자가 조금이라도 틀리지 않도록 지시
14	관수·재관·대관과 동래부사·부산첨사·훈도·별차 사이에 왕래하는 모든 편지 및 문서는 별도의 장부에 기록해 두도록 지시
15	일본 사신들이 동래부사·부산첨사·접위관에게 보내는 모든 서한도 별도의 장부로 만들어 東向寺에 필사해 두고, 후임자에게 잘 전달할 것. 후임자에게 전달시 장부와 대조하고 분실하지 않도록 각별히 지시
16	쓰시마의 배가 조선에 표착시 나가사키로 보내 조사한 후 돌려보내는데, 이후로는 수표를 조사하여 별다른 문제가 없으면 바로 쓰시마로 돌려보내도록 지시할 것

이를 통해 본 관수의 임무 및 역할은 ① 1항. 왜관 내 일본인들 규칙 엄수 및 통행을 관리하는 역할, ② 2·5·6·12항. 일본사신 접대 및 연향과 관련한 업무, ③ 3항. 통교 단속과 관련한 업무, ④ 4항. 조선과 중국의 사정 정탐 및 전달 업무, ⑤ 7항. 면직에 대한 관수의 업무 범위 규정, ⑥ 8·13·14·15항. 일본과 조선인 사이에 왕래하는 모든 문서 및 서한 관리 업무, ⑦ 9·10·11항. 왜관 체재 시 관리 업무, ⑧ 16항. 대마도인 표착과 관련한 업무로 분류된다. 관수는 왜관 내에서 왜관 건물 및 일본인들 관리, 조일 양국 교역 관련 업무, 일본사신 접대 및 연향 관리, 외교문서 및 서한 관리, 조선과 중국의 정보 수집 업무를 행하고 있다. 이에 대해 허지은은 무역 기록과 관리가 가장 많은 비중을 차지한다고 하였으나[26] 실제로는 이보다 사신 접대와 문서 기록 관리 등의 업무가 훨씬 더 많은 비중을 차지하고 있다. 이는 관수가 파견되어 처음으로 조선에 요구한 것이 일본사신 접대와 관련한 의례규정의 개정이었던 것에서도 드러난다.

1637년 12월 差倭 平成連이 上京을 요청하며 도래했다.[27] 도래한 이유는 표류왜인을 송환해 준 조선에 대한 回謝로, 혹은 병자호란의 화를 입은 상황을 확인하기 위함이라고도 했지만, 조선과 중국의 상황을 파악하고 지

---

26) 허지은, 앞의 논문, 2014, 201쪽.
27) 『인조실록』 15년(1637) 12월 16일.

속적으로 이를 대마도에 알릴 수 있는 館守를 정착시키기 위한 의도가 농후했다. 동시에 조선이 위태로운 틈을 타 조일관계를 대등한 적례교린관계로 재편성하고자 하는 의도도 있었다. 이와 연계된 것으로 비변사의 回啓 내용을 보면, 도래했을 당시 뜰 아래에서 행하던 肅拜를 堂上에서 할 수 있도록 요청하고 있다. 하지만 조선 측에서는 당상 숙배는 허락하기 어려우나 뜰에 판자를 깔고 하는 의례는 허락하겠다는 뜻을 밝혔다.[28] 그런데 불허의 뜻을 확인하였음에도 불구하고 대마도 측은 다시 平成連을 보내어 당상숙배를 비롯한 7가지 요구사항을 제시하며 적례적 의례를 관철시키려 했다.

> 一. 교역하는 물화가 예전과 다르니 중국과 교통이 끊어진 탓인가, 북방 오랑캐의 난 때문인가?
> 一. 조선 사신이 일본에 오면 上壇 사이에서 절하는데, 일본의 사신은 모래밭에서 절한다. 이것이 예에 맞는가?
> 一. 해마다 조선이 주는 쌀과 콩에 '賜'자를 쓰지 말 것.
> 一. '封進價' 석자도 쓰면 안 된다.
> 一. 서한에서 '對馬島'는 '貴州'로 할 것.
> 一. 사선이 정박하는 곳은 돌을 쌓아 풍파를 면하게 할 것.
> 一. 돌로 쌓는 것이 쉽지 않으면 관사를 개축할 것.[29]

이 7개조 내용에 대해 조선 측은 대체로 우리를 우롱하는 처사라 하여 매우 불쾌해 했고, 모두 불허하겠다는 의도를 내비쳤다. 하지만 일부 대신들은 청에 굴복당한 조선의 정세를 저들이 잘 알고 있으며, 사소한 일로 교린관계가 위태롭게 되는 우를 범해서는 안 되므로 일부 수용을 요청하였다.[30] 이에 조선 측은 다시 거듭 논의한 후 5가지 사항을 결정하여 회답하였다.

---

28) 『변례집요』 권1 「별차왜」 정축(1637) 12월; 『비변사등록』 인조 16년(1637) 1월 23일, 25일; 『별차왜등록』 무인 1월 29일, 2월 22일, 23일.
29) 『인조실록』 인조 16년(1638) 1월 22일.
30) 『인조실록』 인조 16년(1638) 1월 22일, 24일, 26일.

一. 肅拜는 堂上에서 행하는 것을 허락하기 어려우니 뜰에 판자를 깔고
行禮하도록 한다.

一. '賜'자는 '送'자로 고친다.

一. '島'자는 '州'자를 사용한다.

一. 별폭 중 '封進價' 세 글자는 빼고 公木勘合 문서에 가격만 적는다.

一. 왜관 바다 쪽 담장은 농번기에 개축할 것.[31]

조선 측의 회답은 5개 항목이었지만 결과적으로는 일본과의 교역상황 변
화 원인에 대한 즉답 및 당상 숙배의 허락을 제외하고는 平成連의 요구를
모두 수용해 준 셈이다. 이를 통해 平成連은 조선과의 관계에서 외교적 능
력을 인정받게 되었고, 자신을 시작으로 왜관에서 활동을 인정받는 새로운
직책을 정례화하는 계기를 만들게 되었다. 뒤이어 平智連이 1639년 7월에
도래하여 국서개찬사건으로 귀양간 玄方과 柳川調興을 대신해서 대마도주
가 세견선을 이어받을 것까지 요구하였다.[32] 게다가 五日雜物은 물론이고
조선 측에서 제시한 세견선의 예에 따른 접대까지 거부하며 버티다가 한
달 후에는 조선의 특례 접대를 받아내기에 이르렀다.[33] 조선은 울산부사를
경접위관으로 임명하여 접대하는 동시에 平成連의 후임인 平智連부터는
왜관을 관리하는 상근직으로서의 '館守' 자격도 동시에 인정해 주었다.

『증정교린지』에 의하면, 관수는 임기가 2년이었으며, 초량왜관으로 옮긴
후에는 왜관 내 館守家에서 생활 및 업무를 보았다고 하였다. 반면에 『변
례집요』館守조에는 3년마다 교체된다고 기록되어 있다. 1683년 20대 관수
인 平成久 전까지 관수의 임기는 <표 3-4>에서처럼 3년 혹은 2년마다 교체
되고 있다.

---

31) 『各司謄錄』 49, 慶尙道補遺篇 Ⅰ.

32) 『東萊府接倭狀啓謄錄可考事目錄抄册』, 1639년 8월.

33) 이상규, 『17세기 倭學譯官 연구』, 한국학중앙연구원박사학위논문, 2010, 91~92쪽.
이상규는 본 연구에서 平成連이 특례접대를 받은 것으로 기술하였으나, 특례 접대
를 받은 것은 후임으로 교체되어 온 平智連이다.

〈표 3-4〉 1639년~1683년 館守 교체 및 솔속

	관수성명	교체시기	솔속
1	平智連	1639. 7	
2	橘成般	1642. 7	반종 3
3	平成倫	1644. 5	반종 4, 격왜 40
4	平成仍[34]	1645. 5[35]	반종 4, 격왜 40
5	平成里	1649. 6	반종 4, 격왜 40
6	平成行	1651. 8	반종 4, 격왜 40
7	平成久	1653. 2	반종 4, 격왜 40
8	橘成稅	1656. 8	반종 4, 격왜 35
9	平成直	1659. 1	반종 3, 격왜 40
10	橘成幸	1661. 4	종왜 3, 격왜 40
11	平成尙	1663. 4	반종 3, 격왜 40
12	平成之	1665. 1	종왜 8, 격왜 40
13	平成稔	1667. 12	종왜 8, 격왜 40
14	平成辰	1670. 3	종왜 7, 격왜 40
15	平成常	1674. 2	종왜 8, 격왜 40
16	平成尙	1675. 10	반종 8, 격왜 40
17	平成友	1679. 2	종왜 8, 격왜 40
18	藤成尙	1680. 2	종왜 8, 격왜 40
19	平成久	1683. 5	종왜 8, 격왜 40

※ 『변례집요』 권4 「관수」 참조.
※ 최초 관수는 조선에서 정식으로 인정한 平智連을 시작으로 보았다.

관수의 접대례에 대해서 『변례집요』에는 平智連을 平成連의 예에 따라 접대하도록 하고 있는데, 平成連은 1637년과 1638년 두 차례 모두 향접위 관으로부터 접대를 받았다. 하지만 平智連은 1639년 7월 울산부사를 京官 으로 임명하여 접대하고 있다. 京官은 경접위관에 준하는 관원이기 때문에 이후에는 경접위관이 관수를 접대한 것으로 보아야 한다.[36] 즉 조선에서

---

34) 『東萊府接倭狀啓謄錄可考事目錄抄冊』 1645년 12월조에는 '관수왜 平成倫이 중병에 걸려 그 아들이 왔다.'고 기록되어 있는데, 平成仍은 平成倫의 오기인 것으로 보인 다. 아마도 당시 대마도주 모친상으로 인해 대마도에 갔다가 돌아온 일이 있었는 데, 이를 새로운 관수 임명으로 잘못 인식한 것이 아닐까 생각된다.

35) '허지은, 앞의 논문, 2014, 182쪽.'에는 1647년 4월로 기록되어 있다.

36) 2대 관수 橘成般부터는 "依例接待"라고만 기록하고 있어, 구체적으로 어떤 접대례

정식 관수의 명칭을 얻은 平智連은 경접위관, 이후의 대차왜에 준하는 자격으로 접대를 받은 것이다. 하지만 솔속을 볼 때에는 소차왜의 자격에 더 가까웠다.

한편 관수의 입장에서 볼 때에도 자신은 교역을 담당하였던 送使보다도 외교적 임무를 가지고 있었던 差倭로 인식하고 있었으므로 그에 맞는 접위관의 접대를 받고자 한 것으로 보인다. 이는 平智連이 1639년 조선이 세견선의 예로 접대해 주겠다는 것을 거부하고 이후 경접위관의 접대를 받았다는 사실에서도 잘 드러난다.

그러나 왜관 이전 후 새로이 정비된 일본사신 접대제도에서는 관수가 차왜로서의 자격을 잃었음이 확인된다. 『증정교린지』에 기록된 관수차왜 및 솔속에 대한 접대에서 정관 1명과 반종 3명은 제1선송사와 동일한 지공이 이루어졌으며, 별도로 書記倭 1명, 通事倭 1명, 醫員倭 1명, 從倭 8명, 格倭 40명이 있었으나 料는 지급하지 않았다.[37] 규정에서처럼 반종 3명과 종왜 8명을 거느리고 오는 시기는 1697년 平一好부터이며,[38] 이후 동일한 인원수로 고정되어 도래하였다. 또한 하선다례, 하선연, 예단다례, 상선연을 각 1차례씩 실시하였으며, 동래부사와 부산첨사가 연향을 주관하였다.[39] 즉 초반에 거부하였던 세견송사에 준하는 접대를 이후에 받고 있으며, 이 때문에 접위관의 접대도 이루어지지 않게 되었다. 또한 관수차왜라는 명칭은 사용하고 있지만 관수는 대차왜도 소차왜도 아닌 기타 왜의 범주에 포함되어 있다. 이는 관수의 성격이 외교업무에서 왜관 내 실무 및 총관자로 자리매

로 접대했는지는 확인할 수 없다. 하지만 平智連의 예에 의한다면 경접위관의 접대를 받은 것으로 생각된다.

37) 『국역증정교린지』 제2권 「차왜」 관수차왜.
38) 『변례집요』 권4 「관수」.
39) 『국역증정교린지』 제2권 「차왜」 관수차왜. 『통문관지』에는 연향의, 다례의의 진행은 세견1선송사와 동일하게 진행하고, 다례·연향·지공 등의 급여는 표차왜와 동일하다고 기록하고 있다. 의례를 접위관이 주관하지 않는다는 것은 동일하다.

김해 갔음을 보여준다.

2. 차왜제도 개편

1) 초량왜관 이전과 약조개정

임진전쟁 후 일본과의 국교재개 과정에서 일본사신의 접대 규정 마련은 필요불가결 했고, 규정대로 의례를 행할 수 있는 장소의 마련도 중요한 사안이었다. 때문에 접대 장소로서의 왜관 재조성도 국교재개 과정과 함께 진행되었다. 첫 번째 회답겸쇄환사 파견 전까지만 하더라도 대마도인과의 무역 및 일본사신들의 접대는 임시 왜관인 절영도왜관[40]에서 행해졌다. 그러나 절영도왜관은 무역은 가능했으나 사신 접대 등과 관련한 외교업무를 행하기에는 적합하지 않았다. 이에 조선 측은 1606년 8월 새로운 왜관 조성의 필요성을 제기하였다.

조선 측은 곧 국교가 재개될 것인데, 절영도에 일본 사절을 머물게 하는 것은 자칫 섬에 유폐시킨다는 오해를 받을 수 있다고 했다.[41] 1607년에 조선국왕사인 회답겸쇄환사가 일본에 파견되면 국교가 재개될 것이니 국교재개 이후를 대비하여 왜관을 육지로 옮겨야 한다는 의견이 많았다. 일본 사절도 역시 국교재개 이후 절영도왜관에서 계속 접대 받는 것을 달가워하지 않았다.[42] 이에 조선은 1606년 9월에 새로운 왜관 조성장소를 물색하게 했

---

40) 절영도왜관에 대해서는 '김재승, 「절영도왜관의 존속기간과 그 위치」『동서사학』 6・7집, 2000'에서 확인할 수 있다. 절영도왜관의 설립시기에 대해서 장순순, 小田省吾, 田代和生은 1601년으로, 김의환은 1603년으로 보았다.

41) 『선조실록』39년(1606) 8월 23일.

42) 양흥숙, 「17세기 두모포왜관의 경관과 변화」『지역과역사』 15, 2004, 174쪽; _____, 『조선후기 동래지역과 지역민 동향-왜관 교류를 중심으로-』, 부산대학교

으며,[43] 1607년 봄부터 왜관 건립공사에 들어갔다.[44] 1607년 6월에 왜관의
房屋들은 거의 완성되었고, 연향대청은 기둥을 세우고 있는 상황이었다.[45]
이후 기유약조를 체결하기 위해 도래한 일본 사절단은 두모포왜관에서 접
대를 받았으며, 무역량도 급증하였다.

하지만 두모포왜관은 무역과 사신접대를 하는데 몇 가지 문제점이 있었
고, 급기야 이는 8차례에 걸쳐 왜관의 이건을 요구하는 움직임으로까지 이
어졌다.[46] 그 중 사신 접대 및 활동, 거처 등과 관련한 몇 가지 문제점은
다음과 같다.

첫째, 왜관의 위치와 사신 접대 건물 구조 등의 부적절함이다. 왜관은
'지세가 평탄하고 뒤에는 높은 산이 있다.', '앞쪽은 해안을 끼고 있어 편편
하고 뒤쪽으로 구릉이 이어졌다.'고 하여 전체적으로 지세가 낮았다.[47] 왜
관 안팎에는 하천이 흐르고, 바다가 가까이 있었기 때문에 내부는 습하고
풀이 무성하였다.[48] 건물은 宴享廳을 중심으로 서쪽에는 西館, 동쪽에는
東館이 있었는데, 일본인들이 서관으로 들어가기를 꺼려해서 대부분 동관
으로만 모여들었다. 특히 일본인을 접대할 경우 길이 동관 앞으로 나 있
어[49] 宴享·茶禮시 일 처리가 매우 불편했다. 그래서 당시 왜관을 확인한
후 연향청은 館門(동관의 동문 쪽) 밖으로 옮겨 조성하고 尺量廳[50]을 겸하

사학과박사학위논문, 2009, 15쪽.
43) 『선조실록』 39년(1606) 9월 17일.
44) 『선조실록』 39년(1606) 12월 21일.
45) 『선조실록』 40년(1607) 6월 20일.
46) 두모포왜관의 이건에 대해서는, 장순순, 「조선후기 왜관의 설치와 이관 교섭」 『한
    일관계사연구』 5, 1996; 윤용출, 「17세기 중엽 두모포왜관의 이전 교섭」 『한국민족
    문화』 13, 1999를 참조할 수 있다.
47) 『倭館移建膽錄』 경진(1640) 10월 18일.
48) 양흥숙, 앞의 박사학위논문, 2009, 18쪽.
49) 동관의 동쪽에 守門, 즉 東門이 있었고, 이 앞으로 좌자천이 흘렀으며, 이후 수문
    앞에서는 朝市가 열렸다.
50) 尺量의 일은 왜선이 출래한 후 선척의 크기를 조사하는 것을 말한다. 수직·수도서

게 하면 좋겠다며 해당 司에 파악하도록 하였다.[51]

연향청은 사신 접대에 있어 중요한 장소였기 때문에 조선 측은 특히 이 부분에 신경을 많이 썼다. 1611년 3월에 왜관을 조사한 후 보고서가 전달되고, 그해 6월 11일에 바로 공사가 시작되어 연향청을 館門 밖 동관의 동쪽으로 이설하기 시작했으며,[52] 10월에는 이설작업 및 척량청을 겸하게 하는 일도 모두 완료되었다.[53]

하지만 연향청 외에 西館의 문제는 여전했다. 서관은 間數가 많지 않고 창과 벽이 거의 없어 일본인들이 들어가기를 꺼려했다. 특히 세견선이 한꺼번에 오거나 수직·수도서인까지 동시에 내도하면 공간문제가 발생할 것이기 때문에 공간을 구획한다든지, 연향청의 옛터에 서관을 이설하는 안이 제기되기도 했다.[54] 이런 문제는 새로운 인력·물력의 동원을 전제로 해야 했기 때문에 조선 측은 최소한의 인·물력 동원으로 해결하려 했고, 결국 본질적인 문제를 해소하지 못한 채 공간 협소 문제와 연결되어 이관 요구를 야기시키게 되었다.

둘째, 왜관 부지의 협소함이다. 두모포왜관 공사가 연향청의 이전으로 마무리되었지만 여전히 공간 문제는 해결되지 않았고, 특히 동관으로의 쏠림 현상은 일정기간 지속되어 수직왜들은 동관 귀퉁이에 자력으로 공간을 조성하게 해달라는 요청을 했다. 게다가 왜인들 700여 명이 한꺼번에 동·서관에 몰리는 사태가 발생하자 조선 측은 접대 공간을 감당할 수 없어 假家 조성을 허락하기에 이르렀다.[55] 假家 조성은 兼帶 실시 이후에는 관련 기

인선 같은 경우는 기유약조 때 선척의 크기가 정해지지 않았으므로 접대의 부담을 덜기 위해 이후 선척의 크기를 척량해서 접대의 기준으로 삼았다.

51) 『변례집요』 권11 「관우」 신해(1611) 3월.
52) 『변례집요』 권11 「관우」 신해(1611) 7월.
53) 『변례집요』 권11 「관우」 신해(1611) 10월.
54) 『변례집요』 권11 「관우」 신해(1611) 10월.
55) 『변례집요』 권11 「관우」 신해(1611) 11월. 假家의 조성과 소실에 대해서는 "양홍숙, 앞의 박사학위논문, 2009, 23쪽" 참조.

록이 나타나지 않는 것으로 보아 줄어든 것 같다. 즉 겸대 실시로 왜인이 한꺼번에 조선으로 출래하는 일이 사라지고 일정 기간 동안 일정 인원수만 왜관에 상주하게 되면서 사신 접대 등의 일은 어느 정도 안정을 되찾게 되었다.

그런데 두모포왜관 후기 단계에서 건물의 노후화 및 화재 등으로 왜관 건물과 함께 假家소실도 잦아지면서 가가의 조성은 다시 확대되었다. 물론 조성 인력은 대마도인들을 고용한다고 해도 물력과 공사 감독 등의 책임은 조선 측에 지워졌으므로 잦은 가가 조성은 충분한 부담이 되었다. 이는 조선이 이관 결심을 굳히는 하나의 원인으로 작용했을 가능성이 크다. 왜관 조성을 급하게 서두른 탓에 조성 초기 단계부터 공간 협소 문제는 끊임없이 제기되었고, 이는 조선 측과 대마도 양측 모두에 많은 부담과 소모를 양산하는 결과를 낳았다.

셋째, 왜관 선창의 문제점이다. 선창은 선박이 왕래하는 통로로, 무역선뿐 아니라 사신선도 함께 드나드는 곳이었으므로 왜관 내에서도 중요한 공간이었다. 그럼에도 불구하고 왜관 설치 초기부터 문제점들이 지적되었는데, 水柵이 설치되지 않아 남풍을 바로 받기 때문에 배를 넣어두기 힘들었다. 이에 왜관 동쪽 좌자천에 바닷물이 출입하므로 모래를 파서 담장을 뒤로 약간 물려 쌓고, 水柵을 옮겨 배를 대기 편하도록 하였다.[56] 하지만 이런 조치로 선창의 문제가 완전히 해결되지는 않았다.

겸대 실시 이후 왕래하는 사신선의 수가 고정되면서 선창을 재정비할 필요성이 다시 제기되었다. 1638년 1월에 平成連은 선창에 방파제와 같은 담장을 쌓아줄 것을 요구했다.[57] 이런 시설물은 생소한 것이라 무너지고 재수축하기를 반복한 끝에 이전보다 안전한 선창이 만들어졌지만 그것도 잠시뿐이었다. 그래서 1640년부터는 왜인들의 移館 건의가 이어지기 시작했

---

56) 『변례집요』 권11 「관우」 신해(1611) 3월.
57) 『변례집요』 권11 「관우」 무인(1638) 1월.

다. 물론 처음에는 왜관 담장이나 관사의 협소함 등이 문제가 되었으나 점차 선창의 토사 제거, 방파제 시설 개축, 새 선창 공사 등을 요구했고,[58] 결국에는 왜관의 이전과 함께 선창 문제를 해결하려 하였다.

조선 측은 국교재개를 계기로 새로이 조성된 왜관을 최대한 활용하면서 외교교섭을 진행하려 했으나 어려움이 따랐고, 이는 초량으로 이관이 진행되는 과정에서 장단점을 적절히 조절하면서 개축하게 되는 계기로 작용하였다. 그래서 왜관 터를 선정하는 일도 오랜 기간을 두고 신중하게 결정하였으며, 구조 및 건물 배치 등도 여러 차례 논의를 거듭하였다. 결과 동·서관, 연향청을 기본으로 하는 왜관 구조와 선창 방파제의 존재 등은 두모포왜관의 것을 그대로 채용하였으며, 문제점으로 지적되었던 공간, 건물의 배치 등은 충분히 보완하여 초량왜관을 조성하였다.

일본인들의 거류지 이전은 한편으로는 새로운 외교질서를 재편하는 계기로 작용하였다. 이는 두모포왜관 형성시기와 비교하면, 국교재개 후에 왜관 조성 및 이전이 이루어지기 시작하여 사신 접대 및 무역과 관련한 규정들이 두모포왜관 완성과 거의 동시에 이루어진 것과는 상황이 달랐다. 당시는 전란으로 사신 왕래가 정비되지 않았던 시점이라 왜관 왕래 일본인 및 유관 인원 등에 대해 구체적인 수치를 파악할 수 없어 왜관 조성에 이것이 제대로 반영되지 못하였다. 때문에 두모포왜관을 통한 대일교류는 상대적으로 많은 문제에 봉착할 수밖에 없었던 것이다. 하지만 초량왜관의 상황은 달랐다. 왜관을 왕래하는 사신 및 유관인 수가 많이 반영되었고, 이것은 이전하기 2년 전에 당시 정식으로 인정되지 않았던 橘成陳家(裁判家)를 미리 배치해 놓았던 것[59]을 보아도 알 수 있다.

하지만 新館으로 이전한 후에도 외교사행과 관련한 문제는 또 새로운 논의거리를 형성하여 교섭이 끊이지 않았다. 그래서 조선 측은 왜관 이전을

---

58) 『변례집요』 권11 「관우」.
59) 『변례집요』 권11 「관우」 병진(1676) 7월.

계기로 대일외교업무를 다시 정비하고자 하였다. 이전 초기에는 왜관 시설과 건축물에 대한 의논이 분분했지만, 이 논의가 해결되어 가면서 왜관 본연의 업무인 외교사신에 대한 논의가 조금씩 제기되기 시작했다. 특히 새로이 마련된 왜관을 효율적으로 운영하고, 여기에 소요된 조선 측의 경비 등이 부담으로 지워지지 않게 하기 위해서는 차후 소요될 사신 접대비용 등의 절감이 해결해야 할 과제로 다가왔다. 이에 조선은 2차례의 약조 체결로 미리 규제책을 마련하고자 했다.

약조는 1678년과 1682년 2차례에 걸쳐 체결되었는데, 1678년 약조[60]는 주로 새로운 왜관의 운영 및 왜관에서의 교역 활동 등을 전반적으로 다루었다. 그리고 1682년 약조는 이전 약조에서 보충해야 할 내용과 차왜의 재정비에 대한 내용이 포함되어 있다. 두 약조의 내용 중 사신 접대와 관련된 내용만 다시 정리하면 다음과 같다.

　　가) 1678년 朝市 관련 약조 中,
　　　一. 왜관이 두모포에 있을 때에는 사신으로 온 왜인이 肅拜를 하기 위해 왕래할 때에 데리고 온 많은 從倭들이 민가에 함부로 들어가는 폐단이 자못 심하였다. 이후로는 送使가 왕래할 때에 한결같이 그 品數에 따라 수행원을 정하고, 곧바로 왔다가는 곧바로 돌아가게 하여 혹 뒤에 떨어져서 이전의 잘못을 밟아 함부로 다니는 일이 없도록 한다.[61]

　　나) 1682년 통신사가 대마도에서 정한 약조 中,
　　　一. 규정된 것 이외의 차왜를 보내지 말 것.

---

60) 무오절목을 토대로 약정된 이 약조에 대해, 『증정교린지』 권4, 「약조」에서는 '朝市約條'로, 『변례집요』 권5 「약조」에서는 1679년에 '문위역관이 대마도에 가서 정한 約條'로 기록하고 있으며, 『통신사등록』에서는 '7조목 약조'로 기록하고 있다. 허지은과 김동철은 동래부사 이복의 장계 내용을 중시하여 '무오절목'이라는 명칭을 사용하였는데, 본고에서는 1679년 왜인과의 사이에 조약으로 약정되었으며 임술통신사행 이후 계해약조로 제찰되었음을 강조하는 의미에서 '약조'라고 칭한다.

61) 『국역증정교린지』 제4권 「약조」.

一. 표류인은 별도의 차왜를 파견하지 말고 代官에게 順付토록 할 것.
一. 代官의 수를 줄일 것.[62]

　초량 신왜관으로 왜인들이 들어가기 직전에 체결된[63] 가) 1678년 약조는, 朝市 및 開市를 비롯하여 왜관에서 행해지는 상거래 활동과 왜인들의 활동 규제가 주 내용을 이루고 있다. 특히 잠상 등을 막기 위해 왜인들의 활동을 통제하는 내용이 많이 포함되어 있어 초량왜관 시기를 왜인통제책이 강화된 시기로 보는 연구자가 많다. 본 약조의 사신접대 관련 조문 내용도 이런 성격을 반영하듯 送使 왕래시 민간과의 접촉을 금하는 조치를 담고 있다.

　나)는 1682년 통신사행이 귀로에서 대마도에 들러 奉行倭와 추가하여 정한 약조[64]이다. 추가 약조 체결 전에 5개 조의 약조를 먼저 정했는데, 그 내용은 주로 1678년 강정한 약조가 제대로 지켜지지 않는 점을 들어 내용을 재확인하고 부족한 부분을 보충한 것으로, 기록하여 왜관에 비를 세우게 하였다. 추가 약조가 비에 기록되지 못한 것은 왜관에서의 활동 규제라는 측면과 직접적인 관련이 없어서일 것이다. 하지만 왜관이 무역의 장이라는 역할 외에 사신접대를 행하는 공간이라는 점에서 본다면 추가약조는 의미가 남다르다고 할 수 있다.

---

62) 홍우재, 「동사록」 임술년 10월 27일.

63) 『변례집요』 「약조」 조와 「관우」 조를 확인하면 약조가 강정된 것은 1678년 윤3월이고, 구왜관 왜인들이 신왜관으로 옮긴 것은 4월이므로 약조 강정을 통보한 후 신왜관으로 들어간 것으로 보인다.

64) 임술년 통신사행에서 정약된 이 약조는 외교 규정집에는 실려 있지 않다. 약조의 구체적 내용은 홍우재의 『동사록』과 『통신사등록』 등에서만 언급되고 있을 뿐이다. 이 약조는 '壬戌約條'라는 명칭으로 윤유숙의 논문(「근세 조일통교와 비정례 차왜의 조선 도해」 『史叢』 70, 2010) 및 이훈의 연구(이훈, 『조선후기 표류민과 한일관계』, 국학자료원, 2000)에서 보인다. 약조의 조문이 명확히 드러나지는 않지만 통신사 관련 기록에서 체결 사실과 내용을 확인할 수 있으므로, 약조가 정약된 것으로 보고 본문에서도 이하 '약조'로 명명한다.

신관 이전 후 몇 년 동안 일본인들을 상대로 무역과 외교업무를 처리하면서 겪게 되었던 조선 측 고민의 흔적이 1682년 약조로 남아있다. 외교업무라는 관점에서 보았을 때 조선은 대마도 측에서 파견하는 사신을 어느선까지 인정해줄 것인가 하는 문제는 늘 있어왔다. 특히 별차왜의 급증으로 인해 접대비용이 늘어나면서 그 부담을 경감하기 위해서는 별차왜의 정비가 또 한 번 이루어져야 함을 인식하고 있었다. 그 시점을 언제로 잡을 것인가가 문제였는데, 1682년 통신사 파견과 신왜관 관련 약조 강정을 계기로 그 시점이 결정된 것이다.

대마도인들에게 新倭館이라는 공간을 제공해 준 대가로 조선은 두 차례에 걸쳐 약조를 강정하여 왜관을 왕래하는 일본인들에 대한 적극적인 규제책으로서 활용하고자 했다. 첫째는 왜관 경계를 설정하여 정해진 영역을 넘어서 활동하는 경우에는 철저한 통제가 가능하도록 했다. 두 번째는 왜관에 진입이 가능한 일본인 인원수를 규제하는 것이었다. 인원수 규제는 한편으로는 왜관 내에 머무르는 일본인 수를 적정선으로 유지하게 하는 동시에 그들에게 소요되는 접대비용을 절감하여 지방민들의 고충을 일부분 덜어주고자 한 점도 있다.

조선 측의 이런 약조 강정 요구에 대마도는 대부분 수용하였고, 조선도 '규정 이외의 별차왜 파견 금지' 조항을 적용하여 발빠르게 차왜 제도를 재정비는 등 조선으로 내도하는 차왜를 상당수 줄일 수 있었다. 이는 한편으로는 외교업무를 재판차왜에게 전담케 하여 차왜의 업무 분담을 명확히 하는 계기가 되기도 했다. 그러나 이후 재판차왜의 留館 일수를 제한하는 규정을 마련하는 데에는 실패하게 되면서, 줄어든 차왜 접대비용이 다시 고스란히 재판차왜 접대비용으로 충당되는 결과를 낳기도 했다.

2) 재판차왜의 정착

裁判[65]이라는 명칭이 정식으로 사용되기 시작한 것은 1680년 9월 『접왜식례』에서부터이며,[66] 그 이전까지는 '公幹次知差倭'라는 명칭으로 불렸다.[67] 이들의 임무는 '裁判', '公幹'이라는 명칭에서도 보이듯이 조선과 일본 양국 간의 공적인 외교문서 및 외교업무를 조정하고 주관하는 것이었다. 그렇기 때문에 정식 재판차왜라는 명칭을 얻기 전부터 관련 업무를 하는 사신이 차왜의 형태로 파견되고 있었다. 재판 업무를 하는 사신이 처음 파견된 시기가 언제부터인가에 대해서는 기록들마다 의견이 분분한데, 주 업무를 무엇으로 보았느냐에 따라 시작 시점을 달리 보고 있다.

〈표 3-5〉 임진전쟁 후 업무별 재판차왜 시작 시기

활동 시작	출처	주업무	업무 내용
1601 橘智正	『交隣事考』 裁判事考 『通航一覽』 권125 裁判事考	公幹	재판의 일은 두 나라의 교제를 주관하는 것.
1634 藤智繩	『邊例集要』 권4 裁判	公幹	양국간 공무를 주관하기 위해 출래함.
1651 平成扶	『증정교린지』 권2 裁判差倭 『통문관지』 권5 裁判差倭	年限裁判	양국 공무 주관, 통신사·문위행 호행, 공작미 요청.

위의 〈표 3-5〉는 여러 기록들에서 재판의 기원과 직무를 어떻게 인식하고 있는지 잘 보여준다. 재판 업무를 하는 사신이 처음 파견된 시기에 대해서는 대마도 측의 문적에 의하여 임진전쟁 전부터 재판의 역할을 하는 사신이 파견되었다고 보는 것이 일반적이다. 하지만 파견 주체가 조선 측인지

---

65) 재판차왜에 대해서는 '이혜진, 「17세기 후반 조일외교에서의 裁判差倭 성립과 조선의 외교적 대응」 『한일관계사연구』 8, 1998'가 참조된다.

66) 기존 연구(이혜진, 앞의 논문, 1998) 및 관련 연구들에서는 『변례집요』 기사를 들어 1681년 7월 25일 狀啓에서부터 시작된 것으로 보고 있다. 하지만 앞서 언급하였듯이 재판이라는 명칭은 이보다 이른 1680년 9월 『接倭式例』에서 처음 보인다.

67) 『변례집요』 권4 「재판」 경신(1680) 9월.

일본 측인지, 혹은 주업무가 무엇인가에 따라 시작 시점은 달라질 수 있다. 1601년 橘智正은 조선과 일본 간에 국교가 재개되기 전 講和 요청을 위해 도래한 사절로, 강화 교섭 과정 중에 10여 차례 도래하였고, 1607년에는 회답겸쇄환사를 호행하기도 했다. 또한 1609년 기유약조의 체결에도 큰 역할을 하였다. 橘智正은 처음에는 頭倭, 그리고 이후에는 島主差倭라는 명칭으로 파견되었지만 활동 양상으로 볼 때 양국 외교교섭에 특출한 성과를 이루어낸 것을 인정하여 재판의 기원으로 인식하였다.

1634년 藤智繩은 국서개작사건과 관련하여 마상재인을 요청하기 위해 조선으로 내도하였다. 그의 직명은 橘智正의 경우와 마찬가지로 島主差倭였으며, 사건의 해결을 위해 막부로부터 외교적 시험대에 올라있는 상황이었다. 당시 洪喜男 등은 대마도주 측에서 외교 주도권을 확보할 수 있도록 힘써 주선했으며, 그로 인해 兼帶 시행을 약속받게 되었다. 藤智繩은 국서개작사건의 해결에서부터 겸대제에 이르기까지 전 과정에 관여하였으며, 이후 耶蘇敎 관련 문제로 조선에 도래했을 때에는 규약된 차왜가 아니었음에도 불구하고 이례적으로 향접위관의 접대를 받기도 했다. 양국의 외교관계를 조화롭게 이끌어낸 당사자로서 평가한 결과 재판의 기원으로 파악한 것이다. 이 때문에 『변례집요』에서는 藤智繩을 재판의 시작으로 인식하고, 1651년 파견된 橘成正을 교대 재판으로 인식하고 있다. 이런 인식은 『접왜식례』에서도 보이고 있는데, '藤智繩-橘成正(1651)-平成扶(1655)-橘成般(1659)-橘成陳(1663, 1665, 1667, 1669, 1674)-藤成久(1680, 1682)-平厚中(1685)'으로 交代됨을 기록하고 있다. 통신사나 문위행의 호행 및 호환 등도 재판의 업무로 보지만 이상의 재판 전임자와 후임자의 교대 사실을 별도로 기재하고 있다는 점은 재판의 주 직무가 양국의 公事 교섭이었음을 확인시켜 주는 대목이다.

마지막으로 1651년을 양국 공식 재판의 기원으로 보고 있는 『통문관지』와 『증정교린지』의 입장이다. 두 문헌에서는 모두 '順治 辛卯年(효종 2, 1651)

부터 시작되어 公幹이 있으면 왔다가 일이 끝나면 돌아간다.'고 기재되어
있다. 하지만 시작이 되는 재판이 누구였는가에 대해서는 명확히 밝히지 않
고 있어서 기존에는 平成扶로 인식하였다. 왜냐하면 『국역증정교린지』 재
판차왜 조에 달린 주석 부분에서 '본문에 재판차왜가 1651년부터 시작되었
다는 것은 1650년 12월에 도래한 平成扶가 다음해 재판의 주요한 임무 중
의 하나인 公作米의 교섭을 성사시켰기 때문이다.'라고 밝히고 있기 때문이
다. 하지만 平成扶로 보기에는 미흡한 부분이 있다. 첫째, 평성부가 차왜로
파견된 것은 1950년 12월이지 1651년이 아니라는 점이다. 당시 평성부는
徵債 및 公作米 관련 일로 파견되었으나 왜관에 도착한 시기도 1650년이며
일본으로 돌아간 시기도 1652년으로 1651년을 시작으로 보기에는 무리가
있다. 둘째, 평성부는 기존에 조선 측에서 재판차왜의 자격에 해당하는 사
신에게 행하던 접대를 받지 못하고 있다. 1650년 12월 平成扶가 조선에 도
착하였을 당시 동래부의 다례와 약간의 양식을 지급받았을 뿐 접위관의 접
대를 받지 않았다. 이런 의문점에서 본다면 『통문관지』와 『증정교린지』에
서 인식한 1651년 재판차왜의 기원은 藤智繩의 임무를 계승하기 위해 파견
되었던 橘成正으로 보는 것이 타당하다. 橘成正은 당시 조선 측으로부터
향접위관에 의해 세견1선례로 정식 차왜 접대를 받았다.

한편 1651년 平成扶를 양국 재판의 기원으로 인식한 이유에 대해서는 긍
정적으로 볼만하다. 『국역증정교린지』에서 平成扶가 公作米 교섭에 관여
하는 재판으로서 역할을 했다는 점은 차후 재판차왜가 '年限裁判'이라는
이칭을 가지는 점과도 일맥상통한다. 연한재판은 이후 5년마다(甲·己年) 파
견되어 公木을 쌀로 환산해 주는 公作米年限 교섭 업무를 담당하였다.

이처럼 재판의 기원에 관한 의견이 분분하다는 것은 그만큼 재판의 역할
이나 업무가 일률적이지 않다는 것을 의미한다. 재판차왜의 역할은 크게 세
가지로 구분된다. 첫째 공작미 교섭, 둘째 통신사와 문위행의 호행, 그리고
마지막으로 외교 교섭 업무이다. 이 중 공작미 교섭은 도래하는 시기가 정

해져 있고, 통신사와 문위행의 호행 업무도 비정기적이기는 하지만 파견 횟수가 어느 정도 예상 가능했다. 하지만 외교 교섭 업무는 구체적으로 명시된 것도 아니고, 파견 횟수도 예측 불가능했기 때문에 접대에 있어 항상 문제가 되었다. 게다가 재판이 이미 파견된 상황에서 또 다른 외교문제가 발생하면 중복하여 다른 재판을 파견하였으므로 왜관 내에 여러 재판이 머무르는 경우도 있었다. 그리고 재판은 유관일수의 제한이 없었기 때문에 파견 횟수보다 머무르는 기간이 훨씬 더 큰 문제가 되었다.

<표 3-6> 裁判 명칭 사용 이전 公幹差倭 교체

	이름	파견시기	솔속
1	藤智繩	1634	반종 3, 격왜 40
2	橘成正(政)	1651	봉진 1, 반종 4, 격왜 40
3	平成扶	1655	봉진 1, 시봉 1, 반종 4, 격왜 40
4	橘成般	1658	반종 16
5	橘成陳	1663	봉진 1, 반종 13, 격왜 40
6	藤成久, 平成次	1680	봉진 1, 시봉 1, 반종 10, 격왜 40

※ 『변례집요』 권4 「재판」 참조.
※ 裁判의 명칭은 사용하지 않았지만 公幹 업무를 담당하여 재판의 범주에 포함시킬 수 있는 차왜를 선정하였다.
※ 1601년부터 활동한 橘智正의 경우는 受職人으로 선정되어 무역 및 접대를 받았으므로 동일 업무를 행했음에도 제외하였다.

왜관을 왕래하며 公幹 업무를 전담하였던 재판차왜는 효율적인 업무처리를 위해 점차 일정기간동안 한명이 전담하는 경우가 많아졌고, 이 때문에 왜관에 별도의 假家 형태로 房屋을 갖추어 상주하는 일이 늘어갔다. 외교 교섭이라는 것이 한 번에 즉결해서 처리되는 게 아니었기 때문에 서계가 예조와 대마도를 왕복하는 동안 처분을 기다려야 했으며, 혹 왜관 내에 머무르며 타 관원들과의 협의를 통해 해결할 수도 있었다. 그래서 외교 업무를 담당하며 왜관 내 상주하는 관원이 필요했고, 그 역할을 재판차왜에게 담당시킨 것이다. 재판차왜가 왜관 내에 상주한다는 결정은 초량으로 신왜관 이전을 논의하는 단계에서 이루어진 것으로 보이는데, 왜관 공간 구획

설계 단계에서 당시 재판의 역할을 했던 橘成陳家를 별도로 설정[68]해 놓고 있는 것이 확인된다.

사실 상주한다고는 하나 실제로는 상주에 가까울 정도로 왜관에 머무는 일수가 많았던 것을 그렇게 표현한 것이다. <표 3-6>에서도 보이듯이 藤智繩과 橘成陳 같은 경우는 20년 가까이 公幹 임무로 왕래하고 있는데, 일본 측에서도 "裁判의 직임은 조선의 정황을 잘 알고 양국에 진심을 다하여 誠實로써 할 수 있어야 한다."[69]고 했을 정도로 중요한 외교 교섭이나 번잡한 업무의 처리를 위해 조선의 실정을 잘 알고 외교에 능숙한 전문가가 재판차왜로 파견되었다.

조선은 신왜관 이전과 함께 재판차왜를 왜관에 상주시키면서 외교업무를 전담케 하여 각종 명목의 별차왜를 정리하고 접대비용을 줄여보고자 의도했다. 하지만 신속한 업무처리를 위해 번잡하게 양국을 왕래하는 일도 잦았던 재판차왜의 특성상 완전한 상주가 어려웠으므로 관수차왜처럼 상주하는 차왜의 예로 접대하기는 어려웠다. 이 때문에 1특송의 예로 접대하던 재판왜의 접대례를 바꾸려고도 했으며, 유관일수가 정해져 있지 않던 재판차왜의 유관일수를 정하려는 시도도 있었다.

대·소차왜의 정비가 이루어진 후 한동안 재판차왜는 소차왜의 범주에 포함되지 않고 별도로 분류되었으며, 1특송사의 예에 의거하여 접대를 받았다. 유관일수는 제한이 없었으며, 솔속은 봉진압물 1, 시봉 1, 반종 10, 격왜 40명으로 구성되었다.[70] 대체로 대차왜의 접대가 1특송사의 예에 준한 것

---

68) 『변례집요』 권11 「관우」 병진(1676) 7월.

69) 『通航一覽』 권125 「朝鮮國部」 101 裁判事考.

70) 『통문관지』 권5 「차왜」 재판차왜. 한편 『증정교린지』 권2 「차왜」조에는 재판차왜가 관백고부차왜의 접대례에 따른다고 하였다. 관백고부차왜의 지공과 육물은 제1특송사선과 동일하지만 명일연 4차례는 빠져있다. 명일연은 일본의 명절에 베풀어 주는 연회이므로 유관일수가 정해져 있지 않았던 재판차왜의 특성상 머무르고 있는 기간 중에 명일이 되면 연향에 참석하는 형식으로 이루어졌던 것 같다. 때문에 명일연 참석 여부를 명확히 하기 어려워 관백고부차왜의 예를 적용시킨 것이다. 실

을 보면, 재판차왜는 소차왜보다 우대하여 접대가 이루어졌던 셈이다.

이러한 점 때문에 재판차왜의 내도 횟수가 잦아지자 조선에서는 접대 수준을 낮추기 위해 이전의 접대사례를 확인하기 시작했다. 재판차왜의 업무를 행하고 있던 平成扶가 1655년 파견되면서 공로가 있어 조선이 일시적으로 우대하여 1특송사의 예로 접대[71]하게 된 것이 전례의 시작이었다. 『재판차왜등록』에서는 1653년 이전에는 세견제1선의 예로 접대했다고 하였는데,[72] 이때는 관백을 조문해 준 문위행에 回謝하기 위해 파견된 平成章일행을 접대[73]했던 예를 말하는 것이다. 한편 별차왜제도가 성립되기 전이기는 하지만 『변례집요』에서는 1634년에 파견되었던 藤智繩을 특송의 예로 접대[74]한 적이 있고, 그 뒤를 이어 1651년 교체한 橘成正도 藤智繩의 예에 따라 접대했다[75]고 하여, 특송사의 예로 접대받았던 사례도 꽤 있었다. 그런데 두 개의 다른 접대 사례가 있을 경우 대체로 더 후대한 경우를 예로 삼았기 때문에 재판차왜의 접대는 1특송사의 예로 고정되어 갔다.

접대 수준의 조정이 불가능해지자 접대 일수의 조정이 시도되었다. 1683년 이후 재판차왜의 유관일수는 적게는 2·3개월에서 많게는 3년 6개월로 격차가 심했다.[76] 또한 가장 적게 2개월만 머무른다고 하더라도 55~110일 정도를 머무르는 타 송사 및 차왜에 비하면 상당한 기간 동안 왜관에 체류

제로 『변례집요』, 『裁判差倭謄錄』 등의 사례를 보면 모두 1특송선의 예에 따라 접대하고 있는 것으로 기록되어 있다.

71) 『변례집요』 권4 「재판」 무진(1688) 2월; 『裁判差倭謄錄』 1책 신미(1693) 11월 18일.
72) 『裁判差倭謄錄』 1책 신미(1693) 11월 18일.
73) 『변례집요』 권1 「별차왜」 계사(1653) 8월.
74) 『변례집요』 권4 「재판」 갑술(1634) 12월.
75) 『변례집요』 권1 「별차왜」 신묘(1651) 7월.
76) 『裁判差倭謄錄』에 의하면 가장 짧게 체류한 자는 原方有(1706.10.~12.)와 藤則直 (1708.10.~12.)로 2개월간 체류했다. 가장 오래 체류한 자는 平成尚(1690.1~1693.7.)으로 3년 6개월간 체류했다. 특히 1684년 5월 도래한 平成廣부터 平厚中, 平成辰, 平成尚은 체류기간이 모두 1년~3.5년으로 길어져 조선에서 이 시기에 집중적으로 유관일자의 조정을 건의하였다.

하며 접대를 받았던 셈이다. 재판차왜가 오랫동안 유관하여 접대비용 부담이 심각해지자 동래부사는 장계로 유관일수의 약정 필요성을 제시했다. 이에 조정에서는 재판차왜의 접대가 1특송사를 기준으로 하므로 유관일수도 1특송사의 예에 따라 110일로 할 것과 2명의 재판이 동시에 머무르게 되는 疊到의 경우도 먼저 온 재판은 접대하지 않고, 뒤에 온 재판만 접대한다는 규례를 적용하도록 지시하였다.[77] 그러나 平成扶는 약조에 규정된 사항이 아니라는 이유로 거부하였다.

하지만 조선, 특히 왜관이 있는 동래부의 폐해는 심각했다. 왜관 이전 때문에 이미 물력과 인력이 상당히 고갈된 상황에서 통신사의 파견이 이루어졌고, 거기에다가 送使, 差倭의 접대까지 겹친 상황이었다. 특히 신왜관 내에 裁判家가 조성되어 재판차왜가 상주할 수 있는 분위기까지 만들어졌으니, 재판왜는 명분을 만들어 접대를 받기에 더없이 좋은 기회였다. 그러나 동래부의 입장에서는 더 이상 접대 물력을 조달하기 힘든 상황이었기 때문에 재판차왜의 유관일수를 제한하려 한 것이다.

유관일수를 한정하는 일은 두 차례의 문위행 파견 과정에서 논의를 거듭하였다. 하지만 대마도의 입장은 단호했다. 재판차왜의 역할이 연례송사와 다르기 때문에 일을 처리하는 기한을 한정하기 어려워 유관일수를 제한하기 곤란하다며 조선의 건의를 거부했다.[78]

조선에서의 재판차왜 유관일수 제한 건의는 대마도 측에서 모두 거부했지만, 이 교섭 후에는 최장 체류기간으로 1년 6개월을 넘기는 일이 없을 정도로 재판차왜의 유관일수가 줄어들었다. 게다가 조선 내의 흉년이 지속되면서 재판차왜 平成尙은 자신의 일공을 감하기도 하는 등[79] 접대의 부담을 일정부분 덜기 위한 노력들을 기울였다.

---

77) 『비변사등록』 숙종 13년(1687) 12월 15일; 『변례집요』 권4 「재판」 정묘(1687) 12월.
78) 『변례집요』 권4 「재판」 갑술(1694) 3월.
79) 『재판차왜등록』 2책 을해(1695) 10월 21일.

〈표 3-7〉 재판차왜 留館日數 교섭과정

날짜	교섭주체	내용	결과
1687. 12	동래부사 李沆 장계	유관일수를 1특송사 기준(110일)에 맞출 것. 疊到시 뒤에 온 재판만 접대	平成尚은 규외라며 거부
1689. 1	문위행	재판유관일수 한정 건의	불허
1691. 11	동래부사, 경상감사 장계	접대의 폐해 지적, 유관일수 제한 건의	平成尚은 110일에 6월 이상을 더할 것 건의
1693. 8	首譯 安愼徽	유관일수 제한, 연례9송사 겸대 등 건의	문위행에서 논의 결정
1694. 3	문위행	유관일수 제한, 연례9송사 겸대 등 논의	모두 거부

※ 『변례집요』 권4 「재판」; 『재판차왜등록』; 『비변사등록』 참조.

　여기에 더하여 각종 차왜들을 재정비하고 접대규정을 완비하게 되면서 일본사신 접대례는 정착되어 갔다. 하지만 한편으로는 이전에 각종 명목으로 외교 현안을 해결하기 위해 도래했던 별차왜가 재판이라는 명칭으로 탈바꿈하여 계속 파견되었음을 의미하기도 한다. 결과 일본사신 접대로 인한 조선 측의 부담은 좀처럼 덜어지지 않았다.

　그렇다면 이상에서 살펴본 재판차왜의 역할 및 접대를 통해 확인할 수 있는 조선의 대일정책은 어떻게 정리할 수 있을까? 조선은 국서개작사건 후 겸대제 실시 및 접대 규정 정비로 일본사신을 무역사신과 외교사신으로 분리하였다. 이로 인해 대일업무는 훨씬 체계성을 띠고 수월해졌을지 모르나 접대 부분에 있어 경제적인 폐해는 해결하지 못했다. 이는 일본사신이 모두 대마도에서 파견됨에 따라 조선의 羈縻交隣策의 일환으로 그들을 厚待한 결과이다.

　기미교린의 대상을 후대하는 정책적 기조는 초량으로 신왜관이 이전하고 난 후에도 유지되었다. 왜관 이전 작업을 하는 동안에 소모된 인·물력이 상당했지만 여전히 접대 규정이 되는 전례들은 보다 후대했던 접대례를 일례로 삼아 대마도에 대한 교린의 도를 실행하였다.

　한편 대마도에서 파견한 사자이지만 막부의 외교업무도 동시에 해결해야 하는 재판차왜가 정식 명칭을 얻게 되면서 조선은 자격과 접대에 대해 고심을 거듭했다. 결과 그들의 자격은 막부의 외교현안 처리를 위해 특별히 파견되었던 특송사와 동일하게 인식해 접대함으로써 막부에 대한 조선의 敵禮交隣의 자세를 견지하였다. 하지만 접대의 경제적 문제에 직면했을 때 조선은 거듭 논의를 거쳐 자국의 피해를 최소화하고자 노력하였다. 물론 즉각적인 접대 규정의 변화는 없었지만 막부와는 직접적인 마찰을 피하면서 대마도를 통해 실질적으로 접대 경비를 줄이는 방안을 마련할 수 있었다.

3) 임술약조와 대차왜의 등장

조선후기에 편찬한 규정집들에서는 차왜를 大差倭와 小差倭로 구분하고 있다. 또한 대차왜는 京接慰官이, 소차왜는 鄕接慰官이 접대하는 것으로 규정하고 있어 기존 연구에서는 대·소차왜의 구분과 경·향접위관의 접대가 동시에 이루어진 것으로 인식하는 경우가 많았다. 하지만 앞에서도 살펴보았듯이 실제 대·소차왜의 구분 및 편성체계는 초량왜관 이전 후 1680~1720년 사이에 이루어졌다.[80]

〈표 3-8〉 대·소차왜 접대 접위관 임명 규정과 출전

출전	초간		내용
『통문관지』	1720	대차왜	서울에서 명관 임명
		별차왜, 재판왜	경상도 관찰사가 경상도 내의 문관 수령 또는 都事를 접위관으로 임명
『춘관지』	1744	대차왜	서울의 名官을 파견
		별차왜, 재판왜	경상도 관찰사가 경상도 都事, 도내 文官 수령을 향접위관으로 임명
『속대전』	1746	대차왜	경접위관
		尋常差倭	문관 수령을 접위관으로 삼음
『증정교린지』	1802	**대차왜**	서울에서 명관을 파견

---

80) 홍성덕, 앞의 박사학위논문, 1998, 180쪽.

출전	초간	내용	
『육전조례』	1867	**소차왜**, 재판왜	경상도 관찰사가 경상도 내의 文官 수령을 향접위관으로 파견
		대차왜	時任 홍문관 관원을 경접위관으로 파견
		凡差倭	관찰사가 도내 수령을 접위관으로 파견

※ "양흥숙, 앞의 박사학위논문, 2009. 8, 132쪽, <표 17>"을 참조하여 최초 간행시기를 부기하고, 초간 시점이 빠른 순으로 정리함.

<표 3-8>에서 보이듯이 대·소차왜의 접대를 담당하는 접위관 임명 규정을 기록한 규정집들을 보면, 초간 시점이 아무리 빨라도 1720년이다. 이때는 대·소차왜의 구분이 이미 이루어져 있던 상황이므로 규정집에서 '대차왜-경접위관', '소차왜-향접위관'이 접대한다는 내용의 기록이 전혀 이상하지 않다. 그러나 정식으로 '소차왜'라는 명칭을 기록한 규정집을 보면 의문이 생긴다. 18세기에 초간된 규정집들은 대체로 '소차왜'라는 명칭을 사용하지 않고 이전처럼 '별차왜'라는 명칭을 사용하고 있기 때문이다. 『통문관지』의 경우 차왜 규정에서도 '대차왜' 명칭은 사용하고 있지만 소차왜라는 명칭은 보이지 않는다.[81] 때문에 대·소차왜의 구분은 생각보다 늦은 시기에 이루어졌을 가능성이 있다. 즉 초량 왜관 이전 후에 일본사신, 특히 별차왜 접대 규정을 새로이 정비하는 과정에서 대·소차왜 구분 및 편성이 이루어졌으며, 이는 1680년 '재판차왜'의 명칭이 새로 생긴 것과도 무관하지 않다.

그렇다면 대차왜가 등장하게 되는 과정은 어떠할까? 이는 1682년 임술 통신사행에서 확인할 수 있다. 1681년에 통신사를 요청하는 차왜가 조선에 도착했다. 1655년에 파견되었던 통신사와 상당한 공백이 발생한 상황이었고, 초량으로 신왜관이 이전한 이후로는 처음 요청된 사행이라 조선 측은 이전의 통신사와는 다소 달리 인식한 듯하다. 숙종 7년(1681) 6월 기사에 의하면 "일본(日本)에서 옛 병오년(1606)에 통신사를 청하였다가, 병신년(1656) 이후에는 다시 청하지 않았었는데, 이때에 이르러 關白 源綱吉이 새

81) 『통문관지』 권5 「차왜」.

로 서자, 통신사를 청한 것이었다.[82]"하여 통신사청래차왜의 파견이 오랜만
이기도 하고, "관백이 새로 서는데 대한 축하"라는 목적을 강조한 부분도
엿보인다. 즉 1606, 1617, 1627년의 대일 사행은 회답겸쇄환사로 전쟁 후
피로인 쇄환이라는 측면이 강하고, 1636년은 통신사라는 명칭을 처음 사용
하는 동시에 막부와의 관계를 쇄신하고 대마도와의 겸대제를 시행하려는
목적이 있었다. 1643년 사행은 관백의 아들 탄생을 축하하기 위해 통신사
요청이 이루어져 파견하였다. 1655년 사행은 이후 막부에서 통신사를 요청
하는 본 목적에 해당하는 새로운 관백의 승습을 축하하는 사행 파견이었으
나 여전히 닛코 致祭를 겸행하여 조선 주도의 교린질서 재편 의지가 강력
하게 요구되기 어려운 측면도 존재했다. 이런 상황에서 1681년 요청된 통신
사행은 그 파견 목적을 명확히 하고, 새로운 교린질서를 재편하는데 큰 역
할을 할만한 사행으로 기대되었다.

한편 1678년 문위행의 파견으로 무오약조가 체결되고, 그 이듬해에 초량
왜관 경계와 금표까지 설치되었지만 실제적 운용에 있어서는 조선 측이 어
려움을 겪고 있었다. 금표를 세운지 두어 달이 채 지나지 않은 상황에서 또
다시 館倭들이 멋대로 금령을 어기고 관문 밖으로 횡행한 사건[83]이 있었기
때문이다. 당시 公作米를 入給시키지 않는데 불만을 품고 代官倭 6명이 하
인 20여 명을 데리고 송현을 넘어 왜관을 무단이탈하였는데, 이를 계기로
조선은 대마도에 약조제찰을 요구하게 되었다.[84] 이 때문에 동래부사 남익
훈은 무오약조의 실제적 운용을 포함하여 차왜 및 세견선 접대 부담을 줄
이기 위한 약조를 논의하는 임무를 이번 통신사행에 요청하였다.

---

82) 『숙종실록』, 7년(1681) 6월 24일 을사.
83) 『숙종실록』, 8년(1682) 3월 5일 계축.
84) 『蓬萊故事』, 『朝鮮學報』 57, 1970, 121~122쪽(허지은, 「17세기 조선의 왜관통제책
　　과 조일관계-계해약조(1683)의 체결과정을 중심으로」 『한일관계사연구』 15, 한일
　　관계사학회, 2001 재인용).

부사(府使) 남익훈(南益熏)이 장청(狀請)하기를,

"전일 약조한 일곱 가지를 관중(館中)에 입패(立牌)하고, 이 뒤로 범하는 사람이 있으면 한결같이 약조에 따라 시행하여 결코 용서하지 말며, 차왜(差倭)의 왕래가 잦고 세선(歲船)의 비용이 많은 것이 참으로 한 도(道)가 감당하기 어려운 폐단이 되니, 청컨대 사신(使臣)으로 하여금 대마도에 가서 이 세 가지를 잘 말하고 사리에 따라 타일러서 타결하여 오게 하소서."

하였는데, 비국(備局)에서 복주(覆奏)하여 시행하기를 청하니, 임금이 그대로 따랐다.[85]

이상 남익훈의 장계에 의하면, 1682년 통신사행에 부가된 임무는 첫째, 7건의 무오약조를 왜관 내에 입패하여 신칙하게 하는 것, 둘째, 차왜의 왕래를 줄이고, 셋째, 세견선의 비용을 줄이는 것이었다. 이 임무를 해결하기 위해 조정에서는 정사·부사·종사관의 삼사를 선발하는데 양국 관계의 현안을 잘 인지하고 해결할 수 있는 실무형 외교전문가로 선발하였다. 특히 통신 정사였던 윤지완(尹趾完)은 경상감사로 재임했던 경험을 살려 앞의 사료에 언급된 임무를 원활히 해결하고, 차후 울릉도 영유권 시비나 공작미 지급연한 문제, 일본국왕호로의 국서개찬 문제 등 외교적 역량을 충실히 발휘한 인물[86]로 대표된다.

하지만 처음부터 통신 삼사에게 이 모든 임무를 부가시킬 의도는 아니었던 듯하다.

대신(大臣)과 통신사(通信使) 윤지완(尹趾完) 등을 인견(引見)하였다.

윤지완이 말하기를,

"세견선(歲遣船)이 떠나올 때 중첩해서 차왜(差倭)를 보내는 것은 옳지 않다는 일과 약조(約條)를 되풀이해서 설명하는 뜻을 신(臣) 등으로 하여금

---

85) 『숙종실록』 8년(1682) 3월 5일 계축.
86) 장순순, 「조선후기 대일교섭에 있어서 尹趾完의 通信使 경험과 영향」『한일관계사연구』 31, 2008, 89~132쪽.

저 나라에 주선하게 하였었는데, 저들이 만약 듣지 않으면 도리어 나라에 욕되는 결과가 되므로, 처음부터 말하지 않는 것만 못할 것입니다."

하고, 영의정 김수항(金壽恒)과 좌의정 민정중(閔鼎重)이 모두 말하기를,

"약조(約條)를 되풀이해서 설명하는 것은 이로부터 당연한 일이 되었으니, 말을 비록 듣지 않더라도 잘못은 저들에게 있는 것입니다. 만약 세견선(歲遣船)의 일은 사신(使臣)이 직접 말하게 할 필요가 없다고 한다면, 역관(譯官)의 무리로 하여금 형편에 따라 상의하게 하는 것이 옳겠습니다."

하니, 임금이 윤지완 등에게 명하여 형세를 보아서 언급하게 하였다.[87]

위의 내용을 보면, 7조목 제찰 건 외에 세견선과 관련한 논의사항들은 삼사가 아니라면 역관이 상의해도 무방하다는 입장이다. 즉 세견선 관련 논의의 담당자는 역관으로 보고 있는 것이다. 이 때문인지 1682년 통신사행으로 파견된 역관들은 이전 사행과는 달리 2명이나 사행록을 남기고 있다. 그만큼 약조의 논의 등에 대해 충실히 기록하려 한 측면이 있는 것이다. 특히 홍희남은 『동사록』에서 대마도주와 삼사신간의 논의 내용과 약조 내용을 상세히 기록하고 있어 임무에 대한 책임감이 사행록에 반영되고 있다.

또한 앞의 자료에서는 세견선 관련 사항보다 7조목을 제찰하는 것이 더 시급하고 위중한 것으로 인식하고 있다. 이런 인식으로 인해 당시 논의한 약조 중 7조목 제찰건만 계해약조로 기록되어 있어 임술약조에 대해서는 기존 연구에서 상세히 다뤄지지 못하였다. 하지만 규정집에 기록되지 못한 임술약조의 내용은 통신사행록과 『통신사등록』에서 구체적인 내용을 확인할 수 있으며, 외교사상에서 계해약조와는 또 다른 의미를 지닌다.

통신사가 요구한 내용은 대마도 봉행왜인들의 연명낙인으로 마무리되었다. 이렇게 체결된 임술약조의 내용은 다음과 같다.

1682년 통신사가 대마도에서 정한 약조 中,

---

87) 『숙종실록』 8년(1682) 5월 6일 계축.

一. 규정된 것 이외의 차왜를 보내지 말 것.
一. 표류인은 별도의 차왜를 파견하지 말고 대관(代官)에게 순부(順付)토
  록 할 것.
一. 대관의 수를 줄일 것.88)

임술약조의 내용은 앞에 제시된 것처럼 크게 3가지 조목이다. 첫째, 규정
된 것 이외의 차왜는 보내지 말 것, 둘째, 표류인 영송시 별도의 차왜를 보
내지 말고 대관에게 순부하게 할 것, 셋째, 양국 매매시 담당 대관의 수를
줄이는 것이다. 구체적인 내용은 다음과 같다.

첫째, 규정된 것 이외의 차왜를 파견하지 않도록 한 조항이다. 홍우재의
『동사록』1682년 10월 23일에 기록된 삼사신의 聯名書에는 기존까지 파견
되었던 차왜를 조선이 접대한 이유에 대해 다음과 같이 설명하고 있다. "당
초에 여러 임무를 겸한 사자를 보내도록 한 것은, 수많은 사자가 계속해서
도래할 시에 진실로 잘 접대하기 어렵기 때문에 앞서 홍역관이 왕복하여
결정(세견송사의 겸대 시행)을 보았다. 그런데 그 후 대마도에서 사자(차왜)
라 칭하는 자를 수차례 파견하였으므로 예조에서는 규정 외의 사자라 하여
접대를 허락하지 않은 적도 많았다. 그럼에도 불구하고 계속 약조를 지키지
않고 계속 사자를 보내니, 후하게 대우해야 한다는 도리에 비추어 서운하게
할 수 없어 접대를 허가한 것이 오늘에까지 이르게 된 것이다."89) 즉 기존
까지 대마도에서 각종 명목으로 보낸 차왜를 조선이 접대한 것은 교린국간
의 '厚待'라는 원칙에 따른 것이었다. 하지만 이로 인해 접대를 담당한 동
래의 물력이 지탱하기 어려운 지경에 이르러 차왜를 줄이자는 결정을 하게
된 것이다. 그 대책으로 삼사는 재판왜를 활용하도록 했다. 재판왜는 조선
과 일본 양국 간의 공적인 외교문서 및 외교업무를 조정하고 주관하는 임

---

88) 홍우재, 「동사록」 임술년(1682) 10월 27일.
89) 홍우재, 「동사록」 임술년(1682) 10월 23일.

무를 가진 차왜로, '裁判'이라는 명칭이 처음 보이는 것[90]은 1680년 9월부
터인데 이때 임명된 재판 藤成久는 문위역관을 호행하는 임무를 맡았다.
재판차왜의 임무는 크게 세 가지인데, 공작미 교섭, 통신사와 문위행의 호
행, 외교교섭 임무[91]였다. 즉 재판차왜만으로도 각종 별차왜의 임무를 대부
분 다 수행하고 있는데다가 재판차왜는 疊到도 가능하고 유관일수도 제한
이 없어 각종 차왜의 업무를 대행할만한 적임자였다. 때문에 삼사신은 각종
명목의 차왜를 만들어 파견하지 말고 재판차왜가 각종 업무를 담당하도록
한 것이다.

이후 조선 측에서는 이 조항을 토대로 이후 각종 명목으로 파견되던 별
차왜를 大差倭와 小差倭로 분류하고, 대차왜는 京接慰官이, 소차왜는 鄕接
慰官이 접대하는 것으로 규정하였다.[92] 또한 규정된 대차왜와 소차왜 외에
는 접대를 허가하지 않는 것으로 임술약조를 이행하는 의지를 재확인하였
다. 이로 인해 차왜가 줄어들기는 하였으나 대마도 측에서는 각종 명목으로
별도의 차왜를 파견하는 일을 멈추지는 않았다.

두 번째 조항은 삼사신의 연명서에서 차왜를 줄이는 일에 포함하여 기술
하고 있다. 별차왜들 중 왕래 횟수가 가장 잦았던 차왜가 漂人領來差倭이
다. 조선 측에서는 이 차왜만 줄이더라도 접대비용이 상당히 감해질 것이라
생각하였다. 그래서 삼사신은 "표류자의 호행은 통신사를 호행하는 차왜와
사체가 다르기 때문에 별도의 사자를 보내지 않더라도 무방하다."[93]고 하였

---

90) '이혜진, 위의 논문, 『한일관계사연구』 8, 1998'에서는 『변례집요』의 내용을 들어
    "재판"이라는 명칭의 사용이 1681년 장계에서부터라고 하였으나, 『접왜식례』에 따
    르면 그보다 이른 1680년 9월부터 "재판"이라는 명칭이 사용되고 있다.
91) 이혜진, 위의 논문, 『한일관계사연구』 8, 1998; 심민정, 앞의 박사학위논문, 2015,
    63~64쪽.
92) 대차왜와 소차왜의 구분 및 경·향접위관 접대 규정에 대해서는, '심민정, 위의 박사
    학위논문, 2015, 54~62쪽; _____, 「조선 후기 일본사신 접대를 통해 본 朝日관계-
    差倭제도와 접대규정 변화를 중심으로-」, 『역사와 경계』 96, 부산경남사학회, 2015,
    297~306쪽'이 참조된다.

다. 그러므로 표인영래차왜는 서계를 대관에게 순부하도록 하고, 조선에서의 접대는 兼帶送使를 접대하는 예에 따를 것이라 하였다. 이 조항에 대해 봉행왜인은 모든 표인영래차왜를 단절하기는 어렵고, 차왜의 경중을 가려 타 군현으로 표류하였거나 배가 부서져 목숨이 끊어질 정도의 위태로운 상황이 발생하였을 때에는 차왜를 파견하겠다[94]는 뜻을 보였다. 이에 조선에서는 표인영래차왜의 접대를 다른 소차왜 접대와는 달리 솔속 인원을 조정하고, 1특송사의 예가 아닌 세견1선송사의 예로 접대[95]할 것을 규정하였다.

세 번째 조항은 대관의 수를 줄이는 것이다. 대관왜는 조일 양국 무역 교섭 및 결제, 각종 지급 잡물의 수령 및 재촉 등의 업무를 담당한 왜관 내의 관리이다.[96] 대관왜를 줄이는 구체적 이유에 대해서는 제시되어 있지 않으나 봉행왜들은 대관의 수를 반으로 줄이겠다고 하였다.[97] 이에 따라 1635년 24명이던 대관왜가 1679년 20명으로 한 차례 줄었고, 임술약조 이후 1684년에는 대관을 이전의 절반인 10명으로 줄여[98] 약조를 이행하였다.

이상의 내용으로 약정된 임술약조는 앞서 보았듯이 사행 출발 전에 통신 삼사에게 지시하였던 3가지 내용과는 다소 차이가 있다. 통신사에게 지시한 내용은 '차왜를 줄이는 일'과 '세견선(을 겸대하여) 접대비용을 줄이는 일'이었는데, 세견선 문제는 논의되지 않았고, 차왜를 줄이는 일에 더하여 대관의 수를 줄이는 일이 논의되어 대마도의 허락과 봉행왜들의 연명낙인을 받는 것[99]으로 마무리 되었다. 기존 논의 예정 사항 중 세견선 겸대의 일은 삼사신이 차후 보고한 내용에 따르면 그다지 긴요하지 않은 사항이고 말하

---

93) 홍우재, 「동사록」 임술년(1682) 10월 23일.
94) 홍우재, 「동사록」 임술년(1682) 10월 27일.
95) 『증정교린지』 권2 「차왜」.
96) 田代和生, 『近世日朝通交貿易史の研究』, 創文社(日本), 1981.
97) 홍우재, 「동사록」 임술년(1682) 10월 27일.
98) 『증정교린지』 권2 「차왜」.
99) 홍우재, 「동사록」 임술년(1682) 10월 27일.

기가 구차하여 이야기를 꺼내지 못하였다고 한다.[100] 그러므로 계해약조 제찰 건을 제외하고 임술약조의 내용은 표인영래차왜를 비롯한 차왜의 파견수를 줄이고, 대관의 수를 줄이는 것으로 정리된다.

하지만 대차왜를 별도로 설정하여 차왜 접대 규정을 개편하고, 접대비용을 줄이려한 사실은 명확하다. 대차왜의 명칭이 처음 보이는 것은 1693년으로, 대마도주의 퇴휴를 알리기 위해 도래한 平眞幸 일행의 접대를 논의하는 과정에서 '大差倭'라는 명칭을 사용했다.[101] 平眞幸의 도래에 대해서는 1692년 先文頭倭가 미리 알려왔는데, 一等奉行이 예조참관에게 보내는 서계를 지참하고 올 것이라는 내용이었다.[102] 처음에 조선 측은 별도의 차왜 파견을 금지한 1682년 약조의 내용을 들어 접대를 해야 할지 논의했는데, 결국 경접위관을 차출하기로 결정했다. 이 때 '대차왜'라는 명칭을 사용하면서 그에 맞춰 경접위관을 차출하고 있는 것으로 보아 그 이전부터 '대차왜-경접위관' 접대라는 규정이 갖추어졌음을 짐작할 수 있다.

1693년 8월에는 재판차왜의 유관일수를 논의하는 과정에서 대차왜의 의견을 묻는 내용으로 『비변사등록』에도 그 명칭이 보이고 있다.[103] 그러다가 관백퇴휴고지대차왜·신사호행대차왜·통신사청래대차왜 등 차왜의 명칭에 정식으로 붙여 사용하는 경우는 1695년 '島主攝政大差倭'[104]에 처음 보이기 시작한다. 이후 '通信使請來大差倭'라는 명칭이[105] 1710년 『변례집요』에서, 1747년에는 『동래부접대등록』과 『통신사청래차왜접대등록』에서도 보이기 시작하여 점차 '○○대차왜'라는 명칭이 정착되어 가고 있음을 알 수 있다.

---

100) 『숙종실록』 8년 11월 7일 경술; 『통신사등록』 4책 임술(1682) 11월 30일.
101) 『변례집요』 권1 「별차왜」 계유(1693) 1월.
102) 『변례집요』 권1 「별차왜」 임신(1692) 9월.
103) 『비변사등록』 숙종 19년(1693) 8월 24일.
104) 『변례집요』 권1 「별차왜」 을해(1695) 6월.
105) 『변례집요』 권1 「별차왜」 경인(1710) 6월.

별차왜에서 대차왜를 별도로 구분하여 경접위관이 접대하는 규정을 처음 마련한 것은 초량왜관 이전 후였을 것으로 추측된다. 1718년 통신사청래대차왜가 나왔을 때 접대를 논의하는 과정에서 이것이 확인된다. 당시 대차왜는 정해진 반종과 격왜 인원수를 초과하여 데리고 왔으므로 접대 인원수를 논의하였고, 전례에서는 당하역관이 접대했는데 당상역관의 접대를 요구하였다. 이 과정에서 조선 측이 回達한 내용 중에, "대차왜에 대한 접대는 이미 두 해의 전례가 있으므로 이번에 바꾸는 것은 부당하다."[106]고 하여 대차왜 접대 전례를 두 해, 즉 1681년과 1711년 청래대차왜로 한정하고 있다.

1681년은 재판차왜의 명칭이 정립된 시기이기도 하므로 이 두 규정의 상관관계를 생각해 보지 않을 수 없다. 즉 이시기를 즈음하여 별차왜의 재정비가 시도되고 있다. 초량왜관으로 이전한 후 왜관 관련 규정들이 어느 정도 완비된 시점에서 왜관에 거류하게 될 일본사신과 관련한 규정도 돌아보아야 했던 것이다. 그 외중에 통신사행이 결정되면서 신왜관과 관련한 규정 중 잘 시행되지 않는 것, 그리고 차왜제도 정비 등을 내용으로 하는 약조를 마련하여 대마도와의 정약을 시도한 것이다. 이렇게 하여 마련된 대·소차왜는 <표 3-9>에서처럼 구성, 체류 일수, 접대 등에 관한 사항이 차츰 정비되었다.

대차왜는 正官 1, 都船主 1, 封進押物 1, 侍奉 2, 伴從 16, 格倭 70명으로 구성되었으며, 예조참판·참의, 동래부사, 부산첨사에게 보내는 서계를 지참하였다. 왜관 체류 일수는 60일, 熟供日은 5일이다. 이 외에 茶禮, 宴享, 支供은 제1특송선과 같고, 경접위관의 접대를 받았다. 소차왜는 正官 1, 封進押物 1, 侍奉 1, 伴從 5~10, 格倭 30~40명으로 구성되며, 예조참의, 동래부사, 부산첨사에게 보내는 서계를 지참한다. 유관일수는 대체로 55~60일 사이이며 숙공은 2일이다.[107] 기타 약간의 차이가 있으나 다례, 연향, 지공 등은 표인영래차왜나 도주고부차왜와 동일하며, 향접위관의 접대를 받았다.

---

106) 『변례집요』 권1 「별차왜」 무술(1718) 1월.
107) 홍성덕, 앞의 박사학위논문, 1998. 2, 177~178쪽.

〈표 3-9〉 差倭의 종류

차왜		일본식 명칭	파견 시기(파견횟수)
大差倭（參判使）	關白告訃差倭	大訃使	1650~1868(9)
	關白承襲告慶差倭	大慶使	1651~1858(9)
	島主承襲告慶差倭		1658~1864(13)
	圖書請改差倭	圖書使	1658~1864(13)
	通信使請來差倭	請聘使	1636~1841(9)
	通信使護行差倭	迎聘使	1636[108]~1810(9)
	通信使護還差倭	送聘使	1637[109]~1810(9)
	來歲當送信使差倭		1653(1)
	關白退休告知差倭	遜位使	1745, 1760, 1837(3)
	退休關白告訃差倭	大訃使	1752[110]~1841(3)
	島主退休告知差倭	退休使	1692~1843(5)
	關白生子告慶差倭	慶誕使	1642,[111] 1763, 1792(3)
	關白立儲告慶差倭	立儲使	1705~1867(5)
	關白生孫告慶差倭	慶誕使, 告慶誕使	1738, 1814, 1827(3)
	通信使請退差倭	延聘使	1788(1)
	通信使議定差倭	議聘使	1791~1861(4)
	陳賀差倭	進賀使	1650~1864(11)
小差倭	弔慰差倭	陳慰使	1649~1864(21)
	漂人領來差倭	漂差使	1627~1871(629)
	島主告訃差倭	告訃使	1658~1842(8)
	退休島主告訃差倭	告訃使	1702, 1776, 1814(3)
	舊舊島主告訃差倭		1731(1)
	關白儲嗣告訃差倭	告訃使	1683, 1780, 1792(3)
	島主告還差倭	告還使	1636[112]~1863(70)
	送還差倭		1864(1)
	裁判差倭	裁判	1681~1870(115)

※ 『증정교린지』 권2「차왜」, 『변례집요』 권1「별차왜」 참조.
※ 접위관이 파견되어 접대의례를 갖추어 접대한 사례만 파견시기에 포함시키고, 다례 등의 시행으로 간략하게
　접대한 경우는 제외하였다.

---

108) 『증정교린지』에서는 통신사호행차왜의 첫 도래를 1655년부터로 기록하고 있지만,
　　『변례집요』 권1「별차왜」에서는 '信使領護差倭'라는 명칭으로 1636년과 1643년에
　　차왜가 파견되어 조선에서는 향접위관을 임명하여 접대를 하게 하였다고 기록되
　　어 있다. 접위관을 임명하여 접대하게 한 구체적 내용이 제시되어 있으므로 첫 파
　　견 시기를 소급시켜도 될 것으로 보인다.

대차왜의 접대는 대체로 동일한 기준을 적용하는데, 일부 다른 특징을 보이는 차왜도 있었다. 이는 대·소차왜 정비 이전 별차왜를 접대하는 전례가 규정이 된 경우로 볼 수 있다. 예를 들면 通信使護行大差倭는 통신사행차와 동일시기에 겹치기 때문에 경접위관 임명과 당상역관의 파견이 어려워 향접위관인 慶尙道都事와 당하역관을 파견하기 시작하여 규례가 되었다.113) 반면 通信使護還大差倭의 경우는 초량왜관 시기 이전에는 예조참의에게 보내는 서계를 지참하였으며 향·경접위관의 접대가 유동적이었는데, 초량왜관으로 이전한 후에는 예조참판에게 보내는 서계를 가져오기 시작했고,114) 경접위관의 접대115)가 이루어졌다. 이는 새로이 마련된 대·소차왜 제도에 맞게 편입된 사례로 볼 수 있다. 통신사 파견의 연기를 요청했던 通信使請退差倭와 통신사 파견 지역을 대마도로 변경하는 일로 파견되었

---

109) 『증정교린지』에서는 통신사호환차왜의 첫 도래를 1643년으로 기록하고 있지만, 『변례집요』에서는 1637년 통신사를 호환하기 위해 차왜가 파견되었고 이를 향접위관이 접대하였다고 기록하고 있어 첫 파견시기를 1637년으로 소급시킬 수 있다.

110) 『국역증정교린지』 68쪽에서는 1632년 차왜부터 인정하고 있지만, 이때에는 『증정교린지』와 『변례집요』 내용 모두 정식 접대를 한 기록은 없으며, 간단하게 다례를 베풀어 접대한 것으로 기록되어 있다. 정식으로 경접위관이 접대한 것은 1752년부터이다.

111) 『증정교린지』에서는 접대가 1763년에 행해졌다고 되어 있으나, 『변례집요』에 의하면 1642년 관백의 아들 탄생과 통신사를 청하는 두 가지 일을 모두 행하기 위해 차왜가 파견되어 경접위관을 파견하여 접대하였다고 되어 있다. 관백 아들 탄생을 알리는 업무도 함께 행하였으므로 첫 파견시기를 1642년으로 소급시켰다.

112) 『증정교린지』에 1632년부터 접대가 시작되었다고 기록하고 있으나, 『변례집요』에는 1632년에는 간략하게 다례를 시행하여 접대한 것으로 되어 있다. 1636년에 신사영호차왜와 더불어 접위관이 접대케 하고 있다. 도주고환차왜의 파견횟수는 70회로 되어 있으나 1809년 이후 고환차왜는 도주 승습 후 최초 1회 파견에 그친다고 하였으므로 더 적은 횟수가 파견되었을 가능성이 있다. 이에 대해서는 '이폐약조' 부분에서 다시 살펴보겠다.

113) 『증정교린지』 권2 「차왜」 통신사호행차왜.

114) 『증정교린지』 권2 「차왜」 통신사호환차왜.

115) 『변례집요』 권1 「별차왜」 임술(1682) 10월; 11월.

던 通信使議定差倭는 논의가 길어졌던 관계로 정해진 유관일수에 따르지 않고 유동적이었다. 陳賀差倭의 유관일수 역시 조금 차이가 있었는데, 숙공 5일을 포함하여 유관일수는 70일이었다.[116]

대차왜의 솔속 접대 인원수는 차왜제도 재정비와 더불어 한 차례 변동이 있었다. 하지만 대·소차왜 정비에도 불구하고 접대비용은 그다지 줄지 않았으며, 당시 지속된 기근과 흉년은 그 부담을 더욱 가중시켰다. 이에 1693년 재판차왜와 의논하여 대차왜의 시봉 인원수를 줄였는데,[117] 이를 계기로 대차왜 솔속의 인원수는 시봉 1인, 반종 2명, 격왜 20명이 줄어들었다.[118] 하지만 대차왜들이 접대 솔속 인원수를 줄이려 하지 않았으므로 훈도와 별차들이 임의로 융통하여 접대하는 일이 비일비재했다. 이 때문에 1790년 훈도가 폐단을 고치기를 청하여 결국 예전의 접대례에 따르게 되었다.[119] 그런데 예전으로의 회귀 방침이 『통문관지』 단계에서는 반영이 안되었던 탓인지 대차왜 솔속 인원 규정에 시봉 1인이 줄어들어 1인으로, 반종 2명이 줄어 14명, 격왜 20명이 줄어 50명으로 기록되어 있다.

소차왜의 접대는 대차왜보다 훨씬 유동적이었다. 이는 『통문관지』 단계에서 대차왜 이외의 차왜들은 별차왜로 분류한 것과도 관계가 깊다. 18세기 초반까지만 해도 별차왜들을 소차왜로 일괄적으로 묶어 관리하지는 않았다. 별차왜들의 목적과 성격에 따라 접대가 달랐기 때문이다. 소차왜의 접대는 크게 3부류로 나눌 수 있다. 첫째, 島主告訃差倭의 예에 따라 접대하는 부류이다. <표 3-10>에서 "(도주)"로 표시한 부분인데, 1특송사의 예에 따라 지공·육물이 제공되어 타 소차왜에 비해 약간 후한 접대가 행해진 것으로 보인다. 이 예를 따르는 차왜는 退休島主告訃差倭, 關白儲嗣告訃差倭이다.

116) 『증정교린지』 권2 「차왜」 진하차왜.
117) 『변례집요』 권1 「별차왜」 계유(1693) 10월.
118) 『국역증정교린지』 제2권 「차왜」 77쪽.
119) 『국역증정교린지』 제2권 「차왜」 77쪽.

〈표 3-10〉 대차왜와 소차왜 접대 규정

항목	대차왜	소차왜
솔속	정관 1, 도선주 1, 봉진압물 1, 시봉 2, 반종 16, 격왜 70	(표) 정관 1, 압물 1, 반종 3, 격왜 40 (도주) 정관 1, 압물 1, 시봉 1, 반종 7, 격왜 30
서계수신인	**예조참판**, 예조참의, 동래부사, 부산첨사	예조참의, 동래부사, 부산첨사
유관일수	60일(숙공 5일)	55일(숙공 2일)
다례, 연향	하선다례 1, 하선연 1, 별연 1, 예단다례 1, 상선연 1	하선다례 1, 하선연 1, 예단다례 1, 상선연 1
지공, 육물	1특송사와 동일	(표) 세견 제1선송사/ (도주)1특송사
접위관	경접위관	향접위관

※ 『증정교린지』권2「차왜」참조. 다른 규정집들은 명확하게 '소차왜'라는 명칭을 사용하지 않고 있으므로 『증정교린지』만 인용하였다.
※ (표)는 표인영래차왜, (도주)는 도주고부차왜의 예이다.
※ 대·소차왜의 접대는 각 개별 차왜마다 조금씩 차이가 있는데, 대체로 유사한 사례들을 중심으로 정리하였다.

둘째, 漂人領來差倭의 접대례이다. <표 3-10>에서 "(표)"로 표시한 부분인데, 도주고부차왜에 비해 접대가 간소한 편이다. 접대 인원은 시봉·반종은 더 적은 반면 격왜는 10명이 더 접대를 받는다. 지공·육물은 세견제1선송사의 예를 따르고 있다. 아마도 표인영래차왜는 도래 횟수가 잦았기 때문에 그 접대를 간소화 한 것으로 보인다. 이 접대례를 따르는 차왜는 島主告還差倭, 送還差倭이다.

〈표 3-11〉 차왜에 대한 茶禮와 宴享 횟수

	大差倭		小差倭	
	通文館志	增正交隣志	通文館志	增正交隣志
下船茶禮	1	1	1	1
下船宴	1	1	1	1
別宴	1	1		
路次宴	1			
名日宴	4		3(재판)	3(재판)
進上看品茶禮	1		1	
禮單入給茶禮	1	1	1	1

	大差倭		小差倭	
	通文館志	增正交隣志	通文館志	增正交隣志
上船宴	1	1	1	1
別下程	2			
例下程	2			

※ 홍성덕, 앞의 박사학위논문, 1998, 185쪽 참조하여 재판차왜의 사례를 부기함.
※ (재판)은 재판차왜의 예이다.

마지막으로 특례에 해당하는 裁判差倭이다. 재판차왜는 대·소차왜 구분 당시 소차왜이면서도 별도의 차왜로 구분하였다. 때문에 각 규정집에서는 향접위관의 접대를 받는 차왜 종류를 소(별)차왜와 재판차왜로 각각 別記하여 차별성을 드러내고 있다. 재판차왜는 유관 일수도 정해져 있지 않고, 접대 인원도 정관·압물·시봉 각 1명, 반종 10명, 격왜 40명으로 타 소차왜보다 수가 많다. 또한 다례·연향·지공·육물은 모두 1특송사, 혹은 관백고부차왜와 동일하다고 하여 대차왜 보다는 못하지만 그에 준하는 접대를 받았다.

3. 이폐약조와 접대부담 경감

초량으로 새로이 왜관을 이전하여 약조와 금조들을 강정하였음에도 불구하고 각종 사건들이 끊이지 않았다. 이는 반대로 생각해 보면 각종 사건과 폐해의 발생이 빈번하여 여러 약조와 금조를 강정하는 계기가 되기도 했음을 의미한다.

초량왜관 이전 이후 발생한 여러 사건들은 크게 4종류로 분류할 수 있는데 ① 왜관 금표 밖으로의 출입과 난출의 증가, ② 잠상의 증가, ③ 왜관내 조선인에 대한 구타 등 비정상적 처우, ④ 외부 조선인 접촉, 즉 교간사건이 그것이다.

〈표 3-12〉 조선후기 朝日間 사건별 約條와 禁條

사 건	約條(시기)	禁條(시기)
왜관 출입 및 난출	移館新條(1678), 新館禁標(1679), 癸亥約條(1683), 西川禁標(1683)	移館新條禁標(1678), 倭館亂入者定律(1703), 倭館譏察(1711), 邊門節目(1738)
매매 및 잠매	倭人禁條(1653), 與倭定約(1654), 新館約條(1679), 癸亥約條(1683)	移館新條(1678), 書籍潛賣之禁(1711), 銀子館市賣買禁止(1823)
조선인 구타	癸亥約條(1683)	
교간 사건	倭人潛奸律(1711)	作奸犯科者更申節目(1738)
기타	己酉約條(1609)	東萊接倭節目(1750)

※ 『변례집요』 권5 「약조」, 「금조」; 『증정교린지』 「약조」, 「금조」 참조.
※ 초량왜관 이전 이후의 약조와 금조는 진하게 표시하였다.

특히 굵게 표시한 것처럼 초량왜관 이전 초기에 禁條가 많이 약정되고 있는데, 『변례집요』의 금조 조항을 기준으로 했을 때 17세기 초반부터 19세기 전반까지 총 20건의 약조와 금조 중 15건이 1678년에서 1738년 사이에 집중되어 있다. 게다가 이중 절반 정도가 왜관 출입 및 난출과 관련한 조항이어서 여러 사건 중 왜관 출입과 관련한 사건이 가장 빈번했음을 알 수 있다.

이는 초량왜관으로 이전하면서 그곳에서 머무르는 대마도인에 대한 통제책이 강화된 것을 비롯하여 복합적인 원인이 작용했기 때문이지만, 그 중에서도 흉년과 기근 발생 등으로 인한 경제상황 악화가 큰 원인 중 하나였음은 틀림없다.

〈표 3-13〉 東萊接倭節目의 내용

항목	내용
1	公米와 料米, 料太를 받아올릴 때에는 부산첨사가 동래부 군관 입회 하에 계량하고, 入給할 때에는 훈·별의 手本을 기다려 운반하게 함. 헤아려 지급하는 일 등은 모두 종전의 규정대로 거행한다.
2	料利하는 중간에 轉授하는 폐단이 있으면 적발되는 대로 監官과 색리는 효시하고 동래부사는 종신금고의 율로 시행한다.

항목	내용
3	운감이 쌀에 물을 타면 동래부에서 적발하여 효시한 뒤에 狀聞하고, 혹 처음에 발각되지 않다가 나중에 적발되면 부사는 10년 금고의 율로 시행한다.
4	왜인이 요청한 수량은 중간에서 농간을 부리지 못하도록 수본을 제시하면 그날에 운반할 수 있는 수량을 헤아려서 즉시 내주고 싣게 하여 發船시키고 잠시도 지체하지 못하게 한다. 만일 위반하면 당해 군관과 운감은 島配하고 부사는 5등 奪告身의 율로 감죄한다.
5	公作米는 왜인들이 두 차례 검사하는데 1차 간색 후에는 한 되의 쌀이라도 더 받지 못하게 하고, 운감으로서 범한 자는 동래부에서 먼저 효시하고 장문한다. 만일 훈별이 책유를 잘못하여 왜인이 뛰쳐나와 난동을 부리게 하면 이 역시 동래부에서 즉시 장문하여 당해 훈별은 邊配하고 왜인은 島中에 통보하여 엄히 定罪하게 한다.
6	왜인들에게 들여줄 때에 혹 핑계를 대고 받지 않고 여러 날을 水門 안에다 방치하거나 水標를 만들어 줄 즈음 날짜를 끌거나 하면 훈별은 감영에서 무겁게 決棍하고 왜인은 島中에 통보하여 約條를 강정한다.
7	각 읍의 下納은 정해진 기한을 지키도록 한다. 이 뒤로는 동래부에서 반드시 5월 이내에 다 받게 하되 각 읍에서 혹 제때에 대지 못한 곳이 있으면 그 고을 감색을 동래목에서 직접 拿致하고 自斷하여 엄형에 처한다.
8	沿江, 沿海의 하납읍의 감색과 선격배가 몰래 물을 타는 폐단이 있으면 동래부에서 엄히 조사해 내어 효시하고 장문하기를 운감이 물을 탄 율과 같이 하고, 공모한 동래부의 감색은 물을 탄 자와 동률로 처단, 해당 읍의 수령은 역시 10년 禁錮의 율로 시행한다.
9	釜山倉에서 혹 각 읍의 색리와 선격에게 徵斂하는 일이 있으면 부산첨사를 무겁게 勘罪하고 동래부의 군관은 감영으로 나치하여 무겁게 決棍하며 본창의 색리와 죄를 범한 자는 엄형을 가한 뒤에 邊配한다.
10	柴炭은 부산첨사가 일일이 직접 검사하여 땔나무는 반드시 좋고 쓸 만한 것으로 가리고 숯은 특별히 生木이 섞이지 않은 것으로 가려내고, 별도로 긴 假家를 지어 보관하여 비에 젖지 않게 하여 들여주도록 하되 만일 근실하게 행하지 않아 적발되면 당해 첨사는 역시 종신 금고의 율로 시행한다.
11	조정에서는 간간이 어사를 보내서 廉察하고 비국에서도 매년 혹 間年으로 낭청을 보내서 적간하고, 행하는 업무의 勤慢을 살펴서 소홀히 한 자는 무겁게 단죄한다.
12	미진된 조건은 추후에 마련한다.

※ 『변례집요』 권5 「금조」 경오(1750) 6월 참조

경제상황의 악화는 1750년 마련한 "東萊接倭節目"[120]을 보면 짐작이 가능하다. <표 3-13>을 통해 내용을 보면, 일본인에게 제공되는 각종 公米·料米·太 등의 공급과정에서 발생하는 각종 폐단을 금한다는 것이 주를 이루고 있다. 이런 금조가 만들어지게 된 까닭은 일본인에게 공급하는 각종 물

---

120) 『변례집요』 권5 「금조」 경오(1750) 6월.

품을 조선 측 해당 관리가 남용하여 개인적인 이익을 추구하였기 때문인데, 그만큼 폐단이 많이 발생하고 있었음을 반증하는 것이다. 이렇게 폐단이 양산되고 있었던 과정에는 접대 물품을 마련하는 조선 측의 경제적 부담 또한 상당하였음을 짐작할 수 있다.

하지만 이런 경제 상황 악화는 좀처럼 해소될 기미를 보이지 않았으며, 조선만의 문제에 그치지 않고 일본 국내 사정에도 영향을 미쳐 급기야 1811년 통신사행이 대마도로 장소를 바꾸어 파견되는 사건[121]의 배경[122] 중 하나로 작용하였다. 易地通信이 바꿀 수 없는 결정이 되어버리면서 조선은 이를 계기로 일본 측의 의례 변경을 수용하는 대신 대마도와의 폐단을 이정하는 약조[釐弊約條, 1809][123] 체결을 요구했다. 이는 국서개작사건

---

121) 易地通信에 관한 국내 연구는 손승철, 「역지통신과 교린체제의 변질」『조선후기 대일정책의 성격 연구』, 성균관대학교박사학위논문, 1990; 정성일, 「대마도 역지 빙례에 참가한 통신사일행에 대해」『호남문화연구』 20, 전남대호남문화연구소, 1991; 정성일, 「역지빙례 실시 전후 대일무역의 동향」『경제사학』, 경제사학회, 1991; 岩方久彦, 「1811년 對馬島 易地通信 연구 - 기미책을 중심으로 -」『한일관계사연구』23집, 2005; 岩方久彦, 「헌종대 오사카 역지통신 교섭과 조선의 대응책」『한일관계사연구』35집, 2010 등이 있다.

122) 역지 통신의 배경에 대해서는 당시 일본 국내 경제사정이 악화되어 통신사 접대 비용을 충당할 수 없었다는 상황과 新井白石 이후 조선멸시관이 팽배해지면서 역지통신의 건의를 막부에서 수용하였다는 점(손승철, 앞의 책, 2006; 민덕기, 앞의 책, 2007), 또 조선멸시론은 실체를 찾을 수 없다는 설(岩方久彦, 앞의 논문, 2005) 등 다수의 견해가 존재한다.

123) 釐弊約條는 일부 조목만 별도로 들어 己巳約條라고도 하는데 주로 일본 연구자들에 의해 己巳約條로 명명되었다. 약조에 대한 연구로는 정성일, 이승민, 이훈, 윤유숙의 연구가 있다. 정성일(「易地聘禮 실시전후 대일무역의 동향」『경제사학』 15, 1991)과 이승민(『조선후기 대일통교무역의 폐해와 己巳約條의 체결』, 이화여자대학교대학원석사학위논문, 2004)은 무역의 관점에서, 이훈(「1811年の對馬易地聘禮と積弊の改善」『(對馬宗家文書第一期)朝鮮通信使記錄別冊』下, ゆまえ書房, 2000)은 일본 표류 선박에 지급하는 잡물과 관련하여, 윤유숙(「조선후기 왜관의 수리와 관리」『조선시대 한일관계와 왜관』, 한일관계사학회 2002년 공동학술심포지움 발표문, 2002)은 왜관 수보 및 관리의 관점에서 접근하여 조항을 분석하였다.

폭로 후 대마도 측에 힘을 실어주는 대신 조선 측이 兼帶의 시행을 약속받
아 낸 것과 비슷한 일면이 있다.

<표 3-14> 이폐약조의 내용

항목	내용
1	각 송사 진상 및 공무역 단목은 예가 100근을 1稱으로 하는데, 1칭을 묶는 새끼줄을 5근으로 만드는 것은 칭량법에 어긋난다. 보기에도 또한 놀랄만하니 이후로 새끼줄을 풀어 제거하라.
2	각 송사 예단삼을 헤아릴 때 품질이 나쁘다고 하여 오로지 點退한다. 비록 예단삼의 품질이 다소 좋지 않더라도 이것이 어찌 예단의 본뜻이라 하겠는가. 금일부터 전과 같이 점퇴하지 말고 성신을 완전히 좇으라.
3	시탄 지급은 정해진 수가 있다. 수 외에 강제로 바치는 일이 없도록 하고, 家食하는 무리들이 난출하고 탄막에서 소란을 피우는 일이 없도록 할 것.
4	왜관은 이미 물화가 있어 매매가 없을 수 없으나, 몰래 물화와 노부세를 거래하고 교간할 기회를 엿보는 것은 성신의 도리가 아니다. 모두 이 성신의 뜻에 따르고 약조에 따라 엄금할 것.
5	왜관 守門 밖에 매일 조시가 열릴 때 법을 따르지 않고 난잡하게 어채를 매매하고 橫奪하는 것을 일절 금한다.
6	왜관에 있는 사람 중 사고가 많지 않은데 임의로 출입하는 자는 오로지 약조에 따라 엄착하도록 할 것.
7	왜관에 있는 자가 교린의 뜻을 알지 못하고 근년에 作挐하는 폐단이 많다. 지금 이후로 그 뜻을 존숭케 여기도록 하여 화의를 잃지 않도록 하라.
8	왜관의 陳皮·靑皮·黃連, 일용하는 물품은 다시는 전처럼 都庫할 수 없다.
9	**중절오선은 영구히 혁파한다.**
10	**告還差使는 단지 서계만 세견선편에 붙여 보내고, 太守 승습 후 처음 환도할 때 1번만 보낸다.**
11	공목 1필은 공작미 10말로 마련한다.
12	監董 연한은 40년으로 한정한다.
13	監董 물력은 양국이 나누어 마련한다.
14	좌우 연해의 漂船의 급료는 杽木으로 시행한다.
15	왜관 서쪽에 담을 쌓고 문을 설치한다.

※ 『변례집요』 권18 「신사」 경오(1810) 7월; 『순조실록』 9년(1809) 11월 15일 참조

<표 3-14>의 이폐약조는 총 15개 항목으로 되어 있으며, 일본사신의 접
대 및 그 과정에서 발생하는 각종 폐해를 줄이고자 하는 의도가 잘 반영되
어 있다. 이 중 1~8항은 주로 왜관에 머무르는 일본인들에게 요구하는 내용
이고, 9~15항은 대마도에 요구하는 사항이면서도 관백의 허가 및 합의가

필요한 부분이라 성격에 약간의 차이가 느껴진다. 田保橋潔에 의하면 9~15항에 이르는 7개 조항은 "己巳約條"라 명명하며 나머지 조항들보다 일찍 정리되어 대마도와 합의가 먼저 이루어졌다고 하였다.[124] 이러한 상황은 『순조실록』에서도 확인할 수 있는데, "이상 일곱 조항은 信使의 면담을 위하여 역관이 나올 적에 太守의 분부를 받아 확실하게 懇扣하기를 청하여 이와 같이 약조한 것"[125]이라고 하여 대마도주와 조선 간에 논의하여 미리 약정한 것으로 보인다.

7개 조의 내용은 사신 파견을 비롯하여 왜관 감동, 공목과 공작미의 교환 비율 등 조정의 허가 없이 사사로이 결정하기 어려운 것들이다. 이 중에서 특히 일본사신 파견과 관련된 9, 10의 2개 조항이 주목된다. 9항은 조선으로 내도하던 선박 중 中絶五船과 島主告還差倭의 도항을 폐지 내지는 1회 도항으로 한정한다는 것이 주 내용이다. 이 중 중절오선은 임진전쟁 후 조일관계에 공이 있었던 藤永正, 世伊所, 馬勘七, 平智吉, 平信時 등 5인에게 上護軍·副護軍의 관직을 주어 무역 및 求請에 참여할 수 있도록 한[126] 수직인선이다. 이들 5인의 수직인이 모두 죽은 후에는 中絶五船이라 하여 연향·回賜·求請 등은 모두 폐지하고, 進上과 공무역은 1특송사에 붙여 보내게 하였는데, 이폐약조의 체결로 진상 및 공무역도 모두 혁파[127]하게 한 것이다. 이로 인해 조선에 어느 정도 폐해 근절효과가 있기는 했으나[128] 약조 체결과 동시에 바로 공무역이 폐지되지는 않았던 것 같다. 『증정교린지』 「연례송사」조에서는 이폐약조가 약정된 1809년 진상과 공무역이 모두 혁파

124) 田保橋潔, 『近代日鮮關係史の硏究』, 朝鮮總督府中樞院, 1940, 774~775쪽.
125) 『순조실록』 9년(1809) 11월 15일.
126) 『국역증정교린지』 제1권 「대마도인 접대에 관하여 새로 정한 사례」, 12~13쪽.
127) 『국역증정교린지』 제1권 「연례송사」, 34쪽.
128) 조선측의 비용 경감은 명확하지 않으나, 정성일은 대마도에서 파악한 공무역 손실 액을 60文 錢 71貫 152匁 5分 3厘 7毛으로 계산하였다.(정성일, 앞의 논문, 1991, 19쪽)

되었다고 했지만, 통신사행 준비로 대마도측이 당장 시행하기 어려워 1811년 이후로 시행을 미뤘다는 기록도 있다. 또한 정성일은 『館守日記』의 내용 중 "1812년부터 중절선이 폐지되고 공작미가 인상되니 그 때의 교섭에 대비하여 代官들이 힘써 달라"[129]는 부분을 인용하였는데, 이를 통해 1812년 이후에 중절선의 공무역이 폐지된 것으로 추측된다.

10항은 도주고환차왜의 파견 횟수를 한정한 조항이다. 도주고환차왜는 대마도주가 江戸에서 參勤한 후 대마도로 돌아오는 것을 알리는 차왜로, 조선은 이 보고를 접하면 문위행을 준비하여 도주의 환도를 위문한다. 대마도주의 참근은 3년에 한번으로 정해져 있기 때문에 매번 이 사실을 고지하러 오는 차왜를 접대하는 것은 조선 측으로서는 큰 부담이었다. 게다가 도주가 환도한 후 문위행을 별도로 파견하였으므로 사실 고환차왜 접대는 의미 없는 일이기도 했다. 이 때문에 고환차왜의 접대를 도주가 새로 승습하였을 때 1회로 한정하고 이후에는 세견선편에 서계를 붙여 보내도록 한 것이다.

『국역증정교린지』「차왜」조에는 이폐약조를 체결한 1809년 이후 도주고환차왜의 서계를 모두 살펴 1817년 宗義質, 1839년 宗義章, 1843년 宗義和, 1863년 宗義達 등 4차례의 차왜만 도래할 수 있었음에도 불구하고 1821년, 1824년, 1827년, 1831년의 還島告知 서계에는 '使者를 보내어 알린다'[130]고 적혀있어 이 규정이 엄격하게 지켜지지 않은 것으로 보인다[131]고 하였다. 하지만 '使者'가 '差倭'를 의미하는지는 다시 생각해 볼 필요가 있다. 1821년 이전의 차왜들은 차정된 정관의 성명을 기입하였는데, 즉 1801년에는 "藤起를 보내어 고지한다.",[132] 1817년에는 "源中矩를 보내어 고지한다."[133]고 하여 차정된 사신의 이름이 명기되어 있다. 또한 그 이후

---

129) 정성일, 앞의 논문, 1991, 16~17쪽.
130) 『同文彙考』 4 「告還」.
131) 『국역증정교린지』 제2권 「차왜」, 86쪽.
132) 『동문휘고』 4 「고환」 신유.

정례 파견시기인 1839년의 경우도 "平久保를 보내 고지한다."[134]고 하여
차왜의 이름이 기재되어 있다. 하지만 1821년 이후 비정례로 여겨지는 4차
례는 "使者를 보내어 고지한다."고 하고 이름을 기재하지 않아 이 '사자'가
차왜가 아닌 頭倭, 혹은 세견선에 함께 동승하여 서계만 지참했던 사자일
가능성도 배제할 수 없다.

이러한 가능성은 『변례집요』를 통해서도 추측가능한데, 1821년 환도고지
에 대해서, "대마도주 승습 초에 江戶로 들어갔다가 환도할 때 한번 사자를
보내어 고지한 후 다시 보내지 말라고 하였고, 이로 인해 서계를 붙여 보낼
것을 己巳년(1809) 도해 시 약정하였다. 丁丑년(1817)에 이미 사신을 보냈
으므로 금번 고환서계는 船便에 가지고 와서 捧上 上送할 것."[135]이라 하
고 이를 접대했다는 기록은 없다. 때문에 도주고환차왜의 접대를 한정한 약
조가 지켜졌을 가능성이 있는 것이다. 만약 이 약조가 잘 지켜졌다면 차왜
접대의 부담이 일정부분 경감되었을 것이다.

초량왜관으로 이전한 후 조선 측은 전반적으로 왜관 통제를 통해 구폐를
해소하고, 이것이 일본사신 접대비용 절감의 효과로 이어지기를 바랐다. 앞
서 서술한 접대 규정 변화가 그러한 내용을 잘 확인시켜 준다. 이후에도 규
정 변화의 시도는 지속된 것으로 보이고, 그 일면으로 1865년 초간된 『대전
회통』에는 대차왜의 유관일수가 60일에서 55일로 줄어 있다.

이런 접대 규정의 변화는 역지통신의 예에서도 보이듯 변화된 외교질서
및 의례가 영향을 미치기도 했지만, 그런 변화를 유도하였던 당시의 상황에
도 주목해 보아야 한다. 전쟁 후 회복이 더디었던 경제·사회상을 비롯하여
이상기후와 기근 등으로 인해 피폐화된 민들의 생활 수준이 좀처럼 회복되
기 힘들었던 배경이 자리잡고 있었다. 이는 외교사행 접대 규정 및 의례를

---

133) 『동문휘고』 4 「고환」 정축.
134) 『동문휘고』 4 「고환」 기해.
135) 『변례집요』 권1 「차왜」 신사(1821) 6월.

변경하는 이례적인 결과를 만들어 내기는 했으나 조·일 양측이 실리를 중시하고 추구해 나가는 과정에서 만들어진 결과물이었다는 점을 상기해야 한다. 즉 외교 접대의 축소, 단절이라는 부정적 측면도 있지만 이를 통해 과거의 구폐와 단절하고 새로운 관계를 모색해 나갔다는 긍정적 측면도 있는 것이다.

4장. 일본사신 접대 인원과 물품

사신 접대 양상은 크게 두 가지 관점에서 접근할 수 있다. 첫 번째는 접대에 필요한 물품과 인력의 조달인데, 주로 조달 과정과 부담하는 경비 등을 경제적인 부분에서 살펴볼 수 있다. 또한 물품 같은 경우는 동래의 지역성 및 행정적 측면에서도 접근이 가능해 그 의미를 차별화할 수 있다. 두 번째는 그 물품과 인력으로 행하는 연향의례라는 관점이다. 의례는 국가의 입장에서 외교인식과 정책을 확인할 수 있는 방편이므로 정치·외교적인 면에서 파악이 가능하다.

이 두 관점 중 본 장에서 확인하고자 하는 내용은 접대에 소용되었던 인적·물적 요소들이다. 인적 요소의 경우 별도의 차출 과정을 거치지 않고 일본사신 접대 준비 등을 담당하였던 동래지역의 원역과 별도로 차정되어 출사하는 관원의 두 부류로 나누어진다. 또한 연례송사인지 차왜인지에 따라 접대 담당자가 달라지기도 했다. 구성을 달리하여 접대했다는 것은 조선에서 일본 사신들을 명확히 구분하여 차별화했음을 의미한다. 이 차별화가 구체적으로 어떻게 이루어지고 있는가는 조선의 대일정책 및 인식과 직결되므로 인적 구성원의 파악은 중요한 키워드가 될 수 있다.

물적 요소는 앞서 언급한대로 두 가지 측면에서 접근 가능하다. 우선 경제적인 측면에서 접대에 소용되는 물품의 종류와 수량을 확인할 수 있다. 주로 경상도의 분담분이 많았던 것으로 알려져 있는데, 구체적 사례를 통해 실제로 그러했는지, 또 이와 관련하여 사신접대에서 경상도 지역이 담당했던 역할의 규모도 짐작해 볼 수 있다. 이 과정에서 함께 확인해야 할 것이 있는데, 과연 물품 등의 부담이 동래 혹은 경상도 지역에서 감당할만한 수

준이었나 하는 점이다. 만약 감당하기 힘들어 폐해가 발생했다면 이를 해결
하고 조율하는 과정에서 국가는 어떻게 접대규정을 개편하고 있는지, 또 지
역에서는 어떻게 관여하고 있는지 그 행정적 면모도 동시에 확인 가능하기
때문이다.

이상의 접근 관점을 바탕으로 본장에서는 특히 인력 구성 중에서 "接慰
官"을, 물품 중에서는 "식재료"에 집중하였다. 접위관은 연례송사가 아닌
차왜만 접대한 관원이다. 접위관의 외교적 성격 및 중앙에서 별도로 임명
과정을 거치는 점이 특징적인 부분이라 주목하기도 했지만 앞서 규정 변화
에서도 살폈듯이 대·소차왜와 향·경접위관의 연계성에 의문을 제기하고자
한 측면도 있다.

이상의 내용을 서술함으로 인해 일본사신 접대를 담당했던 두 부류, 즉
조선 중앙 조정과 동래라는 지방의 역할 및 인식이 어떻게 연계 혹은 차별
화 되는지 명확하게 드러나기를 기대해 본다.

1. 출사 관원

1) 접위관

일본의 사신들 중 差倭가 도착했을 때, 접대하는 대표적인 관원으로 接
慰官[1]을 들 수 있다. 이들은 연회를 주관하고 差倭를 접대하는데, 여러 출
사하는 접위관은 차왜에게 회답하는 서계와 회사하는 예단을 가지고 간다.
처음에는 국왕사를 접대할 경우 宣慰使라는 명칭이 사용되었으나, 인조 7
년(1629)에 정홍명이 왜사가 서울로 올라오는 것을 막지 못하고 끌어들임으

---

1) 조선후기 접위관에 대해서는 '양홍숙, 「조선후기 대일 접위관의 파견과 역할」 『부
대사학』 제24집, 부산대학교사학회, 2000'에 상세히 설명되어 있다.

로써 국체를 훼손시켰다 하여 그를 잡아들여 심문한 뒤 파직하고, 선위사라는 명칭을 접위관으로 바꾸었다.2)

동시에 겸대제 실시 이후 지속적으로 파견되는 차왜의 접대를 위해 사신의 지위 및 성격을 파악하여 접위관을 두 부류로 구분했는데, 京接慰官과 鄕接慰官이 그것이다. 경접위관은 서울의 조정에서 名官을 임명하여 보내었고, 반면에 경상도의 觀察使가 道內의 文官 출신 守令이나, 혹은 都事를 임명하여 파견하고 향접위관이라 하였다. 접위관 제도는 겸대 실시 후 별차왜제도가 정착되어 가는 과정과 관련이 깊다.3) 별차왜제도 시행과 더불어 대체로 예조참판 앞으로 보내는 서계를 들고 오는 차왜에게는 경접위관을, 그 외의 외교적 임무를 띠고 오는 차왜에게는 향접위관을 파견하였다. 그러나 모든 접위관이 이 사례에 부합되지 않았음은 이미 앞에서 밝힌 바 있다.

초량왜관으로 이전한 후 대·소차왜제도가 정착되기 전까지 향·경접위관은 일본사신의 구성 및 성격을 고려하여 유동적으로 선발 및 파견하였다. 때문에 『증정교린지』 등의 외교관계서에서 분류하고 있는 대차왜·소차왜의 구분과 상관없이 접위관이 결정되는 경우가 많았다. 이런 상황을 대표적으로 통신사 관련 차왜를 접대했던 접위관을 통해 확인해 보자.

---

2) 『국역통문관지』 제5권 「교린」 上, 「倭人들을 接待하러 出使하는 관원」, 267쪽.
3) 『변례집요』에서는 향접위관의 시작을 1636년, 경접위관의 시작을 1642년으로 기록하고 있다. 겸대제 실시 이전에 선위사에서 접위관으로 명칭이 변경되면서 도래하는 일본 사신들을 접대한 것을 보면, 1622년 2월 경상도관찰사, 1635년 12월, 1636년 2월, 1636년 8월에는 경상도 都事가 접대한 것으로 되어 있다. 이에 대해 양홍숙은 차왜 파견이 정례화되지 못하면서 아직 경·향접위관의 구분이 명확하지 않은 상태에서 접위관을 파견한 것으로 보았다.(양홍숙, 앞의 논문, 2000, 80쪽) 하지만 본고에서는 앞장에서 정리한 것처럼 정식으로 접위관 명칭과 기능이 시작된 것을 기준으로 삼아 1636년 2월부터 향접위관, 1636년 8월부터 경접위관의 접대가 시작된 것으로 이해하였다.

<표 4-1> 통신사 관련 차왜 접대 接慰官

차왜	접위관	
	규정〔규례, 『증정교린지』〕	실례(『변례집요』)
통신사청래차왜	京接慰官	京接慰官
통신사호행차왜	**鄕接慰官**	**鄕接慰官**
통신사호환차왜	京接慰官	鄕接慰官(1637, 1643, 1656) 京接慰官(1682, 1712, 1720, 1748, 1764)
내세당송신사차왜	京接慰官	鄕接慰官(1653)
통신사청퇴차왜	京接慰官	鄕接慰官(1788)
통신사의정차왜	京接慰官	京接慰官

※ 심민정, 「조선 후기 通信使行 관련 差倭 접대」 『조선통신사연구』 제24호, 2017, 19쪽, <표 5>.

통신사행 관련 임무를 가지고 도래하였던 차왜들은 규정상으로는 모두 대차왜이지만 <표 4-1>에서 보이는 것처럼 실제로는 접대를 담당한 접위관에 차이를 보였다. 규정상 대차왜는 모두 경접위관의 접대를 받도록 되어 있었다. 하지만 처음 시작부터 통신사호행차왜는 예외적으로 향접위관이 임명되었다. 그 이유는 호행차왜의 파견이 통신사행과 겹치게 되어 이들 두 사신단의 접대와 사행 준비 등에 폐단이 생기게 될 것을 우려하였기 때문이다. 그래서 조선은 통신사호행차왜만큼은 향접위관인 慶尙道 도사를 임명하였고, 당상역관 파견 또한 어려워 堂下差備官 1명을 보내는 것을 규례로 삼고 『증정교린지』에 명시해 두고 있다.

그런데 별도의 언급이 없었던 통신사호환차왜, 통신사청퇴차왜, 내세당송신사차왜도 경접위관이 아닌 향접위관이 접대를 담당하였다. 이들 중 통신사청퇴차왜와 내세당송신사차왜 같은 경우는 규정에 없던 차왜이고, 단 1회 도래하는데 그쳤으므로 조선에서는 교린의 도리에 의해 접대는 하되 향접위관으로 한 단계 낮춘 기준을 적용하였다. 이때는 차왜 구성원 중 시봉, 반종, 격군 등의 인원수도 일정 수 줄여 접대함으로써 그 형식만을 보인 것이라 하겠다.

한편 통신사호환차왜는 향접위관이 접대하다가 1682년 이후 사행에서는

경접위관으로 바뀌고 있다. 그 이유는 첫째, 조선의 국내 사정이 큰 원인이
었는데, 당시 年分覆審 시기였기 때문에 그것을 담당하는 都事가 접대 업
무를 맡을 수가 없어 특별히 경접위관으로 접대했던 것이 규례가 된 경우
이다. 둘째, 1682년 이후의 호환차왜는 예조참판에게 보내는 서계를 지참하
고 왔으므로 참판사[대차왜]로 인식한 결과이다. 그런데 그 변화시점을 보
면, 초량왜관으로의 이전 및 대·소차왜의 구분이 시작되는 시점과 일치하
고 있어 향·경접위관 제도와의 접목 시점을 가늠하게 한다.4)

이 시점은 통신사호환차왜의 명칭 변화와도 연관되는데, 1682년 사행까
지는 통신사호행차왜와 같은 명칭으로 통칭되다가 1712년 사행부터는 대차
왜 명칭 등장과 함께 '通信使護還大差倭'로 기록되고 있다.5) 조선에서는
처음에 통신사의 護行이나 護還은 동일한 업무로 인식하였고, 그래서 이
둘을 차별화하는데 별다른 노력을 기울이지 않았다. 그런데 1682년 통신사
행 이후 대차왜 명칭의 등장을 비롯하여 각종 사신 접대 규정 개편과 더불
어 호행차왜와 호환차왜의 구분이 명확해졌으며, '대차왜-경접위관 접대',
'소차왜-향접위관 접대'로 자연스럽게 분리된 것이다.6)

이렇게 규정이 완비된 이후 경접위관과 향접위관의 자격은 더욱 명확해
졌다. 경접위관은 서울의 名官을 임명하는데, 주로 홍문관 관원이 많았고,
품계는 5~6품 정도였다.7) 이들은 조선전기의 선위사에 비하면 품계가 낮은
편인데, 조선 측에서는 지나친 우대로 일본인이 교만한 마음을 가질까 우려
한 까닭8)이라 하였다. 하지만 일본사신 또한 전기보다 격이 낮아졌으므로
조선측 접대 관원도 그에 따라 품계를 낮춘 측면이 있다.

향접위관의 경우 경상도 지역의 수령이나 경상도 都事를 임명하였다. 그

---

4) 심민정, 「조선 후기 通信使行 관련 差倭 접대」『조선통신사연구』제24호, 2017, 19쪽.
5) 『변례집요』권1 「별차왜」.
6) 심민정, 앞의 논문, 2017, 19~20쪽.
7) 양흥숙, 앞의 논문, 2000, 76~77쪽.
8) 『비변사등록』인조 24년(1646) 11월 5일.

중에서도 특히 울산, 양산 지역의 수령이 파견되는 횟수가 특히 많았고, 경상도 도사의 파견도 잦았다.9) 동래와 가까운 지역의 수령이 많이 파견된 것은 동래부와 지리적으로 가까웠기 때문이기도 했지만, 자신의 지역 행정을 위해 중간에 되돌아가기도 했으므로 연향 같은 경우는 한시적으로 다른 지역 수령이나 경상도 도사가 주관하기도 했다. 한편 경접위관은 대체로 5~6품의 관원이 파견된데 비해 향접위관은 관품이 일정하지 않았다. 양산은 종4품의 郡守가, 울산은 종3품의 府使가, 자인은 종6품의 縣監이 다스리는 지역으로10), 관품보다 지리적·업무적 현실성을, 文官이라는 점에서 볼 때에는 실효성을 더 고려한 것으로 보인다.

차왜가 파견되기 전에 대마도 측에서는 頭倭를 미리 보내어 왜관에 알린다. 그러면 동래부에서는 차왜의 성격을 파악하여 狀啓를 올렸다. 우선 차왜의 종류와 업무가 무엇인지 파악하고, 기존의 차왜접대등록 등을 상고하여 어떤 접위관이 파견되었는지 전례를 확인한다. 그 후 경접위관, 향접위관 중 상황에 맞는 접위관을 동래부사의 견해대로 추천하여 예조의 의견을 묻는 내용11)이 장계에 포함된다. 그러면 비변사 및 예조는 回啓를 통해 향·경접위관 여부를 통보하고, 이후 차왜가 도래하면 접대할 인원 등을 상세히 조사하여 그에 맞는 연향·예단 등을 준비하고 동래부로 파견하였다.12)

경접위관은 차비역관 2명과 출사역관 1명, 향접위관은 출사역관 1명이 함께 파견되었다. 또한 路文에 의하면 역관 외에 접위관 행렬은 반종 1명, 奴子 1명, 나장 1쌍, 軍牢 1쌍, 御帖前旗手 1쌍, 吹手 2명, 騎卜馬 2필, 驛

---

9) 표인영래차왜를 접대한 향접위관의 지역 분포를 확인한 박진미의 논문(박진미, 「『표인영래등록』의 종합적 고찰」『경북사학』19, 1996)에서는 양산, 울산, 자인, 고성, 영산 순이었다. 반면 양흥숙은『동래부접왜장계등록가고사목초책』을 분석하여 양산, 울산, 경상도도사 순으로 향접위관 파견횟수를 확인하였다.(양흥숙, 앞의 논문, 2000)

10) 양흥숙, 앞의 논문, 2000, 78~79쪽.

11)『통신사등록』3책 신유(1681) 6월 26일.

12)『비변사등록』,『조선왕조실록』, 각종 차왜 접대 등록류에서는 위에서 제시한 것과 동일한 절차로 접위관을 선발, 파견하고 있음을 기록하고 있다.

人夫 6명으로 갖춰졌는데, 이때 취수 2명은 말이 없었다.13)

경접위관은 임명되어 동래부로 내려오는 경우 숙식 등을 위해 머무는 지역마다 연로에서 접대 및 선물 등을 받기도 했다.14) 그리고 동래부에서는 接慰廳(接賓廳)15)이 별도로 마련되어 있어 접위관의 생활을 전담하기도 했다. 이 때문에 접위관이 파견되어 머무는 기간 동안 발생하는 폐단 등으로 인해 한때 접위관의 파견을 금지해야 한다는 논의도 있었다. 1649년 경상도 관찰사였던 閔應協은 접위관의 업무는 동래부사가 겸행하도록 하여 접위관 파견으로 인한 폐해와 물력 소모 등을 막고자 건의하였다.16) 하지만 전례와 교린국에 대한 도리를 원인으로 들어 접위관의 파견은 이후에도 지속되었다.

2) 왜학역관

차왜를 접대하는 관원은 접위관 외에도 堂上官·堂下官으로 구성된 接慰 差備官, 그리고 출사역관들도 있었다.17) 차비역관은 접위관을 수행하며 일본사신과의 언어를 전하는 모든 일을 전담하였다. 반면에 출사역관은 서계 전달 및 예단을 담당했는데,18) 이 때문에 예단역관이라고 칭하기도 했다.19) 차왜 접대를 위해 경접위관이 차출되었을 경우에는 차비역관 2인과 출사역관 1인이 따랐고, 향접위관일 때에는 출사역관 1인이 파견되어 차비역관의 일을 겸행하였다.20) 차비역관과 출사역관은 임무도 명확히 구분되었고 규정

---

13) 『비변사등록』 1763년 2월 4일.

14) 申晸, 『汾厓遺稿』 「儐倭日錄」.

15) 1672년 동래부사 李夏가 중창하였으며, 1758년 동래부사 趙曮 때 접위청을 접빈청으로 개칭하였다.(『동래부지』)

16) 『비변사등록』 1649년 11월 22일.

17) 『국역통문관지』 제5권 「교린상」, 「왜인들을 접대하러 출사하는 관원」, 267~268쪽.

18) 『춘관지』 권3 「접위관」.

19) 김동철, 「柔遠閣先生埋案感古碑와 부산의 譯官 건물」 『항도부산』 16, 부산시사편찬위원회, 2000.

20) 『춘관지』 권3 「접위관」; 『통문관지』 권5 「接倭出使官」; 『증정교린지』 권3 「接倭出使官」.

상으로도 정해진 인원이 있었지만, 실제로는 상황에 따라 파견이 유동적이었다. 경접위관을 수행한 차비역관이 3인이거나 출사역관이 없는 경우도 있었고, 향접위관을 수행하는 역관으로 출사역관 외에 차비역관이 더해지는 경우도 있었다. 특히 출사역관은 차왜 뿐 아니라 송사가 도래했을 때에도 차송하였다. 각 사신별로 차비역관과 출사역관의 파견 자격은 <표 4-2>과 같다.

〈표 4-2〉 일본사신 접대 역관

<table>
<tr><td colspan="2">일본사신</td><td>차비역관</td><td>출사역관</td></tr>
<tr><td colspan="2">1특송사-2·3특송 겸대</td><td></td><td>敎誨 1원</td></tr>
<tr><td colspan="2">부특송사</td><td></td><td>교회 1원</td></tr>
<tr><td colspan="2">세견제1선-2·3선 겸대</td><td></td><td>聽敏 1원</td></tr>
<tr><td colspan="2">만송원송사</td><td></td><td>총민 1원</td></tr>
<tr><td colspan="2">이정암송사</td><td></td><td>偶語廳 1원</td></tr>
<tr><td colspan="2">평의진송사(×)</td><td></td><td>우어청 1원인데, 없어짐.</td></tr>
<tr><td colspan="2">(연례송사 정지)</td><td></td><td>(교회 1원, 총민 1원)</td></tr>
<tr><td rowspan="20">차
왜</td><td rowspan="13">대
차
왜</td><td></td><td></td></tr>
<tr><td>진하차왜</td><td>당상 1원, 당하 1원</td><td>교회 1원</td></tr>
<tr><td>관백고부차왜</td><td>당상 1원, 당하 1원</td><td>교회 1원</td></tr>
<tr><td>관백승습고경차왜</td><td>당상 1원, 당하 1원</td><td>교회 1원</td></tr>
<tr><td>통신사청래차왜</td><td>당상 1원, 당하 1원</td><td>교회 1원</td></tr>
<tr><td>통신사호행차왜</td><td>당상 1원, 당하 1원
(당하 1원, 동래역관 1인)</td><td>교회 1원</td></tr>
<tr><td>통신사호환차왜</td><td>당상 1원, 당하 1원</td><td>교회 1원</td></tr>
<tr><td>도주승습고경차왜</td><td>당상 1원, 당하 1원</td><td>교회 1원</td></tr>
<tr><td>도서청개차왜</td><td>당상 1원, 당하 1원</td><td>교회 1원</td></tr>
<tr><td>(관백퇴휴고지차왜)</td><td>(당상 1원, 당하 1원)</td><td>(교회 1원)</td></tr>
<tr><td>(구관백고부차왜)</td><td>(당상 1원, 당하 1원)</td><td>(교회 1원)</td></tr>
<tr><td>(도주퇴휴고지차왜)</td><td>(당상 1원, 당하 1원)</td><td>(교회 1원)</td></tr>
<tr><td>(관백생자·입저·생
손고경차왜)</td><td>(당상 1원, 당하 1원)</td><td>(교회 1원)</td></tr>
<tr><td>(통신사청퇴차왜)</td><td>(당상 1원, 당하 1원)</td><td>(교회 1원)</td></tr>
<tr><td rowspan="6">소
차
왜</td><td>재판차왜</td><td></td><td>교회 1원</td></tr>
<tr><td>조위차왜</td><td>(당하 1원, 동래역관 1인)</td><td>前銜 1원</td></tr>
<tr><td>표인영래차왜</td><td></td><td>전함, 우어청 번갈아 1원 임명</td></tr>
<tr><td>도주고환차왜</td><td></td><td>전함 1원(교회 1원)</td></tr>
<tr><td>도주고부차왜</td><td></td><td>전함 1원(교회 1원)</td></tr>
<tr><td>문위관호행차왜</td><td></td><td>전함 1원. 재판차왜 겸할 시에 교회 임명</td></tr>
</table>

일본사신		차비역관	출사역관
	(구도주고부차왜)		(교회 1원)
	(관백저사고부차왜)		(교회 1원)
	관수왜		총민 1원

※『통문관지』권5「교린」,「接倭出使官」;『증정교린지』권3「接倭出使官」참조.
※ ( )는『증정교린지』의 내용으로,『통문관지』와 차이가 있는 부분만 표시하였음.

차비역관은 대차왜를 접대할 때 당상 1원, 당하 1원이 파견되었다. 그런
데 대차왜 중 통신사호행차왜의 경우『증정교린지』에 의하면, 당상역관이
파견되지 않고 당하역관과 동래역관이 파견되는 것으로 변경되어 있다. 이
는 통신사호행차왜가 대차왜임에도 불구하고 향접위관이 파견되었던 상황
과 동일한 것으로 볼 수 있다. 즉 이 시기는 통신사 파견으로 인한 준비 때
문에 경접위관을 파견하기 힘들었다. 차비역관도 동일한 이유에서 볼 때 통
신사행을 동행하는 당상역관 차출로 인해 대차왜를 접대할 만한 당상역관
의 충원이 힘들었으므로 당하역관과 동래부의 역관으로 대체했던 것이다.
한편 조위차왜는 대차왜는 아니었지만 大喪일 경우에는 경접위관이 파
견되었다.[21] 이 경우 차비역관은 당상·당하 1원씩이 파견되어야 함에도 불
구하고 당하 1원과 동래역관 1원을 파견하였다. 아마도 소차왜라는 범주와
경접위관 접대 범주의 절충점을 찾으려 한 듯하다. 또 한편으로는 조위차왜
접대과정에서 행하는 進香儀를 동래부 관원 및 유생들이 함께 참여하여 진
행하고 있으므로 특수 상황 하에서의 동래부 역할을 부각시킨 측면도 있다.
한편 대차왜 접대를 위해 파견되는 출사역관 1원의 자격은 敎誨였다. 교
회는 司譯院 소속 역관으로 倭學敎誨는 총 10명이었으며, 이들 중 3명이
使行에 참가할 수 있었다. 이들은 일찍이 聰敏을 지내고 잡과에 합격한 자
를 圈點하여 임명하였는데, 訓上堂上과 堂上別遞兒는 반드시 교회를 역임
한 자를 임명하였다.[22]

---

21) 조위차왜의 경우 大喪일 때에는 서울에서 경접위관이 파견, 왕비 등의 상일 경우에는
   동래부 인근 읍의 문관 수령, 즉 향접위관이 차출되었다.(『동문휘고』附編 권14 陳慰)

하지만 소차왜의 경우는 차왜의 성격 및 시기에 따라 파견되는 출사역관이 유동적이었다. 『통문관지』 편찬 단계(18세기 초반)에서는 대체로 前銜, 즉 전임자가 파견된 반면 『증정교린지』 단계(19세기 초반)에서는 敎誨로 바뀌고 있다. 그 원인에 대해서는 명확히 알 수 없으나, 이런 변화의 과정 중에서 표인영래차왜와 문위관호행차왜는 여전히 전함이 출사역관으로 차출되고 있는 점은 시사하는 바가 있다. 이 두 차왜는 타 차왜들에 비하면 파견횟수가 월등히 많은 편이다. 또한 이 차왜들의 명칭이나 성격에서 추측컨대 타 차왜들 보다 실무상 더 다양한 대화가 오고가야 했을 것이다. 때문에 실무 경험이 많은 전임자, 그리고 우어청[23])에서 끊임없는 대화수업으로 역관의 실무자질을 갖추었던 자들이 더 요구되었던 것이다. 즉 출사역관도 일본사신의 성격에 맞게 차출하는 모습을 보이고 있다.

연례송사가 도래할 때에는 차왜와 달리 출사역관 1명만이 파견되어 차비역관의 소임까지 수행하였다. 연례송사 중 1특송사·부특송사에 대한 출사역관은 사역원의 왜학교회 10인 중에서 순위대로 파견하였고,[24]) 세견선과 만송원송사의 경우 출사역관 자격은 왜학 聰敏 15명에게 부여되었다.[25]) 이

22) 『한국민족문화대백과사전』「敎誨」. 현재로서는 교회가 언제 설치되었는지 알 수 없으나, 『역과방목』에서 역관들의 관력으로 처음 나타나는 것이 1568년(선조 1) 중광역과에 합격한 임춘발(林春發, 본관 會津)임을 볼 때, 16세기에 설치된 것으로 여겨진다.

23) 偶語廳. 조선 시대 司譯院 내에 설치한 통역원 양성소로 중국어[漢學]·만주어[淸學]·몽고어[蒙學]·일본어[倭學] 등의 외국어를 전문으로 가르치던 관청. 숙종 8년(1682)에 相臣 閔鼎重이 서울의 四學에서 나이 젊고 재주 있는 자를 뽑아 소속시켜 訓長으로부터 生徒에 이르기까지 우리나라 말을 금하고 외국어를 강습하게 한 데서 비롯된다. 정원은 중국어 87인, 만주어 68인, 몽고어 45인, 일본어 50인이었으며, 이들은 각기 해당분야의 訓上堂上들로부터 교육을 받고 정기적인 구술시험을 보았다. 어학연수와 통역실무를 익히기 위하여 북경으로 가는 정기 사행이나 특별 사행이 있을 때마다 전공별로 돌아가면서 1인씩 押物官의 일원으로 차출되어 동행하였는데, 이들을 偶語別差라고 불렀다.(『한국고전용어사전』「偶語廳」)

24) 『통문관지』 권1 「沿革」「等第」.

25) 이상규, 앞의 박사학위논문, 2010, 95쪽.

들은 주로 예단을 전담하였기 때문에 실무를 위주로 회화가 이루어졌다. 이를 반영하듯 총민, 우어청 위주로 구성되었으며, 급이 조금 높은 1특송사와 부특송사 같은 경우는 교회를 파견하는 등 연례송사의 지위 및 성격에 따라 구성을 달리하였다.

출사하는 역관들은 당상관인지 당하관인지에 따라 행차가 달라졌다. 당상관일 경우 路文[26])이 있었고, 당하관일 때에는 草料와 馬牌가 지급되었다. 돌아올 때에는 모두 짐을 싣는 말[卜刷馬] 한 쌍씩만을 각각 지급하였다.[27])

> 堂上譯官 ○○官 성명 행차 ○월 ○일에 서울을 출발하였으므로, 延候[28])와 支供 등의 일은 한결같이 전례에 따라서 행할 것.
>
> 연호 ○년 ○월 ○일 陪吏 성명 押[29])

당상관은 이상과 같이 작성한 노문식을 지참하고, 일단 良才, 板橋, 龍仁, 楊智, 竹山, 無極, 崇善, 忠州, 安保를 거쳐 문경에 이른다. 문경에서 동래로 내려가는 길은 右道를 택했는데, 그 경로는 咸昌, 尙州, 五里院, 善山, 仁同, 松林寺, 大丘, 梧桐院, 淸道, 楡川, 密陽, 無屹, 梁山을 거쳐서 동래에 이르렀다.[30])

이런 경로를 통해 동래에 이르는 길까지 당상관의 행렬은 기록마다 약간씩 차이가 있는데 그 내용은 다음 표와 같다.

---

26) 路文. 조선시대 영조 때 외방에 公務로 나가는 관원에게 각 지방의 驛에서 말과 寢食을 제공받을 수 있도록 하기 위하여 馬牌 대신 발급하는 문서로 馬匹의 수, 수행하는 종자의 수, 路程 등이 상세히 기록되어 있다.
27) 『증정교린지』 권3 「出使官」.
28) 延候. 맞이하는 일. 영접을 의미한다.
29) 『증정교린지』 권5 「通信使行」 「路文式」.
30) 『증정교린지』 권3 「出使官」; 권5 「通信使行」 「路文式」. 당상관의 노문식은 문위행과 같다고 되어 있으나, 『증정교린지』에는 문위행의 노문식이 없고, 다만 문위행의 노문식은 통신사행과 동일하다고 되어 있어 통신사행의 노문식을 확인하여 기록하였다.

〈표 4-3〉 당상역관 수행 구성원 규정

기록	수행 구성원 및 마필 수
『증정교린지』, 『통문관지』문위행 先文	左牽 1, 書者 1, 馬頭 1, 日傘奉持 1, 步從 2, 指路 2, 羅將 2(총 10) 騎大馬 1필, 籠馬31) 1필. ㅏ刷馬 2필32)
『비변사등록』(1763) 당상역관 노문	노자 1, 나장 2, 역인부 6명(총 9) 기·복마 2필
『증정교린지』 통신사행 노문	나장 2, 左牽 1, 後陪書者 1, 驅從 1, 步從 2명(총 7) 騎大馬 1필, ㅏ馬 2필

※ 『증정교린지』권3「出使官」에서 당상관의 노문식은 문위행의 노문식과 같다고 하였는데, 문위행의 노문식은
  나와 있지 않아 동일한 개념인 선문식을 참고하였다.
※ 『증정교린지』권6「문위행」선문식에서 통신사의 선문과 같다고 하였으므로 통신사행의 노문식을 참고하여
  작성하였다.
※ 차이가 나는 인적 구성은 ___로, 추가된 구성은 □로 표시하였다.

〈표 4-3〉에서 당상역관을 수행하는 원역의 인원수를 『비변사등록』에서
는 9명, 『증정교린지』「문위행」에서는 10명, 「통신사행」에서는 7명으로 기
록하고 있다. 정확한 수행원의 수를 결정하기는 힘들지만 기록의 선후는 추
측 가능하다. 선문과 노문은 그 용어사용 시기를 참조했을 때, 문위행 선문
이 가장 빠른 시기로 볼 수 있다. 1762년 白文과 先文을 모두 路文으로 교
체하여 노문제도가 확립되므로33) "선문"이라는 명칭은 그 이전에 사용한
것으로 보아야 하기 때문이다. 그렇게 본다면 문위행의 선문에 보이는 수행
원역의 인원수가 가장 많은 10명이라는 것도 이해된다. 노문제도가 시행되
면서 1763년 절목에서는 한 명의 인원이라도 더 추가하여 수행할 경우 엄
중한 처벌을 하고 있기 때문에, 규정된 9명 보다 많은 수가 수행하는 일은
힘들다.

한편 『증정교린지』「통신사행」 노문식에서는 "1762년에 선문을 고쳐 노

---

31) 籠馬. 침구류 등을 싣고 가는 말.
32) ㅏ刷馬. 노문식에는 기록되지 않았으나, 『증정교린지』권3「出使官」첫 머리에 출
    사하는 당상관 및 당하관 모두에게 돌아오는 길에 ㅏ刷馬 1쌍씩을 지급한다고 기
    록하고 있다.
33) 송철호, 「조선후기 路文에 관한 연구-「路文式例」와 문서양식을 중심으로-」 『고문서
    연구』 제40호, 2012, 147쪽.

문이라 하였다."34)고 하여 통신사행 노문식이 마지막으로 정리된 최종 규정으로 볼 수 있다. 그렇다면 당상역관을 수행하는 구성원들은 <표 4-3>에 제시된 순서대로 인원수가 점차 감소되어 간 것이다. 이는 일본사신 접대를 위해 소용되는 국내 비용을 점차 감축하려 한 조선 측의 의도와도 상통하는 면이 있다.

2. 동래부 원역

1) 동래부 관원

임진전쟁 이후 동래지역은 변경 요충지로 그 중요성이 부각되었다. 이러한 사실은 '縣'에서 '府'로 승격된 사실이나 '東萊獨鎭大衙門'이 세워진 사실에서도 확인할 수 있다. 동래독진대아문의 양쪽 기둥에는 "交隣宴饗宣慰司", "鎭邊兵馬節制營"이라고 새겨져 있는데, 이 글귀는 동래의 지역적 특성과 역할을 잘 나타내 준다. 특히 "교린하는데 있어 연향을 하고 선위하는 관아"라는 문구를 통해 교린국이었던 일본에 대한 접대에서 동래가 담당한 역할을 짐작할 수 있다.

일본사신 접대를 담당했던 동래지역 대표 관원으로 동래부사, 부산첨사 등을 들 수 있다. 접대를 행하는 과정에서 국가의 격과 위상을 보여주는 중요한 부분 중 빠질 수 없는 것이 의례라고 할 때, 이상의 동래부 관원들은 의례에 직·간접적으로 참여하는 모습을 보여주고 있다.

이들 외에 동래 유생 같은 경우는 국상 기간에 행해지는 進香儀 와 陳賀儀에 직접 참여하여 의식을 거행하기도 하였다. 이런 특수 상황에 동원되는 원역은 차후 별도로 살펴보기로 하고, 일반적인 접대 상황에서 준비 및 활

---

34) 『증정교린지』 권5 「통신사행」 노문식.

동을 하였던 동래부사와 부산첨사의 역할을 우선 확인해본다.

(1) 동래부사

동래부사는 동래를 대표하고 지역의 여러 업무를 총괄하는 지방관원이
다. 여기에 더하여 동래부사는 특수한 업무를 담당하고 있었는데, 바로 왜
인과 관련한 업무이다. 이 업무는 크게 세 가지 정도로 분류할 수 있다. 첫
째 일본사신 접대업무, 둘째 일본과의 무역업무, 셋째 일본의 정보 탐지 및
보고 업무이다. 이 모든 업무가 왜관이라는 공간과 연관되어 있고, 동래 지
역에 왜관이 존재하고 있었기 때문에 부수적으로 따르는 것이면서도 교린
국 관련 특수 업무이기도 한 셈이다.

이상과 같은 동래부사 업무의 특수성 때문에 中宗朝에는 왜를 접대한다
는 이유로 '東萊邑' 및 '東萊府使'로 명칭과 접대 자격을 변경하였으며, 또
한 1610년(광해군 2) 부사 趙存性 때 倭情을 관장한다는 명목으로 곧바로
장계를 올리고 敎旨를 받도록 하였다.[35] 그리고 동래부사 추천 및 임명에
있어서도 처음에는 吏曹에서 추천·임명하던 것을 1642년부터는 비변사에
서 추천하는 것으로 변경하기도 했다.[36] 즉 동래부사에게는 지방의 대표관
원으로서의 위엄과 명망 외에도 대일업무와 관련한 자질 또한 중시되었던
것이다. 이는 추천과 임명의 문제만은 아니었는데, 1506년부터 1894년 사이
에 동래부사가 파직되어 교체되는 원인 중 '倭情'이 차지하는 비중이 206명
가운데 51명으로 약 25%에 이르는 것[37]만 보아도 알 수 있다.

---

35) 『국역증정교린지』 권3 「다례의」, 115쪽.
36) 양흥숙, 앞의 박사학위논문, 2009, 50쪽.
37) 이원균은 『동래부읍지』 官案을 분석하여 왜정으로 인해 교체된 동래부사가 30명이
라 밝혔으나(이원균, 「조선시대의 수령직 교체실태-동래부사의 경우-」 『釜大史學』
3, 1979, 70쪽), 양흥숙은 관안 외에 『조선왕조실록』, 『비변사등록』, 『승정원일기』
등의 연대기자료를 확인하여 왜정으로 인한 교체가 관안에서보다 많은 51명으로
파악하였다.(양흥숙, 앞의 박사학위논문, 2009, 50쪽)

　동래부사의 업무 중 무역업무 같은 경우는 '일본'이라는 국가를 상대하는 업무라기 보다는 '대마도'를 상대로 하는 업무로 보아야 한다. 반면 일본사신 접대 업무는 조금 다른 시각에서 접근할 필요성이 있다. 물론 일본사신이 모두 대마도에서 파견되었고, 연례송사의 경우 무역업무의 측면에서 본다면, 사신 접대 업무 자체가 '대마도'를 상대로 하는 것으로 생각할 수 있다. 하지만 사신을 접대하는 과정에서 행하는 각종 의례 및 서계의 교환, 예물의 증답 등은 조선이라는 국가가 일본이라는 국가를 상대로 행하는 처우로 보아야 한다. 때문에 일본사신 접대에 있어서 동래부사의 역할을 명확히 파악할 필요가 있다.

　동래부사의 업무에 관한 내용을 간략하게나마 확인할 수 있는『萊府日記』에 의하면, 일본인 접대와 관련된 동래부사의 임무는 크게 두 가지로 접근할 수 있다. 첫 번째는 왜관에 머무는 일본인들에게 공급하는 경비 마련 및 조달의 문제[38]이고, 두 번째는 왜관에서 일본사신과 더불어 행하는 숙배 및 연향 등의 의례 설행[39]이다.

　이 중 접대의례 설행과 관련한 동래부사의 역할에 대해서는『증정교린지』에서 다음과 같이 기록하고 있다.

> ㉠ (동래부사는)八送使 및 館守倭에 대한 연향은 부산첨사와 더불어 주관하고, 大差倭에 대한 연향은 경접위관과 더불어 주최하며, 접위관이 이를 주관한다.[40]

> ㉡ 대차왜에 대한 연향은 접위관이 주관하며 동래부사도 함께 참여하고, 소차왜에 대한 연향은 향접위관이 주관한다.[41]

---

38) 부산광역시사편찬위원회,『국역내부일기』기미(1859) 5월 초3일, 1995, 58~59쪽.
39) 부산광역시사편찬위원회,『국역내부일기』기미(1859) 2월 11일; 기미 6월 11일, 1995, 42쪽, 73쪽.
40)『국역증정교린지』권3「다례의」, 115쪽.

㉠, ㉡의 내용에 의하면, 동래부사는 일본사신에게 베풀어주는 다례 및 연향을 주관하고 참여한다. 사신별로 다시 정리해 보면, 첫째, 연례송사 및 관수왜의 연향은 동래부사가 부산첨사와 함께 주관한다. 연례송사의 활동이 주로 무역 업무를 병행한다는 점을 생각할 때 동래라는 지역에서 벌어지는 대외교역과 연관된 사신을 지방관이 접대하는 것은 당연한 일이다. 특히 여러 사신들의 연향을 설행하는데 있어 동래부사가 접대할 주요 대상은 연례송사였던 것 같다. 이는 재판차왜 접대와 관련하여 올린 동래부사의 장계에서 드러나는데, "신(동래부사)은 送使에게 연회를 베푸는 이외에는 원래 불시에 (재판차왜와)접촉하는 규정이 없는지라, 형편상 장차 앞으로 접위관으로 다례를 행할 때 그 수작하는 설에 의거하여 추가로 장계로 알릴 계획이오며"[42]라고 하여 차왜 접대보다 연례송사 접대 업무에 중점을 두고 주관하였음을 알 수 있다. 이런 인식은 연례송사 연향에서 부산첨사가 병 등으로 참석하기 힘들 때 동래부사가 단독으로 연향을 설행하였던 상황[43]에서도 잘 드러난다.

한편 특이한 것은 관수왜의 접대를 접위관이 아닌 동래부사와 부산첨사가 주관하고 있다는 점이다. 관수왜의 접대는 앞에서도 언급하였듯이 처음에는 향접위관, 혹은 경접위관이 접대하였는데, 이는 관수왜를 외교업무를 관장하는 사신으로 인식하고 있었기 때문이다. 하지만 초량왜관으로 이전한 후 관수왜는 세견선에 준하는 접대를 받고 있으며, 접대의례도 동래부사와 부산첨사가 주관하여 연례송사와 동일한 급으로 처우되고 있다. 이러한 점들에서 볼 때 연례송사와 관수왜에 대한 연향에서 동래부사는 동래 지역의 대표자라는 입장에서 대마도라는 교린지역을 상대하는 지위로 인식하는 것이 옳다.

---

41) 『국역증정교린지』 권3 「다례의」, 116쪽.
42) 『국역전객사별등록Ⅰ』 기묘(1699) 윤7월 18일.
43) 『국역전객사별등록Ⅱ』 경신(1740) 6월 초4일, 경신(1740) 6월 22일.

두 번째는 대차왜에 대한 연향 설행인데, 이 때에는 동래부사가 연향에 참여만 하고 대신 경접위관이 연향을 주관한다. 대차왜는 예조참판에게 보내는 서계를 지참하고, 그 역할로 볼 때 일본국왕사에 준하는 자격으로 도래하고 있기 때문에 조선이 국가라는 입장에서 접대의례를 행하는 것이 당연하다. 때문에 접위관이 주관하고, 동래부사는 지역의 대표자로서 이를 찬조하는 입장으로 보아야 할 것이다. 하지만 그렇다고 동래부사의 역할을 과소평가할 수는 없는데, 접위관이 질병 등의 이유로 접대가 힘들 때에는 동래부사가 단독으로 설행[44]해야 하는 수고로움이 있었다. 어쨌든 의례라는 국가의 공식 행사에 동래부사가 참여한다는 것은 대일업무에서 동래부사가 차지하는 비중을 단적으로 보여주는 것이라 하겠다.

의례라는 측면에서 보았을 때 외교사행인 차왜에 대한 동래부사의 역할은 다소 소극적인 측면이 엿보이기는 한다. 그러나 일본 사신들이 왜관에 머무는 동안 필요한 경비 및 물품의 조달, 명절이나 특정일에 지급하는 선물을 공급하는 일 등에 적극 관여하여 일본인들과의 마찰을 최소화하려 한 점에서는 동래부사의 역할이 결코 소극적이라 할 수 없을 것이다. 이는 일본 사신들이 항상 동래부사 앞으로 보내는 서계를 지참하고 오는 것을 보아도 알 수 있다.

(2) 부산첨사

1483년(성종 14) 각 해안 변경지역에 성을 쌓아 유사시에 대비하자는 조정의 건의로 부산포에 첨절제사 진이 설치된 이래 부산진은 일본과의 관계에서 요충지로서 그 역할이 중요시되었다. 이는 그리 멀지 않은 곳에 경상좌도 수군절제사영이 있는 점, 임진전쟁 당시 왜인과 최초 전투가 벌어진 곳이라는 점을 통해서도 쉽게 알 수 있다. 이런 군사적 중요성의 인식으로

---

44) 『변례집요』 권7 「연례」 신묘(1711) 4월; 기해(1719) 3월; 계축(1733) 4월.

부산포 첨절제사는 기존의 종3품에서 정3품 당상관으로 자격이 격상되어 임명하기도 했다. 즉 왜변과 전쟁 등 일본과의 충돌이 발생하면서 해양 변경의 방어가 더욱 절실히 요구되었고, 그 담당자로 부산첨사가 자리매김해 간 것이다.

물론 부산첨사에게 군사적인 부분에서의 중요성이 부각되었다고는 하나 그 전제가 되는 대상은 일본인이었다. 부산진의 지리적 특성상 부산첨사에게는 對日本 관계에서의 군사적인 역할이 특별히 요구되었던 것이다. 이 때문에 부산첨사도 동래부사와 마찬가지로 추천 및 임명을 兵曹가 아닌 비변사에서 하고 있다.45) 이는 일본과의 대외관계에서 부산첨사 또한 동래부사 못지않은 역할을 하고 있었음을 보여주는 것이라 하겠다.

군사적인 측면에서 일본인 접대와 관련한 부산첨사의 역할은 '일본인 왕래 감시 및 통제'이다. 일본인의 왕래는 왜관 안팎을 왕래하는 것과 使船을 통해 왕래하는 것이 모두 포함된다. 왜관 왕래에 대한 부산첨사의 감시 및 통제 업무는 다음의 자료로 확인된다.

ⓒ 동래 부사가 장계하였다.
　　"이달 3일에 왜관 거류 왜인들이 관 밖에 임의로 출입하였는데, 부산 첨사가 신에게 통보하지 않았습니다. 訓導 李彦瑞는 아프다고 둘러댄 왜인들이 버젓이 밖에 나와 놀았다고 핑계를 대고 있습니다. 해조로 하여금 참작하여 죄를 부과하게 하소서."46)

ⓓ 순조 29년 무자(1829)에 왜관의 왜인이 通事를 찔러 죽였다. 이에 우두머리 왜인에게 자복을 받았다. - 왜관의 왜인 松井龜治가 사소한 일로 통사 裵末敦의 왼쪽 다리를 칼로 찔러서 60일 후에 죽었다. 이에 동래 부사 金鑣의 장계에 의하여 判付 내에 동래 부사, 부산 첨사는 待罪하

---

45) 『비변사등록』 광해군 9년(1617) 3월 14일.
46) 『광해군일기』 5년 계축(1613) 3월 15일.

고 공무를 집행하는 훈도와 별차는 공무를 마치고 퇴근하기를 기다려
죄를 논하고 守門軍官은 법에 의해서 엄하게 다스릴 것이며,[47]

일본과의 전란 이후 사신 왕래는 재개되었으나 다시 발생할지도 모를 변
란에 대한 의심은 왜관을 왕래하는 일본인들을 감시하고 통제하는 방향으
로 진행되었다. 특히 여기에서 부산진과 그 대표자인 부산첨사의 역할이 상
당하여 "부산진은 대마도와 서로 마주하고 있어 출입의 방비를 엄히 하지
않을 수 없습니다. 주관하고 단속하는 책임은 오로지 첨사에게 달려있습니
다."[48]라는 말에서도 잘 드러난다. 때문에 왜인들의 출입에 대한 감시를 소
홀히 한 ㉢이나, 왜관 내 왜인 통제를 소홀히 한 ㉣과 같은 사건이 발생하
면 부산첨사에게는 엄한 문책이 뒤따랐다.

〈표 4-4〉 왜관 복병막 담당처

복병막		위치	담당
동	1 복병	왜관 밖 동북쪽 구석	開雲鎭
	2 복병	왜관 북쪽 담 밖 연대청의 동남쪽 구석	包伊鎭
서	1 복병	왜관 밖 서북쪽 구석	西生鎭
	2 복병	왜관 서쪽 담 밖	豆毛鎭
남[49]	1 복병	왜관 밖 서남쪽 구석	多大鎭
	2 복병	남 1복병의 서남쪽	西平鎭

※ 『증정교린지』 권3 「館宇」 참조.

특히 위의 〈표 4-4〉를 보면 왜관 주변 곳곳에 복병막이 설치된 것을 확

---

47) 『국역증정교린지』 제4권 「약조」.
48) 『선조실록』 40년(1607) 8월 23일 계미.
49) 왜관을 옮긴 초기에는 동·서·남 3곳에만 복병이 있었는데, 영조 15년 기미(1739)에
여인들이 몰래 경계를 넘나들었으므로 동래 부사 鄭亨復이 3곳의 복병을 더 설치
하여 모두 6곳이 되었다. 36년 경진(1760)에 어사 李潭이 啓聞에 의해 남 2복병을
誠信堂의 북쪽으로 옮겨 설치하였으니, 지금 北伏兵이라 부르는 것이다.(『국역증정
교린지』 제3권 「관우」)

인할 수 있는데, 이곳의 복병들은 일본인들이 왜관의 경계를 넘는 것을 감시하는 것이 주된 업무였다. 게다가 복병막을 담당하는 각 진들은 대부분 부산진 산하의 진영이었기 때문에 왜관을 출입하는 왜인들의 감시와 통제를 부삼첨사가 총괄했음은 당연했다.

한편 사선 왕래를 감시하고 보고하는 부산첨사의 임무는 아래 내용에서 확인된다.

> 이달 18일 … 부산첨사의 馳通 내용에, "분간되지 않는 배 한 척이 물마루로 나온다는 龜峰 봉군의 進告에 의거하여 哨探하기 위하여 2선장 柳東輝를 정하여 보낸다"고 하였음.
> 19일 축시에 첨사의 치통 내용에, "어제 초탐장의 치보에, '왜인의 작은 배 한 척을 영솔하여 館所에 왔다'고 하기에, 이에 근거하여 問情하라는 뜻으로 任譯 등에게 분부하였다."[50]

물마루에 조선 외의 선박이 진입하면 일단 봉군의 보고를 받고 哨探將 파견을 하달한다. 초탐장은 조선 해안으로 들어온 선박의 路引을 확인하고, 승선 인원, 선박의 내도 목적 등에 대해 조사하여 부산첨사에게 보고한다. 그러면 첨사는 즉각 감영, 통영, 수영을 비롯하여 동래부사에게 이 내용을 보고한다. 이후 일본사신이 내도한 경우에는 역관 등을 보내어 사신이 온 목적 및 자세한 상황을 問情하게 하여 또 세부 사항을 알린다. 이는 사신이 내도했을 때 뿐 아니라 출선할 때[51]에도 마찬가지로 행해져 부산첨사가 일본 사선의 도착 및 발선을 세세하게 살피고 보고하고 있음을 알 수 있다.

본격적인 일본사신 접대 업무의 측면에서 부산첨사에게 주어진 역할은 크게 두 가지인데, 첫째 왜인에게 지급하는 公米와 땔나무 숯 등의 공급이며, 두 번째로는 연례송사의 연향에 참여하고 진상 물건 등을 看品하는 것이다.

---

50) 『국역전객사별등록Ⅱ』 정사(1737) 5월 27일.
51) 『국역왜인구청등록Ⅰ』 정해(1647) 1월 12일.

『증정교린지』에는 부산첨사에게 "왜관의 都差使員으로 하여금 왜관 건물의 수리, 倭船의 왕래, 公米의 捧上, 땔나무와 숯의 지급 및 각 처의 把守 등을 맡아보게 하였다."[52]고 하여 공목 및 시탄 지급 업무를 직접 관장하고 있음이 확인된다. 하지만 전란 이후 처음부터 왜공 물품을 부산첨사가 담당하지는 않았다. 처음에는 慶山縣令이 差員이었다가 이후 機張縣監으로 교체되었고, 1672년부터 부산첨사가 差員되어 倭供 지급 업무를 주관하게 되었다.[53]

왜공 물품 조달과 관련한 부산첨사의 임무는 앞서 확인한 "동래접왜절목"을 보면 더 명확해진다.

> 一. 公米와 料米, 料太를 받아올릴 때에는 부산첨사가 동래부 군관 입회하에 계량하고, 入給할 때에는 훈·별의 手本을 기다려 운반하게 한다.
> 一. 釜山倉에서 혹 각 읍의 색리와 船格에게 徵斂하는 일이 있으면 부산첨사를 무겁게 勘罪한다.
> 一. 柴炭은 부산첨사가 일일이 직접 검사하여 땔나무는 반드시 좋고 쓸만한 것으로 가리고 숯은 특별히 生木이 섞이지 않은 것으로 가려내고 별도로 긴 假家를 지어 보관하여 비에 젖지 않게 하여 들여주도록 하되 만일 근실하게 행하지 않아 적발되면 당해 첨사는 역시 종신 금고의 율로 시행한다.[54]

이상의 내용을 보면, 왜공 쌀·콩 등의 계량에 부산첨사가 직접 참여하고 있으며, 땔나무와 숯의 마련 및 보관까지 부산첨사의 담당 업무인 것을 알 수 있다. 게다가 만약 이 업무를 소홀히 하거나 관리와 감시가 소홀하여 문제가 발생했을 때에는 엄중한 처벌을 받도록 명시하고 있다. 실제로 1726년 부산첨사가 땔감을 제때 지급하지 않아 下倭들이 왜관 문지기의 막사를 훼

---

52) 『국역증정교린지』 권3 「다례의」, 115~116쪽.
53) 양흥숙, 앞의 박사학위 논문, 57쪽.(『변례집요』 권19 「관방」 을축(1745) 3월)
54) 『변례집요』 권5 「금조」 경오(1750) 6월, 동래접왜절목.

손한 일이 발생하자 推考하는데 그치지 않고 심문까지 하게 하여 치죄한 일55)이 있었다. 이를 통해 보건대, 왜인 통제의 중요성이 부산첨사 역할의 중요성으로까지 전가되었으며, 그만큼 왜인과의 마찰을 경계하는데 부산첨사가 엄중한 위치에 있었음이 확인되는 대목이다.

왜인에게 제공하는 물품의 공급 외에 접대의례를 시행하는데 있어서 부산첨사 업무는, 연례송사의 숙배례 및 연향을 주관하고 모든 사신의 진상 물건을 看品하는 것이었다. 부산첨사는 외교사행인 차왜의 연회의례에 참여하지는 않았지만 연례송사의 연향은 동래부사와 함께 주관하였다. 이는 부산첨사가 외교현안을 논의하는 업무를 담당하는 직책보다는 변경지역의 경계, 통제, 마찰 차단 등 군사적 업무를 더 중요시해 온 기존의 입장 때문일 것이다.

또 한 가지 특징은 송사의 연회 주관에 있어 동래부사보다 부산첨사가 다소 역할이 컸다는 점이다. 일례로 모든 상황을 단정할 수는 없지만 연회에 불참하는 사정이 생길 경우 동래부사나 부산첨사 둘 중 한명은 참석을 하여 연회를 설행하는데, 대체로 동래부사의 불참이 더 잦아 부삼첨사가 단독 설행하는 사례가 더 많았다. 『변례집요』「연례」조에 의하면, 초량왜관으로 이전하기 전에는 1658년 이정암송사의 하선연 때 부산첨사가 단독 설행56)한 것이 1건인데 비해 이후에는 1821년까지 7~8차례 부산첨사가 단독 설행하고 있다. 또한 1658년 첨사 단독 설행 때에는 이례적인 것으로 생각하여 조정에서 동래부사 병의 경중 여부를 조사하여 推考하는 조처를 취하기도 하였다. 하지만 초량왜관 시기에는 그런 사례가 보이지 않는 것이 특징이다.

부산첨사가 외교사절인 차왜의 연회를 주관한 것은 초량왜관 이건 시기 監董差倭 이외에는 보이지 않는다.57) 아마도 왜관 관리 주체가 부산진 및

---

55) 『국역전객사별등록Ⅰ』 병오(1726) 2월 11일, 170~171쪽.
56) 『변례집요』 권7 「연례」 무술(1658) 12월.

그 휘하 진들이고, 수리 및 이전이 잦았던 왜관의 특성 상 왜관 관리의 전적인 책임을 지고 있었던 부산첨사에게 일시적으로 접대의 자격을 부여했던 것으로 보인다. 하지만 이 외의 차왜들에게는 부산첨사의 연회 접대 기회가 부여되지 않았다.

> (부산첨사는) 都船主의 차왜가 바치는 進上이 있으면 宴廳에 나가 물건을 살피고 捧上하였다. 대차왜의 진상 때에는 단지 물건을 살핀 후에 바로 부산진으로 나왔다.58)

> (진하의 때) 부산첨사와 任官은 먼저 연청으로 가서 진상물건을 간품해서 봉상하고, 부산첨사는 즉시 부산진으로 나간다.59)

위의 자료 내용에 의하면, 부산첨사는 진상하는 물건을 간품하는 일을 직접 처리하고 있으며, 간품이 끝나면 바로 부산진으로 돌아가 대차왜의 숙배 및 연향에는 참여하지 않았다.

이상을 통해 부산첨사가 일본사신 접대에서 차지하는 역할은 동래부사와 비교했을 때 크게 두 가지로 정리할 수 있다. 하나는 왜관 주변 해역을 비롯하여 육로상으로도 왕래하는 일본인을 직·간접적으로 감시하고 통제하는 일이다. 여기에는 왜관 내에 조달하는 물품과 교역 등을 관리하여 왜인들과의 분란을 방지하는 일도 포함된다. 나머지 하나는 외교업무를 목적으로 내도하는 사신 외에 교역을 목적으로 오는 일본 사신들의 접대 의례에 참여한다는 것이다. 한편 외교사신 접대 의례에는 참여하지 않지만 그들이 가져오는 물품은 관리하였다.

---

57) 『변례집요』 권7 「연례」 무오(1678) 5월. "감동차왜의 다례와 하선연은 丙戌년의 예에 따라 부산첨사가 단독 설행하는 것이 예이다."
58) 『국역증정교린지』 권3 「다례의」, 115~116쪽.
59) 『국역증정교린지』 권3 「진하의」, 123쪽.

2) 왜관 職役者

왜관은 공간적인 특성상 그곳에 머무르는 일본인들과 끊임없는 접촉이 이루어지는 곳이었고, 그 공간을 왕래하며 업무를 하는 조선인에게 꼭 필요한 것 중 하나가 의사소통이었다. 이는 비단 여러 물품을 교역하는 상인들과 관련한 업무만은 아니었고, 외교 업무를 위해 머무르는 일본 사신들과의 관계에서도 필수적인 조건이었다. 때문에 왜인 접대를 준비하는 왜관 직역자들 중 가장 대표적인 사람들이 훈도, 별차 등의 왜학역관이었다.

그 외에도 연례에 필요한 각종 물품들을 조달·보관하고, 음식 마련, 연향 업무 보좌 등을 행하는 직역자들이 있었다. 특히 연향 준비 업무에서 이들의 역할은 구체적으로 세분되어 있어 자주 벌어지는 연례에 숙달된 업무가 이루어지고 있었음을 짐작할 수 있다.

이상의 왜관 연향 준비와 관련한 직임자들의 역할이 어떠한지 구체적으로 확인해 본다.

(1) 훈도·별차

조선후기의 훈도와 별차는 왜학역관으로 일본사신과의 통역 및 무역업무를 보좌하였으며, 접대에 있어서는 왜공 물품 관리와 연회의례에서 보조 업무 등을 담당하였다.

부산훈도는 1원으로 교회를 차송하였고 30개월 만에 교체하며 변정을 전담하여 관리하였다.[60] 『경국대전』에 의하면 전란 이전의 훈도는 경상도 지역의 각 부·군·현에 55명이 배치되었고, 그 중 종9품의 왜학훈도 2명은 부산포와 제포에 각 1원씩 두었다. 공적인 일이 있을 때에는 간혹 당상관 중에서도 임명하였으며, 1572년(선조 5) 비로소 차송하여 접대하도록 하였다.

---

60) 『국역증정교린지』 권3 「任官」.

그러다가 임진전쟁이 발생하여 왜와 국교가 단절된 후 혁파되었다가 기유년(1609) 강화한 이후 다시 설치하였다.[61]

별차는 1원으로 교회나 역과에 급제한 총민을 임명하였으며 임기는 1년이었다. 훈도와 더불어 변정을 같이 관리하였으며, 경상좌도의 問情 및 社日[62]과 百種節日에 왜인이 舊館(두모포왜관)에 출입하는 것을 전담하였다. 고례에는 경상우도에 왜인이 표착하면, 玉浦의 역관과 함께 문정하였는데, 1709년(숙종 35)에 동래부사 권이진이 계를 올려 별차가 문정하는 것을 혁파하고, 역관이 전담하도록 하였다.[63]

옛날에는 소통사 중에서 뽑아 임명하였는데, 인조 원년 계해(1623)에 영의정 李元翼이 계청하여 교회 중에서 훈도를 거치지 않은 자와 총민 중에서 장래성이 있는 자를 번갈아 차송하여 오로지 倭語만을 습득하게 함으로써 후일의 쓰임에 대비하도록 하였다.[64] 이는 왜어에 능통한 역관들이 적었던 당시의 상황이 그 배경이 되었다.[65]

훈도와 별차는 각각 거느리는 솔속이 있었다. 훈도의 경우 서기[書手] 2명, 陪通事 2명, 소동 2명, 柴軍 2명, 심부름꾼[走番] 1명, 밥짓는 老女 1명, 말몰이꾼[馬人] 1명, 야간 관지기 2명, 말 1마리가 딸려 있었다. 별차는 배통사 2명, 소동 2명, 시군 2명, 밥짓는 노녀 2명을 거느렸다.[66] 훈도와 별차가 임기가 다해 교체될 때에는 통사들이 신구 훈도와 별차에게 요리상을 내어 접대하여[67] 위로하였다.

---

61) 『국역증정교린지』 권3 「임관」.
62) 社日. 왜인들이 춘분과 추분에 가장 가까운 戊日을 명절로 삼아 토지신에게 그 해의 풍작을 기원하고 가을에는 추수를 감사하는 제사를 지냈다.
63) 『국역증정교린지』 권3 「임관」.
64) 『국역증정교린지』 권3 「임관」.
65) 이상규, 앞의 박사학위논문, 2010.
66) 『초량화집』.
67) 小田省吾 関·都甲玄卿 편, 앞의 책, 1937, 404쪽.

(2) 잡역

왜학 역관 외에 접대를 위한 실질 업무는 훈도·별차에 배속된 소통사를 비롯하여 잡역들이 담당하고 있었다. 이들은 주로 연향에 필요한 음식과 잡물의 조달 및 준비를 담당했는데, 별도로 差遣하지 않고, 현지 지역민들을 활용하였다. 이것은 담당업무를 맡은 이들이 대부분 평상시에도 왜관업무와 관련이 있는 자들이며, 동래부에서도 본청에서 근무하는 이들 외에 왜관직 구성원을 따로 설정해 두고 있는 것68)에서도 짐작할 수 있다. 이들은 守門을 통하여 출입하였는데, 동래부에서 帖文을 주어 출입을 허락해 주었다.

준비과정에서 직무를 맡았던 대표적인 구성원들로 小通事, 小童, 館直, 禮單直, 果房 등을 들 수 있다. 소통사는 훈도와 별차에 소속된 생도역관으로 잡다한 업무와 통역을 맡았다. 소동도 관청이나 왜관에 소속되어 잡무를 맡는 동시에 왜관이 있었던 부산 지역에서는 일본말을 익혀 간단한 통역을 담당하기도 했다. 관지기는 왜관을 지키는 업무 및 연향 준비 업무를 맡았고, 예단지기는 왜사에게 지급될 예단을 관리·담당했다.69) 예단지기는 이후 혁파되어 軍役으로 移定되고 관지기가 그 업무를 담당하였다.70) 또한 과방은 관청에 소속된 요리사로 동래부 관청 외에도 왜관에는 별도의 과방이 배치되어 있었다. 이는 그만큼 왜관 내에서 음식을 할 일이 많았던 것을 의미한다. 왜관에서는 일 년에도 백여 차례 정도의 연향 및 다례가 있어 동래부 관청과는 별도로 왜관에서 음식을 담당할 과방이 필요했던 것이다.

왜관 내 잡역자들의 인원수와 담당업무는 기록별로 약간의 차이가 있는데 그나마 세부적으로 기록된 『증정교린지』를 중심으로 소임자들이 연회 준비 및 설행에 구체적으로 했던 일을 정리하면 다음 <표 4-5>와 같다.

---

68) 『동래부지』를 보면 창고지기, 果房, 노비 등 왜관직 원역은 동래부 관청 내의 원역과는 별도로 인원을 정해두고 있다.
69) 『증정교린지』 3권 「솔속」.
70) 『초량화집』.

〈표 4-5〉 왜관 연향 준비 및 설행 업무 담당 원역

원역		인원	업무	원역		인원	업무
소통사	首通事	1	여러 통사 총괄, 연향행사 주관	관지기	館直掌務	1	연향 돗자리, 大廳直 겸행
	砂器通事	2	연례용 사기 담당		食鼎監考	3	연향 밥솥
	果房	15	다례·연향 熟供		砂器直	5	연향시 사기그릇
	예단지기	16	예단 관리, 담당		盤監考	2	연향 盤卓

※『증정교린지』3권「솔속」참조

　초량왜관에서 업무를 보는 소통사는 기록별로 약간의 차이는 있으나 총
인원이 적게는 19명에서 많게는 40명으로 기록되어 있다.[71]『증정교린지』
에 의하면 소통사는 처음에 16명이었는데 1703년(숙종 29)에 35명으로 증
원한 후 1739년(영조 15) 30명을 정원으로 하였다. 총 30명의 小通事 중 首
通事는 1명으로 여러 통사를 총괄하여 거느리며 연향시에 거행하는 일들을
맡아 보았다. 그리고 砂器通事는 2명으로 연향 예식에 필요한 砂器를 맡아
보았다.[72]

　館直은 총 30명으로 왜관의 사역 및 연향시의 사환 등을 맡아보았는데,
館直掌務는 1명으로 연향시 돗자리를 맡았으며 大廳直을 겸하였고 동래부
에서 차출하였다. 食鼎監考는 3명인데 각 송사에게 지급하는 밥솥 및 연향
시 사용되는 밥솥을 맡았다. 砂器直은 5명으로 연향시에 쓰이는 사기를 맡
았다. 盤監考는 2명으로 연향시 쓰이는 盤卓을 담당하였다.

　또한 果房은 일종의 熟手인데 15명으로 구성되어 연향의 熟供을 지대색
리와 함께 거행하여 상을 차렸다.[73]

　이상『증정교린지』의 솔속 인원수는 타 기록들과 비교해 보면『동래부

---

71)『초량화집』에는 19명, 김동철의 논고(김동철,「17~19세기 동래부 소통사의 편제와
　　대일활동」『지역과역사』, 2005, 211쪽)에서는 40명으로 정리하였다.『동래부지』에
　　는 35명으로 기록되어 있다. 정원 외에 평상시에는 어느 정도 변수가 있어서 인원
　　수도 변동이 있는 것으로 보인다.
72)『증정교린지』3권「솔속」.
73)『증정교린지』3권「솔속」.

지』에서는 연향숙수가 13명, 사기직이 4명,[74] 『동래부사례』에서는 연향숙수가 30명, 사기직이 4명, 반감고 4명, 식정감고 1명으로 조금씩 차이가 있다. 하지만 대체로 직무 분담은 비슷하며, 이들에 의해 준비된 연향 기물이나 음식들은 일본사신의 접대로 이어졌다.[75]

3. 연향접대 물품

1) 접대잡물

접대잡물은 크게 연향과 숙배 등의 의례에 소용되는 의례용 잡물과 무역 및 유관시 소비되었던 기타 잡물로 분류할 수 있다. 의례용 물품은 의장기치 물품으로 숙배례, 다례, 연향 등을 설행할 때 기본적으로 갖추어야 할 기물들이었다. "연향은 왜관 북문 밖의 宴大廳에는 公須間이 있어 연향에 필요한 물품들을 보관하고 관리하였다."[76]고 하였는데, 이곳에는 연향에 쓰이는 그릇과 상, 돗자리 등 필요 물품들이 보관되어 있었다.

의장 기치 등의 물품은 <표 4-6>에 제시된 것처럼 정해진 품목을 마련해 두고 사신 접대의례가 행해질 때 갖추어 정렬하였다.

---

74) 『동래부지』「人吏官屬雜差」.

75) 심민정, 앞의 논문, 『역사와경계』 66, 2008. 3, 97~99쪽.

76) 『증정교린지』. 공수간 안에는 酒房, 沙器庫 등이 포함되었다.

〈표 4-6〉 초량객사 의장

초량객사 의장	潞洲紬 紅涼傘 1자루	花紬 靑蓋 1쌍	綾紅蓋 1쌍	紅紗 雀扇 1쌍	銀斧 1쌍	銀立瓜 1쌍	金燈 1쌍	金橫瓜 1쌍	銀粧刀 1쌍	金粧刀 1쌍
형태										
설명	홍저사 (紅紵絲)를 사용하여 三簷을 만드는데 일산에 비하여 짧게 하고, 안에 流蘇를 드리운다.	나무통에 대나무의 살을 만들고, 淸絹로 덮은 뒤 그아래에 三簷을 만들어 용을 그린다.	속살과 검살은 대나무, 드리운 천은 홍색 무문단인데 그 위에 서운, 처마에는 영지를 원색으로 그렸으며, 3단의 처마 2번째 단에는 방울 1개가 부착됨.	붉은 바탕의 양쪽 면에 공작이 각각 2마리씩 그려져 있고 자루에도 붉은 칠을 하였다.	나무로 만들어 은빛으로 칠하고, 붉게 칠한 몽둥이로 꿰어 놓는다.	모양을 참외와 같이 만들고 은으로 칠하여 주칠봉의 머리에 세워 놓았다.	주칠간 위에 도금한 말등자를 걸고 아래의 끝에는 쇠로 장식하였다.	나무로 참외와 같이 만들고 금으로 칠하여 주칠봉의 머리에 모로 놓는다.	나무로 만드는데, 칼집에 조각을 하고 은(銀)을 입혔으며, 붉고 푸른 채색을 사이에 칠하였다.	나무로 만들어 겉에 무늬를 새기고 금칠을 하였다.

※『동래부지』;『국조오례의』참조.

　　의례가 이루어지는 장소에서는 이상의 의장만 갖추어지지만, 일본사신
접대를 위해 동래부사 등의 행렬이 왜관으로 향할 때에는 갖추어지는 군물
및 기치가 더 많았다. 군물과 기치를 비롯하여 동래부사의 행렬 구성 전체
에 대해서는 다음 장에서 자세히 살펴보기로 하고, 본 장에서는 〈표 4-7〉과
같이 연향시 군물과 기치 목록만 제시한다.

〈표 4-7〉 연향시 기치 군물

淸道旗 2	金鼓旗 2	巡視旗 1	纛 1	偃月刀 2	삼지창 2
	形名旗 1	令旗 2	龍頭劍 2	斬刑刀 2	貫耳令旗 2

※ 『동래부지』 참조

숙배와 연향은 성격이 전혀 다른 의례이기 때문에 그에 따른 의장 물품
도 <표 4-6>과 <표 4-7>에서처럼 전혀 다른 양상을 보인다. 가장 큰 차이점
은 연향시 의장은 군의장의 형태를 갖추고 있는 점이라 하겠다.

의례에서 소용되는 물품 외에 나머지는 무역에 소용되는 물품, 예단 물
품, 유관시 필요한 일공 등의 물품이다. 의례용 물품과 비용은 실질적으로
보면 전기에 비해 줄어들었다.[77] 하지만 그 외 일공이나 무역·구청 물품 등
의 조달은 상당한 양에 달했다. 특히 왜관이 소재한 동래부의 부담은 너무
무거워 각종 폐해가 양산되기에 충분했다.

公米木과 料米, 柴炭 등의 업무는 동래부사를 비롯하여 각 해당 읍의 수
령과 부산첨사가 모두 장계를 올려 적당량을 논의하여 분담하였는데,[78] 구
체적인 수량과 분정된 읍은 다음과 같다.

- 料米 : 2천 6백 70석(요미 및 魚價米, 雜色作米를 합친 것.)
- 콩[太] : 8백 22석
- 公作木 : 1천 1백 21동 44필 32척 3촌
- 元定 17邑 - 寧海, 盈德, 淸河, 興海, 迎日, 長鬐, 경주, 機張, 울산,
  대구, 仁同, 草溪, 高靈, 星州, 善山, 漆谷, 동래<칠곡·동래 두 고을의
  稅는 전부 요미·태로 들어간다.>[79]

이상 17읍은 세를 징수한 수량에 의하여 요미·태를 제하고 그 나머지는

77) "접대 절차로 말하면, 지금은 상경도 없고 부산관에서만 접대하므로 비용이 예전에
    비해 반절 이상은 줄어든 것 같다."(『춘관지』 권3 「總論接倭之費」)
78) 『국역증정교린지』 권3 「다례의」, 115쪽.
79) 『춘관지』 권3 「倭料米及公木分徵郡邑」.

모두 作木80)하여 9백 40동 10필 32척 3촌이 된다. 한편 왜요미를 담당하는 곳은 이렇게 원래 정해진 17개 읍이 있음에도 불구하고 흉년이 들거나 기타 사유로 수량을 채우지 못하는 일이 있었으므로 담당 군읍을 加定하는 일이 많았다.81)

<표 4-8> 1739~1743년 왜요미의 加定

가정 시기	내용
건륭 기미년(1739)	加定
경신년(1740)	가정
신유년(1741)	군위, 청송, 합천, 삼가, 함양, 금산, 개령, 영양, 의흥, 진보, 신령, 하양, 자인, 경산, 청도, 언양, 영천, 의성
임술년(1742)	합천, 삼가
계해년(1743)	합천, 삼가, 의흥, 경산, 언양, 청도

※『춘관지』권3「倭料米及公木分徵郡邑」참조하여 작성.

<표 4-8>에서처럼『춘관지』에는 왜요미를 담당하도록 원래 정해져 있는 17개 읍 외에 加定된 상황을 기록하고 있다. 원래 정해진 17개 읍을 통해 수량이 충분히 조달되면 가정하지 않고 부족할 때에만 가정하도록 규정되어 있는데,82) 1739년부터 1743년까지 5년 동안 한 해도 거르지 않고 모두 가정되었다. 특히 1741년은 다른 해에 비해 가정한 군읍이 상당히 많은데, 이때는 경상북도에 큰 흉년이 들어 영남의 곡식으로 賑恤한데 따른 결과이다. 하지만 큰 흉년이 아니더라도 대체로 5년간 모두 가정된 것을 보았을 때 일본인 접대에 필요한 비용이 생각보다 많이 지출되었음을 짐작할 수 있다.

한편 作木의 경우에도 원래 정한 17개의 읍 및 가정한 읍에서 징수한 것을 합쳐도 수량이 부족하여, 19개 읍을 더 가정하였다. 양산, 창녕, 현풍, 밀양, 영산, 의령, 함안, 김해, 진주, 하동, 남해, 사천, 고성, 곤양, 거제, 창원,

---

80) 作木. 田稅를 본래 곡물로 납부하던 것을 무명이나 삼베로 환산해 납부하는 것.
81) 『춘관지』권3「倭料米及公木分徵郡邑」.
82) 『춘관지』권3「倭料米及公木分徵郡邑」.

웅천, 칠원, 진해가 여기에 포함되었다.[83] 그런데 전체 1천 1백 여동의 公作木 중 원정 17개 읍이 85% 정도를 부담하고 가정된 읍은 나머지를 부담하는 형태였으므로 실제 원정 17개 읍의 일본사신 접대 부담은 상당한 수준이었다. 여기에 동래가 포함되어 있으니 그 부담 상황을 예상할 만하다.

2) 음식재료

연향에 필요한 기물들은 앞서 확인했던 각 준비원역들이 보관하고 관리하여 항시 준비되어 있었던 반면 식재료는 신선한 제철의 것으로 조달해야 했다. 또한 사신들의 성격과 인원수에 따라 종류와 양이 달라졌기 때문에 왜관으로 어떤 식재료가 조달되었는지는 매우 중요한 부분이다.

음식재료는 크게 다례를 비롯한 연향식과 왜관에 머무는 기간 동안 日供의 형태로 제공되는 일상식으로 구분할 수 있다. 이상의 식재료가 모든 사신들에게 어떻게 적용되었는지 일일이 확인하기는 힘든 관계로, 매년 정기적으로 도래했던 연례송사를 중심으로 구체적 내용을 확인해 본다. 『증정교린지』와 『통문관지』 등의 규정집에서도 식재료를 확인할 수 있으나 실제와는 차이가 있을 수 있으므로 실제 사례가 남아 있는 『嶺南接倭式例改釐正謄錄』을 중심으로 1732년(영조 8) 일례를 살펴보겠다.

(1) 연향 식재료

일공 및 다례나 연향에 필요한 식재료는 앞서 확인한대로 영남지역을 중심으로 분담하였으며, 추가분은 주변지역에서 가정하는 형태로 충당하였다.

식재료와 관련한 조선측 기록은 『증정교린지』, 『통문관지』 등의 외교관련 서적들에 그 내용이 자세하다. 하지만 이상의 기록들은 규정집이므로 실

---

83) 『춘관지』 권3 「倭料米及公木分徵郡邑」.

제로 모든 시기의 사신들에 동일하게 적용될 수 없었다. 이는 다음 <표 4-9>에서 두 사료에 기재된 사신별 연향 횟수만 보더라도 명확해진다. 두 사료의 초간 시점이 같은 18세기라고 하더라도 80여 년의 기록상 차이가 존재하는데, 이 기간 동안 규정의 변화를 확인할 수 있다. 또한 규정이 변화했다는 것은 실제 적용 사례에서 더 많은 변화가 있었음을 추측할 수 있게 한다.

〈표 4-9〉 18세기 연례송사 연향 횟수

사신 \ 연향	하선다례			하선연			별연			노차연			명일연			진상간품다례			예단입급다례			상선연			별하정			예하정		
	통	증	영	통	증	영	통	증	영	통	증	영	통	증	영	통	증	영	통	증	영	통	증	영	통	증	영	통	증	영
1특송사	1	1	1	1	1	1	1	1	1	1	1	1	4	3	4	1	·	·	1	1	1	1	1	1	2	·	1	2	·	·
세견제1선송사	1	1	1	1	1	1	1	·	·	1	1	1	3	3	3	1	·	·	1	1	1	1	1	1	·	·	·	·	·	·
세견제2,3선송사	1	1	1	1	1	1	1	·	·	1	1	1	3	·	·	1	·	·	1	·	·	1	1	1	·	·	·	·	·	·
부특송사	1	1	1	1	1	1	1	1	1	1	1	1	4	4	4	1	·	·	1	1	1	1	1	1	2	2	1	2	2	·
만송원송사	1	1	1	1	1	1	1	·	·	1	1	1	3	3	3	1	·	·	1	1	1	1	1	1	·	·	·	·	·	·
이정암송사	1	1	1	1	1	1	·	·	·	1	1	1	·	·	·	·	·	·	1	1	1	1	1	1	·	·	·	·	·	·
관수왜	1	1	1	1	1	1	1	·	·	1	·	·	3	·	·	1	·	·	1	1	1	1	1	1	·	·	·	·	·	·
합계	7	7	7	7	7	7	6	2	2	7	6	6	20	13	14	6	0	0	7	6	6	7	7	7	4	2	2	4	2	0

※ '통'은 『통문관지』, '증'은 『증정교린지』, '영'은 『영남접왜식례개이정등록』의 내용이다.
※ 연례송사는 『영남접왜식례개이정등록』의 사례를 중심으로 하였기 때문에 4선송사 및 유방원, 평언삼, 평언만송사(1702년 폐지)는 제외하였다.
※ 연향횟수 변화가 있는 부분은 음영으로 표시하였다.

<표 4-9>에 의하면, 대체로 18세기 초반의 『통문관지』 기록에 비해 18세기 후반의 『증정교린지』 시기는 연향 및 접대가 점차 간소화되는 경향을 보인다. 여기에 『영남접왜식례개이정등록』의 기록은 그 사이에 존재하면서 접대가 간소화되는 변화를 같은 흐름에서 입증해 준다. 하지만 1732년 사례를 기록한 『영남접왜식례』[84]는 그 기록 시기가 『통문관지』와 더 가까움에도 불구하고 70년 정도 차이가 나는 『증정교린지』의 규정에 더 가까운 접대 실례를 보이고 있다. 이는 아마도 이상의 교린관련 규정집들이 간행 시

---

84) 이하 『嶺南接倭式例改釐正謄錄』는 『영남접왜식례』로 약기한다.

점 이전에 사례를 수집하여 규정을 정리했기 때문일 것이다. 또 한편으로는 초량왜관 이전 후 일본사신 접대 부담을 줄이고자 했던 조선 측의 의지가 정책 실현으로 잘 반영된 결과로 볼 수도 있다.

이런 내용을 바탕으로 『영남접왜식례』가 기록한 1732년 연례송사의 연향 음식 재료를 다음 표를 통해 확인해 본다. 작성 시기는 음력 9월이므로 수확량이 어느 정도 충분한 가을이라는 점도 염두에 두어야 한다. 당시 모든 연례송사의 사례를 다 확인하기 힘들어 가장 접대가 융성했던 1특송사와 반대로 가장 접대가 간소했던 관수왜[85]의 하선연을 비교·대조해 보았다.

〈표 4-10〉 1특송사와 관수왜의 하선연 식재료

종류		수량		종류		수량	
		1특송사	관수왜			1특송사	관수왜
곡류	콩가루	3石4斗1升5合4夕4里	7斗5升5合		밀가루	1石1斗9升9合3夕2里	5升3升2合
	찹쌀	3斗2升5合5里	1斗6升59夕6里		木米	1斗5升	6升
	녹두	1升6合5夕7里	9合9夕6里		팥	1升6合5夕7里	9合9夕6里
	엿기름	3斗4升4合	3升				
육류	포육	2貼3條	7條반		말린 꿩	5마리3快	2마리1快
	계란	92개	36개		산닭	1마리씩	1마리씩
	산돼지	·	1마리				
해산물	대구어	52마리	16마리		청어	12級4마리	3級14마리
	건어	11束5마리	3束6마리		전복	6串9개	2串1개
	문어	2마리7條	7條반		광어	11마리반	3마리
	상어	23마리	6마리		生鰒	92개	36개
	해삼	1斗1升5合	4升5合		홍합	1斗1升5合	4升5合
	생선	6마리	1마리				
과채류	황밤	1升1合5夕	9合4夕6里		대추	2升4合1夕	9合4夕8里
	잣	6升9合	2升4合		호도	6升9合	2升4合
	개암	6升9合	2升4合		곶감	1貼7개	1貼9串2개
	표고	7合5夕	9夕9里6分		생강	1升8夕	9夕9里6分

---

85) 초량왜관으로 이전한 후 관수왜는 접대상으로 볼 때 연례송사와 같은 부류로 볼 수 있다. 즉 그 이전에는 접위관이 차왜를 접대하였지만 초량왜관 이전 후 연례송사 접대에서처럼 동래부사와 부산첨사가 연향을 주관하고 있다. 또한 연향 설행 기준도 제1선세견송사와 같은 규정을 적용하는 것으로 변경되었다.

종류	수량		종류	수량	
	1특송사	관수왜		1특송사	관수왜
芝草	1升6合6夕5里	6合	생밤	1斗5升9合9夕1里	4升5合
홍시	75개	33개	배	61개	24개
오미자	**7合5夕씩**	·			
조미료 참기름	4斗2升5合1里	9升	꿀	9升3合8夕	2升7合7夕6里
甘醬	4升9合9夕9里5分	1升9合9夕8里	간장	3升3合3夕	9合8夕6里
겨자	4合1夕7里	3合	소금	3升3合3夕	9合9夕6里

※ 『嶺南接倭式例改釐正謄錄』「연향잡물 秩」「하선연」참조하여 작성.
※ 제공되는 식재료 종류가 차이나는 부분은 진하게 표시하였다.

위의 표는 1특송사 및 관수왜의 하선연 접대에 사용된 음식재료를 모두 합산하여 나타낸 것이다. 연향음식은 7味가 제공되었는데, 이를 반영하듯 표에서 식재료의 다양함이 드러난다. 식재료는 곡류, 육류, 해산물, 과채류, 조미료 등으로 구성되어 있고, 육류에 비하면 해산물이 많은 비중을 차지한다. 특히 어류는 건어와 날생선에 이르기까지 사용 용도에 따라 보존 방법을 달리하여 제공되었으며 종류도 다양하다. 이는 불교를 신봉하여 네발 달린 짐승의 고기를 꺼리고 다양한 해산물을 즐기는 일본인의 식생활을 고려한 것으로 보인다.

어류 중 눈에 띄는 것은 상어와 대구이다. 상어는 잔치상에 대표적으로 올라가는 음식 중 하나이며 대구어는 해산물 중 날생선을 제외하고 가장 많은 물량이 제공되고 있다. 상어와 대구어는 동래 지역의 토산품이기도 하다.

> 전자리상어[占察魚], 대구[大口魚], 靑魚, 洪魚, 錢魚, 전복[鰒], 굴[石花], 紅蛤, 烏海藻, 김[海衣], 미역[藿], 海蔘, 다시마[昆布·塔士麻][86], 石榴, 유자[柚], 사기그릇[磁器], 오지그릇[陶器], 竹箭〈蘇山에서 남.〉, 표고, 소금, 은어[銀口魚], 농어, 廣魚.[87]

---

86) 곤포와 塔士麻 모두 다시마를 의미하는데, 정약용의 『경세유표』에는 '곤포 중에 작은 것을 방언으로 塔士麻라 한다'고 되어 있다.
87) 『신증동국여지승람』「경상도」동래현 토산.

위에 제시한 물품들이 조선시대 동래현의 토산품이었던 것을 감안한다면, 구하기도 쉽고 일본인들의 입맛에도 맞는 해산물 음식을 많이 활용했음을 짐작할 수 있다. 특히 대구어는 경상도의 대표적인 특산물로 일본인의 상차림에 자주 올라가고 있으며, 왜인들이 많이 요구했던 求請 물품 중 하나이기도 하다.[88] 전자리상어는 찜 등의 형태로 요리되어 상에 올라갔던 음식재료 중 하나인데, 껍질은 말려 칼자루에 장식하거나 물건을 닦는데 사용하기도 했다.

1특송사와 관수왜의 식재료 중 차이가 나는 것은 오미자와 돼지이다. 관수왜에게는 오미자가 지급되지 않았던 반면 특송사에게는 돼지가 지급되지 않았다. 오미자가 음료의 재료로 쓰인다는 점을 감안하면 관수왜에게는 오미자를 사용한 음료가 상에 올라가지 않았다는 것을 의미한다. 그런데 돼지가 특송사에게 보이지 않는 점은 특이하다. 개별 연향음식 재료를 확인하기 힘들지만 『증정교린지』에서 각종 다례와 연향에 제공된 식재료의 총량을 보면 돼지 15마리가 포함[89]되어 있기 때문이다. 이는 하선연에서 돼지고기가 제공되지 않았음을 의미한다. 『영남접왜식례』에 기재된 1특송사 다례 및 연향 식재료 중 돼지가 포함된 연향과 다례를 분류하면, 하선다례 2마리, 명일연 8마리, 별하정·예하정 4마리, 예단다례 1마리로 총 15마리의 돼지가 제공되고 있다. 하지만 하선연, 상선연, 별연에는 돼지가 제공되지 않았다. 반면 관수왜의 연향과 다례에는 하선다례, 하선연, 예단다례, 상선연에 각각 돼지 1마리씩이 지급되어 총 4마리의 돼지가 제공되었다.[90]

음식상은 정관에서 하부 솔속에 이르기까지 몇 부류로 나누어서 제공되었고, 각각 재료와 수량이 달랐는데 이를 다시 표로 나타내면 다음과 같다.

---

88) 김동철, 「국역왜인구청등록(1) 해제」『국역왜인구청등록(Ⅰ)』, 부산광역시사편찬위원회, 2004, 22쪽.
89) 『증정교린지』 권1 「연례송사」 1특송사.
90) 『嶺南接倭式例改釐正謄錄』 「연향잡물 秩」 1특송사; 관수.

〈표 4-11〉 1특송사와 관수왜 원역별 하선연 음식상 구성

사신	원역구성	총인원	음식상
1특송사	정관 1, 선주 2, 압물 2, 시봉 1	6명	大床 1, 개별상 6
	반종 7, 對客 2	9명	대상 1, 개별상 9
	정관 1, 선주 2, 압물 2, 시봉 1, 대객 2	8명	小床 1, 개별상 8
관수왜	정관 1	1명	대상 1
	대객 2, 반종 3	5명	대상 1, 개별상 5
	정관 1, 대객 2	3명	소상 1, 개별상 3

※ 『嶺南接倭式例改釐正謄錄』「연향잡물 秩」1특송사; 관수왜, 하선연 참조.

<표 4-11>를 보면, 일본사신을 접대하는 음식상은 기본적으로 일정 원역을 묶어 大床 혹은 小床의 형태로 전체상이 나오고, 또 1명당 개별상이 하나씩 제공되었다. 개별상의 경우는 음식 재료에 차이가 없어[91] 동일한 음식이 차려졌던 것 같다. 또한 정관급과 반종에게 각각 大床이 제공되고 있는데, 이 또한 동일한 식재료를 기록하고 있는 것으로 보아 같은 상차림이 이루어진 것으로 보인다. 특이한 점은 반종을 제외한 정관 일행들에게 별도로 小床과 개별 음식상이 추가로 제공되고 있는 것이다. 이는 연향상을 한 차례만 베푸는 것으로 끝나지 않았음을 의미하는데, 중배례상과 연관지을 수 있을 듯하다. 왜냐하면 다례나 별연 등에서는 보이지 않기 때문이다.

이상 연례송사와 관수왜를 중심으로 연향음식 재료를 살펴보았다. 물론 다례나 하선연이라는 일부 연향만으로 모든 연향 식재료를 추정하기는 힘들지만 식재료에 상당한 물량이 준비되고 있었음은 틀림없다. 여기에 비정기적으로 도래하는 차왜의 연향 식재료까지 더해진다면 경상남도를 비롯하여 동래지역의 부담은 상당하였을 것으로 짐작된다.

(2) 일상 식재료

일본사신들이 왜관에 오면 머무는 일수가 정해져 있어 그 기간 동안은

---

91) 『嶺南接倭式例改釐正謄錄』「연향잡물 秩」「1특송사」 하선연.

매일 소용되는 물품이 日供이라는 명목으로 제공되었다. 일반적으로 왜인들의 접대에서 일상식재료인 日供으로는 1특송사에게 酒米, 醋米, 찹쌀, 장태, 팥, 木米, 밀가루, 누룩[眞曲], 참기름, 꿀, 소금, 미역, 겨자, 대추, 생밤[生栗], 황밤, 홍시, 곶감, 개암, 산닭[活鷄], 계란, 백합젓, 생선, 전복, 호두, 잣, 脯肉, 홍합, 해삼, 문어, 광어, 상어, 대구어, 청어, 건어가 제공되었다.[92] 이들 식재료는 각 고을에 분정하여 징수하도록 했는데,[93] 대부분은 경상도 지역에서 조달하였다. 특히 경상도 지역은 왜관과 가까워 이런 물품들의 운송이 다른 지역보다 용이하였으므로 조달에 주된 역할을 한 것이다.

일단 왜관에서 머무르게 되는 사신들은 연향이나 다례 등 특별식이 있는 날 외에는 매일 日供으로 지급받는 음식의 종류와 수량이 정해져 있었다. 물론 이러한 일공잡물은 모두 쌀로 환산하여 지급하도록 되어 있었으나, 그 식재료 목록은 별도로 기재되어 있었다.[94] 계절에 따라 생선이나 과일 등 제철 음식이 조금씩 달라지기는 하였으나 대체로 규정된 음식은 동일했다.[95]

〈표 4-12〉 조선후기 연례송사별 1일 접대음식 재료

음식재료		총 수량			
		1특송사	세견1선송사	이정암송사	만송원송사
곡류	酒米	30섬7말6되	6섬12말	5섬6말6되	8섬2말4되
	醋米	3섬12말2되	1섬2말	13말6되	1섬5말4되
	찹쌀	6섬9말7되5홉	3섬3말2되	1섬5말7되5홉	2섬7말3되5홉
	장태	4섬2말3되	1섬1말9되	10말9되7홉	1섬5말2되3홉
	木米	9섬1말5되	2섬11말5되	2섬3말2되	3섬4말8되
	팥	6섬9말7되5홉	·	·	·
	밀가루	11섬 3말	·	·	·

---

92) 『증정교린지』에 나와 있는 특송사 접대를 중심으로 정리하였다.
93) 『춘관지』「연례송사」.
94) 『증정교린지』 1권 「연례송사」.
95) 심민정, 「조선시대 倭使 接賓茶禮에 대하여」『동북아문화연구』제17집, 2008, 150~154쪽.

음식재료		총 수량			
		1특송사	세견1선송사	이정암송사	만송원송사
육류	眞曲	41동5圓9되	9동9원4홉	5동9원1되5홉	11동9원
	산닭	735마리	50마리	·	50마리
	계란	1365개	249개	·	249개
해산물	미역	178근12냥6전5푼	52근15냥	42근8냥	63근12냥
	백합젓	9말3되3홉9작6리	2말5되5홉	2말4홉	3말6홉
	생선	630마리	249마리	83마리	249마리
	전복	40첩9꿰미5개	6첩6꿰미4개	4첩1꿰미5개	7첩4꿰미7개
	해삼	4섬8말2되5홉	1섬5말7되5홉	1섬1말6되	1섬9말9되
	문어	78마리5조	31마리1조	10마리3조	31마리1조
	광어	315마리	124마리반	41마리반	124마리반
	상어	682마리반	207마리반	166마리	249마리
	대구어	997마리반	332마리	207마리반	373마리반
	청어	273급	83급	66급8마리	99급12마리
	건어	483束	174속3마리	107속9마리	199속2마리
과채류	대추	1섬3말9되	7말4되7홉	2말4되9홉	7말4되7홉
	생밤	2섬6말7되5홉	8말3되	·	8말3되
	황밤	1섬3말9되	7말4되7홉	2말4되9홉	7말4되7홉
	홍시	1365개	·	·	
	곶감	126첩	49첩8꿰미	16첩6꿰미	49첩8꿰미
	개암	1말7되5홉	4말9되8홉	7말4되7홉	7말4되7홉
조미료	참기름	6말5되6홉5작	4말8되9홉7작	3말8되1홉8작	5말6되6홉7작
	꿀	5말3되5홉5작	1말7되4홉3작	1말1되6홉2작	1말9되9홉2작
	소금	2섬3말6되	10말7되2홉	7말4되7홉	12말4되5홉
	겨자	5말4되6홉	1말6되6홉	1말3되2홉8작	1말9되9홉2작

※ 『증정교린지』 권1 「대마도인 접대에 관하여 새로 정한 사례」; 「연례송사」 참조.
※ 접대가 가장 간소한 관수왜는 세견1선송사와 동일하므로 제외하였다.
※ 일공으로 제공된 식재료에서 별·예하정은 제외하였으나 熟供은 포함한 양이다.

<표 4-12>는 각 사신들이 머무르는 일수동안 총인원에게 지급되는 일공의 재료를 표로 나타낸 것인데, 전체적으로 지급된 음식의 양이 매우 많은 것을 알 수 있다. 이들 중에서 1특송사는 正官 1명, 船主 2명, 押物 2명, 侍奉 1명, 伴從 7명, 格倭 90명으로 총 130인에게 일공이 지급된다. 각 송사는 지급물품에도 차이가 있어, 1특송사는 이정암·만송원송사에 비하면 팥·밀가루·생밤·홍시·산닭·계란·호두·잣·포육·홍합이 더 첨가되었으며, 세견

제1선송사에 비하면 팥·밀가루·홍시·호두·잣·포육·홍합이 더 제공되었다.

〈표 4-13〉 조선전기와 조선후기의 일상식

곡류		쌀	메밀	병미	찹쌀	밀가루	팥	콩			
	전기	○	○	×	×	○	×	○			
	후기	○	○	○	○	○	○	○			
과일		황율	대추	곶감	생율	홍시					
	전기	×	×	×	×	×					
	후기	○	○	○	○	○					
육류		산닭	계란								
	전기	×	×								
	후기	○	○								
해조류		미역									
	전기	○									
	후기	○									
음료		주미	차	청주							
	전기	×	○	○							
	후기	○	×	×							
조미료		장태	초미	꿀	참기름	백합젓	새우젓	소금	겨자	간장	초	진곡
	전기	×	×	×	○	×	○	○	○	○	○	×
	후기	○	○	○	○	○	×	○	○	×	×	○
생선류		건어	청어	광어	전복	생선	대구어	상어	문어	해삼	준치	조기
	전기	○	○	○	○	○	×	×	×	×	○	○
	후기	○	○	○	○	○	○	○	○	○	×	×

※ 세견선 정관 기준으로 『해동제국기』와 『중정교린지』를 비교함.
※ 전기와 후기 지급 재료 중 차이가 나는 재료는 음영으로 표시함.

그렇다면 이렇게 제공된 음식 재료는 조선전기와 같은 분량이었는지 의문이 생긴다. 제공된 음식에 따라 일본사신에 대한 처우도 결정되기 때문이다. 앞의 <표 4-13>은 조선전기와 조선후기에 일공으로 제공된 음식의 재료를 비교하여 제시한 것이다. 표를 보면 알 수 있듯이 전체적으로 전기에 비해 조선후기 음식재료의 변화가 크다. 일단 곡류의 종류가 늘어났고, 곡류 중 떡을 만드는 재료인 餠米가 새로 첨가되었다. 음료는 원래 차와 술을 따로 지급하던 것을 후기에 오면 술쌀로 환산하여 지급하는 것을 알 수 있다.

가장 큰 차이점은 지급되는 생선의 종류가 많아졌으며, 과일이 지급되고 있다는 것이다.

이러한 차이점이 나타나는 이유는, 조선전기의 재료들은 무반(早飯)을 제외한 朝夕飯과 畫點心을 위한 재료였기 때문이고,[96] 조선후기의 재료들은 조반을 포함한 조석반·주점심을 위한 재료이기 때문이다. 원래 早飯은 조석반과 주점심을 먹기 전에 죽이나 과일, 마른 음식 등으로 속을 부드럽게 하기 위해서 먹는 음식이다. 하지만 접대로서의 조반식은 연향식과 비슷한 특별식으로, 예의를 갖춰 접대하는 상을 의미한다. 또한 조반식은 2~5일 정도로 제공되는 등 전체 머무는 일수에 비해 며칠만 제공되고, 다례상과 같은 형식으로 술이 나오며, 조선에서 별도의 상음식으로 만들어 내놓기 때문에 이는 연향식에 포함시킬 수 있다. 그런데 조선후기에는 이 음식을 일공에 포함해 놓고 있는 것이다. 이런 점을 감안한다면 <표 4-13>에서 후기에 과일이나 생선, 꿀 등이 전기보다 더 추가되어 있는 까닭이 이해된다. 조선전기 조반식에서 정관은 車食七果床을, 수행원에게는 車食五果床을 주었는데, 모두 三度湯을 주었다.[97] 이렇게 조반식에 과일과 탕이 주로 들어가는 것을 본다면 후기에 조반식이 첨가된 음식 변화를 이해할 수 있을 것이다. 이런 음식들 중 생선 같은 경우는 생선을 즐겨먹는 일본인들의 기호가 많이 반영된 식재료로 볼 수 있다. 생선류는 전유어[98]·생선회·탕·찜·죽 등의 재료로 쓰인다.

정관을 기준으로 했을 때 일상식은 早飯, 朝飯, 畫飯, 晩으로 나누어져 있다.[99] 하지만 早飯은 앞서 언급했듯이 연향식에 포함시켜 보아야 하는 것을 감안한다면, 나머지 3飯은 모두 동일한 음식이 나온다.

조선전기의 3반을 본다면, 上官·副官은 칠첩상의 밥과 국에다 두 가지

---

96) 『해동제국기』에는 조반을 제외하여 熟供에 따로 기록하고 있다.
97) 『해동제국기』「조빙응접기」 三浦熟供.
98) 육류·생선·조개류 등을 전으로 부친 음식.
99) 泉澄一 편, 關西大學出版部, 『芳洲外交關係資料』「裁判記錄」, 1982, 96쪽.

탕과 두 가지 炙이 첨가되었고, 正官과 수행원은 오첩상의 밥과 국에 두 가지 탕과 한 가지 적으로 하였다.100) 이에 비해 조선후기 재판차왜가 실제 먹고 있는 3飯의 식단은 '대구 한 토막, 굴 한 접시, 밥 한 공기'로 기록되어 있다.101) 너무 간소하게 보여서 이상한 생각이 들기도 하지만, 이것은 日供의 성격을 생각한다면 어느 정도 짐작이 가능하다. 즉 통신사가 일본에 갔을 때에도 일본에서 일공으로 음식 재료를 주면, 일행을 따라간 조선의 숙수나 도척 등이 음식을 직접 요리하여 통신사들의 세 끼 식사를 제공하였다. 이와 마찬가지로 왜관에서 머무르는 일본인들도 조선에서 주는 일공의 재료만 받아서 일본인 요리사로 하여금 음식을 만들도록 했는데, 양측이 같은 방법을 써서 일공을 음식으로 활용한 것이다. 즉 조선에서 음식재료를 주면 왜관의 거주 왜인들도 그 재료로 세 끼 식사를 해결한다. 그러므로 이들의 식단은 정해진 것이 아니라 매끼마다 바뀔 수 있는 것이다. 또한 비록 이들에게 음식재료의 규정이 있기는 했지만 대동법의 실시로 인해 모든 식재료를 쌀로 환산하여 지급하다 보니, 이들은 朝市 등을 통해 식재료를 조달했으므로102) 식사 때의 음식은 개인별로 차이가 있었을 것으로 짐작된다.

일반 왜인들이 먹는 일상식에 대해서는 『御壁書控』에 다음과 같은 규정도 보인다.

> 조선인이 참석하는 모임에는 각별히 할 것. 일본인들끼리 하는 잔치 요리라도 1즙 3채, 술 3색 이상은 절대 금지할 것.103)

즉 위의 글에 의하면, 일본인들끼리는 연회요리라 하더라도 국 한 그릇과 반찬 3가지를 넘어서는 안 된다고 되어 있는데, 그 만큼 간소화된 음식

---

100) 『해동제국기』「조빙응접기」 三浦熟供.
101) 泉澄一 편, 關西大學出版部, 『芳洲外交關係資料』「裁判記錄」, 1982, 96쪽.
102) 『증정교린지』「조시」.
103) 다시로가즈이(田代和生) 저·정성일 역, 『왜관』, 논형, 2005, 209쪽.

을 먹고 있는 것을 알 수 있다. 이런 점에서 본다면 일상식은 정관이라 하더라도 그리 푸짐한 상차림은 아니었을 것이다.

한편 앞의 <표 4-12>에는 식재료명이 모두 기록되어 있지만 실제로는 이 식재료가 처음부터 개별적으로 모두 지급되지는 않았다. 겸대 실시 이후 연례송사가 정해지면서 1638년(인조 16) 동래부사 鄭良弼의 계청으로 洪喜男, 康遇聖, 李長生 등이 제반 잡물을 모두 쌀로 바꾸어 지급하게 하였다.[104] 이 때문에 왜관 수문 앞에서 열리는 朝市가 활성화되어 왜관 내의 일본인들은 매일 아침 필요한 물품이나 식재료를 직접 구입하여 조달하였다. 하지만 모든 물품을 쌀로 지급할 수는 없고, 일본인들도 필요한 물품이 점차 추가되면서 쌀 이외에 일공으로 지급하는 물품이 점점 증가할 수밖에 없었다. 이런 상황은 『倭人求請膽錄』에서 다음과 같은 내용으로 확인할 수 있다.

　　신이 엎드려 보건대 국가에서 섬의 왜인을 대우하는 규정은 예로부터 나라에 없던 것입니다. 쌀과 베를 날로 보내는 것은 굳이 말할 것도 없고, 日供 등의 물자에 있어서는 온 도를 통틀어 옹기에 이고 동이에 담아서 길거리에 끊이지 아니하고, 元價와 운송비[駄價]는 참으로 통탄스럽고 분하지만 또한 어찌할 수 없습니다.[105]

이상과 같이 일본인 접대에 필요한 물품은 물론이고 거기에 필요한 운반비까지 부담하다보니 운반비라도 줄여볼 심산으로, 1710년부터 동래부사 權以鎭과 당시 훈도 鄭萬益, 별차 李德基가 관수 및 대관과 더불어 논의한 끝에 연례송사의 日供 16종과 구청물품 9종 등을 1711년 이후로 쌀로 바꾸어 지급하기로 결정한 것이다.[106] 일공 물품 16종은 참기름, 밀가루, 淸蔡木, 누룩, 찹쌀, 겨자, 포육, 개암, 소금, 홍합, 볏짚, 篁竹, 팥, 잣, 호두인데,

104) 『통문관지』 권5 「연례송사」 1특송사.
105) 부산광역시사편찬위원회, 『국역왜인구청등록Ⅴ』 1711년 4월 18일, 2008, 185쪽.
106) 부산광역시사편찬위원회, 『국역왜인구청등록Ⅴ』 1711년 4월 18일, 2008, 186쪽.

이들을 쌀로 바꾸는 과정에서 원가가 감소하였다. 일공 價米의 원래 수는 548섬 11두 8홉 9줌이었는데, 이 중 315섬 1말 7되 4홉 5줌이 감소하였고,[107] 구청물품의 감소까지 계산한다면 상당한 양에 달하는 것이었다. 이렇게 줄어든 분량은 公作米와 料米, 魚價米를 납부하는 고을에 각각 분정하여 일공의 마련 및 운반 등으로 인해 발생한 폐단을 일부 줄이는 효과를 기대하였다. 이상의 재료들을 쌀로 바꾸는 비율은 『증정교린지』에 다음과 같이 제시되어 있다.

〈표 4-14〉 일공 식재료를 쌀로 환산하는 법

종류	환산 價米	종류	환산 價米	종류	환산 價米
찹쌀 1말	쌀 1말5되	木米 1말	쌀 1말	팥 1말	쌀 1말
녹두 1말	1말5되	菉末 1말	10말	밀가루 1말	1말
콩가루 1말	6되	꿀 1말	20말	참기름 1말	20말
들기름 1말	17말	소금 1말	3되	개암 1말	2말
대추 1말	2말	황밤 1말	3말	잣 1말	1말
누룩 1圓	3되	호도 1말	1말	芝草 1말	3말
오미자 1말	2말	엿기름 1말	6되	겨자 1말	5말
표고 1말	4말	생강 1말	5말	곶감 1첩	1말5되
생밤 1말	1말5되	홍시 1개	8홉	배 1개	5홉
포육 1첩	3말	말린 꿩 1수	1말5되	산닭 1마리	7되
계란 1개	5홉	대구어 1마리	7되 (연향은 9되)	상어 1마리	6되 (연향은 8되)
광어 1마리	5되 (연향은 7되)	전복 1첩	6말 (연향은 8말)	청어 1級	5되 (연향은 7되)
건어 1束	5되 (연향은 7되)	문어 1마리	5되 (연향은 7되)	해삼 1말	3말
生鰒 1개	1되	생선 1마리	2말		

※ 『국역증정교린지』 제1권 「잡물을 쌀로 바꾸는 법식」, 42~43쪽 참조하여 작성.
※ 식재료 외에 篁竹, 花席 등 기타 잡물의 환산가는 생략하였다.

앞서 일공 16종을 쌀로 환산한다고 하였으나 〈표 4-14〉에 의하면 그 외 다른 식재료 및 잡물도 쌀로 환산할 때의 값이 제시되어 있어 훨씬 광범위

107) 부산광역시사편찬위원회, 『국역왜인구청등록Ⅴ』 1711년 4월 18일, 2008, 186쪽.

한 식재료에까지 적용된 것으로 보인다. 특히 눈여겨 볼만한 부분은 대구어, 상어, 광어, 전복, 청어, 건어, 문어 등의 어류 환산가이다. 『영남접왜식례』에서도 일공에 들어간 식재료 중 해산물만 價米를 환산하여 별도로 기록108)해 두고 있다. 일본인의 식습관을 생각할 때 어류 등의 해산물 제공은 그만큼 중요한 부분이었기 때문이다. 하지만 한편으로 어류의 중요성은 그것을 담당하는 지역민에게는 부담으로 작용하기도 했다. 시기적으로 좀 후기의 일이기는 하지만 1815년 東下面 海雲津의 完文에는 연례8송사에게 입급하는 생선을 구하는 폐단에 대한 대책을 제시하고 있다.109) 해산물을 구하는 역을 피하기 위해 이주하는 주민도 있을 정도이니 실질적으로 상당한 부담이었던 것이다. 여기에 흉년 등으로 곡식 가격이 폭등하면 그만큼 경상도지역의 부담은 더 가중되었기 때문에 그 대책으로 이식을 늘리는 방법을 고민하기도 했다.

또한 표에서는 일공 식재료 뿐 아니라 연향 식재료의 換算價米도 확인할 수 있다. 연향에 쓰이는 어류는 일공보다 환산가가 더 비싸게 매겨져 있는 것으로 보아 크기나 질이 더 좋은 어류가 연향에 제공되었을 것으로 추측된다. 게다가 생선을 부담하는 지역민에게 비정기적으로 도래하는 차왜보다는 정기적으로 오는 연례송사에 대한 부담이 더 크게 작용했던 것 같다. 동하면 완문에서 "지금 이러한 구폐는 단지 연례8송사왜의 생선 지급을 위해서이며, 대차왜나 표차왜에게 지급하는 생선은 어민들이 전과 같이 전담할 것"이라고 하여 일본사신이라고 해서 모두 동일한 부담으로 인식하지 않았음을 확인할 수 있다.

---

108) 『嶺南接倭式例改釐正謄錄』「일공잡물 秩」.
109) 「東下面海雲津八送使入給生鮮捄弊完文」, 乙亥 2月(1815년).

5장. 일본사신 접대 양상

1. 접대과정과 절차

1) 일본사신 問情과 대면

부산의 남쪽 바다 물마루에 선박이 보이면 황령산의 봉군은 이를 탐지하는 즉시 동북쪽의 동래부, 동쪽의 좌수영, 서남쪽의 부산진으로 달려가 알린다. 그러면 부산첨사는 哨探將을 보내어 확인하게 한다. 초탐장은 萬戶將이라고도 하는데, 豆毛浦·開雲浦 만호가 서로 겸한다.[1] 만약 일본 측에서 보낸 送使나 差倭라면 동래부에 보고하는 것과 별도로 왜관의 훈도·별차를 함께 보내어 선창 밖까지 나가 맞이하고 問情하게 하는데, 이때 타고 가는 배를 問情船이라고 하였다. 館守倭 제도가 정식으로 성립되기 전에는 萬戶가 배를 타고 절영도 앞까지 나가 일본 사신선을 맞이했던 것으로 보인다.[2] 하지만 관수왜가 성립된 이후에는 일본사신선이 도래하면 왜관의 관수왜에게 이를 신속하게 통지하였고, 그러면 관수왜는 훈도·별차와 함께 바다로 나아가 사신선을 맞이하였다.

한편 시간이 지날수록 일본사신에 대한 접대가 소략해지고 간소화되면서 양역(훈도·별차)조차도 모두 일본사신을 맞이하러 나가는 일이 점차 줄어들었다. 즉 1729년 재판차왜가 도래했을 때에는 훈도가 동래부에 일이 있어

---

1) 小田省吾 関·都甲玄卿 편, 앞의 책, 1937, 365쪽.
2) 『국역증정교린지』 권4 「약조」, 135쪽; 小田省吾 関·都甲玄卿 편, 앞의 책, 1937, 364~365쪽.

별차만 나와서 접대3)한 것으로 보아 양역이 倭使를 맞이하는 것은 그때그때 형편에 따라 유동적이었던 것 같다.

훈도와 별차는 사신이 도래한 상황을 동래부에 보고하기 위해 사신과 관련한 상황을 문정한다. 문정이라 함은 使船이 부산포에 왔을 때, 혹은 왜관에 도착했을 때 선박과 사신 일행에게 문의하는 것을 모두 일컫는다. 일단 路引을 확인하고, 연례송사인지 차왜인지 그 사신의 성격, 사신 일행의 관품, 성명, 인원 수 등을 확인한다. 또한 선박에 싣고 온 물품 등도 함께 문정하였다. 이 과정에서 일본사신들이 지참하고 온 서계를 요구하기도 하였다.4) 승선한 인원과 직책, 성명 등이 말로만 전해질 경우 장계를 작성할 때 오류가 생길 수 있었기 때문이다.

연례송사나 관수왜의 경우는 동래부사와 부산첨사가 접대를 하였지만, 차왜가 내도하였을 때에는 접위관을 파견해야 했기 때문에 보고를 서둘렀다. 특히 대차왜가 왔을 때에는 경접위관이 파견되었으므로 접위관 도착 시기 등이 지체되지 않도록 해야 했다. 이 때문에 대차왜가 파견될 시에는 대마도에서 미리 이를 알려주는 頭倭가 한두 달 전에 파견되었다. 그러면 예조에서는 이를 확인하고 『차왜접대등록』 등을 상고하여 접위관을 차출해 두었다가 차왜가 도착하면 바로 파견한다.

훈도와 별차가 일본사신의 서한을 접수한 후 부산진에서는 問安軍官을 통사에 붙여 보내어 사신들의 안부를 묻는다.5) 이후 치르게 될 사신접대 의례, 즉 첫 대면식, 다례, 연향 등을 치르기 위해서는 날짜 등을 정해야 하는데, 倭使가 불편하거나 병이 생기면 일정에 차질이 생기기 때문이다. 게

---

3) 泉澄一 편, 關西大學出版部, 『芳洲外交關係資料』 「裁判記錄」 1729년 3월 22일, 89쪽.
4) 李太永 역, 『역주 捷解新語』 권1 「송사의 배에 대해 묻는 장면」, 太學社, 1997, 48~52쪽.
5) 泉澄一 편, 關西大學出版部, 『芳洲外交關係資料』 「裁判記錄」 1729년 3월 25일, 90쪽; 李太永 역, 『역주 捷解新語』 권1 「송사의 배에 대해 묻는 장면」, 太學社, 1997, 59~60쪽.

다가 송사선과 차왜가 비슷한 시기에 도래하여 이후 開市 등의 무역이 행해질 경우 훈도·별차는 사신 접대 외에 무역과 관련한 준비에도 신경을 써야했으므로 사신들의 안부를 묻는 별도의 通事가 필요했다. 일본에서는 이를 見舞通事라고 했는데,6) 양역을 대신하여 倭使를 안내하고 잡다한 사무를 처리하였다.

조선이 일본사신에게 공식적으로 처음 접대하는 의례는 下船茶禮인데 다례가 행해지려면 접위관이 동래에 도착해야 하고, 접대해야 할 일본인원수와 날짜 등이 정해져야 했다. 특히 접대 인원수는 정해진 규정이나 전례가 있어도 유동적이었기 때문에 실제로 접대가 행해지기 전까지 끊임없는 논쟁의 대상이 되었다. 참판에게 보내는 서계를 들고 오는 대차왜의 경우 반종은 10명만 접대하도록 정해져 있었으나, 1681년에 내도하였을 때에는 16명이나 와서 접대인원에 대한 논쟁이 있었다. 결국 14명을 접대하는 것으로 결정이 되었는데, 그 과정에서 전례를 적용할 때 조선 측은 동종의 차왜, 즉 통신사청래차왜의 전례에 비추어 결정하고 있다. 반면 일본 측은 우선 차왜를 대차왜와 소차왜로 구분한 후, 가장 최근에 도래한 동류 차왜[대차왜]의 예를 상고하여 접대인원수를 결정하려 하고 있다. 결국은 양측의 의견을 조율하여 조선 측이 요구한 10명과 일본 측이 요구한 17명의 중간 쯤인 14명으로 반종의 접대인원이 결정되었다.7) 조선에게 접대를 허락받으면 그에 따른 혜택이 많았기 때문에 대마도 측은 이후에도 끊임없이 규정 인원을 초과하여 내도한 후 논의를 거쳐 접대인원수를 늘리려는 행위가 반복되곤 했다.

접대에 대한 모든 준비가 완료되면 동래 측은 정해진 일정을 통보하고 접대할 조선인과 일본인 사이에 안면을 트기 위해 첫 대면식을 가졌다.8) 대

---

6) 泉澄一 편, 關西大學出版部, 『芳洲外交關係資料』 「裁判記錄」 1729년 3월 25일, 28일, 90쪽. 見舞通事는 주로 별차 등이 開市 등의 일로 입관했을 때에 파견하고 있다.

7) 『通信使謄錄』 3책 1681년 8월 초5일, 8월 28일.

면식은 빠르면 일주일 안에 행해졌지만 길게는 4~5개월이 지난 후에 행해지는 경우도 있었다. 이렇게 시간이 지체되어도 사신들의 유관일수에는 포함되지 않았는데, 이는 다례의를 행하는 시점부터 유관일수가 계산되었기 때문이다. 특히 國喪을 만났을 경우 시일이 많이 늦어지기도 했는데, 이로 인해 국내의 모든 업무뿐 아니라 무역을 비롯한 대외관계도 한동안 정지상태가 되었다. 때문에 사신의 접대에까지 영향을 미친 것은 당연한 일이었다.

대면식은 훈도·별차가 일본사신 및 역관들과 함께 만나 인사를 하고 음식을 나누는 형태로 진행되었다. 1729년 雨森芳洲가 재판차왜로 와서 첫 대면식을 했을 때에는 접위관이 도래하기 전에 假訓導 및 假別差[9]가 대면식을 먼저 행하기도 하였다. 대면식에서는 양측이 서로 인사를 나눈 후 접위관의 도착 일자 및 사무에 관하여 간단한 담소를 하고 음식을 즐기며 자리를 끝내었다. 음식은 다례나 연향처럼 화려하지는 않았는데, 1729년 당시에는 국수와 국물 등의 음식물과 요리상, 술과 술안주, 과자 등을 차렸다.[10] 또한 이후 다례일과 실제 참석하게 될 훈도·별차, 접위관 등이 완전히 갖추어지면 다례 2~3일 전에 다시 간단한 대면이 행해졌다.

첫 대면식 후 國喪과 같은 특별한 일이 없으면 대체로 2~3일 후에는 다례의를 시행하였다. 그러나 국상기간일 때에는 먼저 도착했던 송사나 차왜의 다례도 모두 연기되었기 때문에 접대하는 기간이 시작되면 먼저 도래했던 사신들부터 순서대로 다례의를 진행하였다. 다례를 기다리는 기간 동안 일본사신은 방문하는 훈도·별차와 茶談을 하고, 의례의 절차 및 착용해야

---

8) 정성일, 「宗家文書와 倭館」『대마도의종가문서』, 대마도연구센터주최 학술세미나 자료집, 2013. 12, 39~40쪽.
9) 기존의 연구 성과에 의하면, 假訓導는 차비관과 동일한 것으로 보고 있다. 그렇다면 假別差는 누구를 말하는 것인지 의문이 생긴다. 규정에 의하면 재판차왜는 향접위관이 접대하므로 출사역관만 파견되어야 하지만 가훈도, 즉 차비관이 파견된 것을 보면 가별차는 출사역관으로 보아야 할 것이다.
10) 泉澄一 편, 關西大學出版部, 『芳洲外交關係資料』「裁判記錄」 1729년 4월 1일, 90쪽.

할 복식 등 궁금한 사항들을 문의했으며, 일본 측에서 준비해야 할 물품들을 챙기면서 시간을 보내었다.

2) 일본사신 접대절차

다례가 행해진다는 것은 공식적으로 일본사신에 대한 접대가 시작되었다는 것임과 동시에 일본사신이 업무를 행하기 위해 왜관에 체재하는 날이 시작된다는 것을 의미한다. 이것을 시작으로 마지막 上船宴이 행해질 때까지의 모든 다례·연향을 '조선에서의 접대'에 포함시킬 수 있으며, 그 과정을 간략히 제시하면 다음 <표 5-1>과 같다.

<표 5-1> 일본사신 접대 과정

		하선다례 다음날			하선연 하는 날										
하선 다례	-	숙공 조반식	-	진상 물건 간품식	-	숙배례	-	하선연	-	(별연)	-	예단 다례	-	상선연	
茶禮		早飯		看品		肅拜		封進宴		中宴席		御返翰		出船宴 (出宴席)	

※ 『증정교린지』 권3 참조
※ 조선 측 다례·연향 아래 표기는 일본식 명칭이다.

하선다례가 행해지고 나면, 그 다음날부터는 熟供早飯이 제공된다. 이후 하선연을 행하는 날 進上物件看品式이 행해지고 동시에 객사에서 왜사의 숙배례를 행하고 난 후 연향청으로 옮겨 하선연을 베풀어 성대히 접대하였다. 만약 弔慰差倭나 陳賀差倭를 접대해야 하는 경우라면 진상물건간품식이 있기 전날에 "進香儀"나 "陳賀儀"가 먼저 행해졌다. 하선연이 끝나고 나면 재판차왜나 특송사의 경우는 별도로 날짜를 정해 別宴을 행했다. 하지만 이는 후기로 갈수록 乾物로 대체하는 것으로 바뀌었다. 또한 유관 중에 일본의 명절에 해당하는 날에는 별도로 "名日宴"을 베풀어 주기도 하였다.

이런 특별한 의례가 없는 경우에는 앞의 표에서처럼 하선연 후 예단다례가 행해지고, 상선연을 끝으로 왜사에 대한 접대례는 마감하였다.

　일본사신이 왜관에 머무는 동안 접대의례가 순서대로 진행되고 있는데, 이 모든 의례를 개별적으로 다 확인하기에는 무리가 있다. 그러므로 "숙배례와 연향" 부분에서 구체적인 의례의 양상을 살펴보기로 하고, 본 장에서는 접대 순서에 따른 의례의 특징을 개괄적으로 확인해 보기로 한다.

(1) 하선다례

　하선다례는 연향처럼 床花나 妓樂은 없지만 사신의 書契를 접수하고 향응을 베풀어 접대하는 공식의례의 시작이었다. 게다가 서계를 올리는 것을 제외한 모든 의식은 연향의에서도 동일하게 진행되었으므로 그 중요성이 남다르다고 하겠다. 그래서 다례에서의 의식 순서와 갖추어야 할 의복, 기물 등은 왜사들에게도 꽤 신경이 쓰이는 부분이었다. 때문에 일본사신들은 다례를 행하기 전 훈도와 별차 등에게 그 절차를 자주 묻고 있으며, 의례에 대한 기록도 꼼꼼하게 정리해 두고 있다.

　다례를 행하기 위해 조선에서 접대를 담당했던 동래부사나 부산첨사, 접위관 등은 행렬을 갖추어 왜관의 연향대청으로 이동한다. 한편 일본 사신들도 다례가 행해지는 곳으로 행렬을 갖추어 이동하는데, 일본인의 행렬은 다음과 같다.

〈표 5-2〉 다례의 때 일본인 행렬

1713년 재판차왜 (橘口久米右衛門, 『裁判記錄』)	1729년 재판차왜 (雨森芳洲, 『裁判記錄』)
철포(鐵砲) 5정	장병(長柄) 10본
늑궁(勒弓) 5장	철포(鐵砲) 5정
장병(長柄) 10본	견조(肩助) 1장
이장견조(貳張肩助) 1장	**새틸로 장식한 창[鳥毛] 1본**
대창[對鎗] 2본	대창[對鎗] 2본

1713년 재판차왜 (橘口久米右衛門, 『裁判記錄』)	1729년 재판차왜 (雨森芳洲, 『裁判記錄』)
백웅창[白熊鎗] 1본	서계함[御書翰挾箱] - 종자[若堂]가 앞뒤로 배행
도통(刀筒) 1	종자[若堂] 4인
종자[若黨] 10인	가마[駕籠] - 종자 2명이 앞뒤로 배행
서계함[御書簡箱] 2	지창[持鎗] 1본
가마[駕籠]	입산(立傘)
지창[持鎗] 1본	함[挾箱] 1상자
입산(立傘)	솔마(率馬) 1필
대협상(對挾箱)	답롱(沓籠)
솔마(率馬)	**차 도시락[茶弁當]**
답롱(沓籠)	
합우롱(合羽籠)	

※ 행렬 구성에서 차이가 나는 부분은 진하게 표시하였다.

<표 5-2>에 제시된 차왜의 행렬은 재판차왜로 소차왜에 해당한다. 한편 「朝鮮圖繪」에는 일본사신의 행렬이 곳곳에 그려져 있는데, 소차왜의 행렬은 보이지 않고 대차왜인 參判使가 다례의를 행하기 위해 가는 행렬이 그려져 있다.

〈그림 1〉 연향대청문 앞의 참판사　　　〈그림 2〉 북문을 나서는 참판사행렬

<그림 1>은 조선도회에서 "參判使茶禮行列"이라고 기록된 행렬의 첫 부분으로 "外大廳門" 바로 앞에 서 있는 일본인의 모습이 그려져 있다. 또한

<그림 2>는 참판사[대차왜]행렬이 왜관의 北門, 즉 외북문과 내북문을 나서
는 모습이다.

일본측 행렬이 진행되는 장
소가 왜관 내 어디쯤인지 구
체적으로 접목시켜 보면, <그
림 3>에서 확인된다. 행렬 시
작 부분에서 보이는 외대청문
은 연향대청을 둘러싼 담벼락
의 남쪽에 있는 "연향대청문"
인 것으로 보인다. 사실 다시
로가즈이의 『왜관』에 의하면,
일본인들은 초량객사를 "외대
청" 혹은 "숙배소"라고 불렀
다고 한다. 즉 <그림 1>에 보

〈그림 3〉 변박, 「왜관도」 중 연향대청 주변

이는 "외대청문"을 초량객사의 대문으로 보고 있는 것이다. 그러나 「조선도
회」의 또 다른 폭에는 "숙배소"가 별도로 그려져 있고, 숙배소의 정문은
"大門"이라고 적혀있다. 그리고 「재판기록」에 의하면, 숙배행렬에는 반종
10인에게 조선 측이 말을 주어 객사 앞까지 말을 탈 수 있도록 했다. 하지
만 이 행렬도에서 말을 탄 일본인은 보이지 않는다. 그러므로 <그림 1>에
보이는 "외대청문"은 초량객사의 정문이 아니라 '연향대청의 바깥문'이라
는 뜻으로 보아야 한다. 또한 <그림 3>의 왼쪽 아래편에 보이는 것이 북문
이다. 북문은 담벼락 바깥쪽의 외북문과 안쪽의 내북문으로 나누어지는데,
일본인 행렬은 <그림 2>에서처럼 내북문을 지나 외북문을 나서서 연향대청
으로 이어지고 있는 것이다.

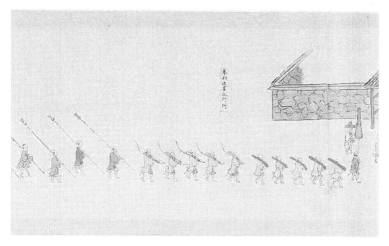

〈그림 4〉 대차왜(참판사)의 다례 행렬 도입부(「朝鮮図繪」)

<그림 4>에 나타난 행렬의 구성은 도입부에 철포 5명, 늑궁 5명, 장병 5명 순으로 진행되고 있어 1713년 재판차왜 다례 행렬과 매우 유사하다. 하지만 조선도회 속의 일본인 행렬은 대차왜 행렬인 탓인지 서계 상자 앞으로 철포 2명, 늑궁 2명씩이 앞서고 있고, 가마와 서계상자를 따르는 종자의 인원수가 더 추가되어 있다.

<표 5-2>에 나타난 재판차왜[소차왜]의 다례 행렬로 다시 돌아가 보면, 시기에 따른 차이인지는 모르겠으나 1713년 재판차왜 다례 때에 비해 1729년 재판차왜는 일본인 행렬의 규모가 다소 축소된 모습이다. 이 행렬은 하선연 때에는 조금 더 규모가 더해지고 있는데, 자세한 모습은 "숙배례"에서 별도로 다시 살펴보겠다.

이상의 행렬이 연향대청 문 앞에 이르면 정관은 가마에서 내린다. 중앙문(정문)에서 서한을 건네주고 정관은 서쪽 문으로 통사와 함께 들어간다. 서한은 통사가 정문에서 받들고 들어와 대청의 북쪽 벽 탁자 위에 놓는다. 이후 조선 측 접대 주관자(동래부사, 부산첨사, 접위관 등)와 일본 측 정관

은 동서로 마주보며 자리에 서고, 반종은 남쪽에서 북쪽을 향하여 서서 예를 행한다.[11]

이 때 다례를 설행하는 주체는 사신의 종류에 따라 차이가 있다. 송사와 관수왜의 경우는 동래부사가 주관하고 부산첨사가 함께 참여한다. 대차왜는 경접위관이 주관하며 동래부사가 참석하고,[12] 소차왜와 재판차왜는 향접위관이 주관[13]하였다.

다례의 진행 절차는 먼저 동래부사·접위관 등 조선 측 접대 주체자와 일본 측 대표인 정관이 서로 마주보고 두 번 읍례하면, 훈도와 별차가 남쪽에서 북쪽을 향해 서서 동시에 함께 읍한다. 또한 송사일 때는 부산첨사, 대차왜일 때에는 동래부사가 정관과 함께 두 번 읍례하면 훈도와 별차 역시 함께 읍한다. 船主와 押物의 예도 정관과 같다. 『해동제국기』에 의하면 조선 전기에는 정관이 再拜하면 부사가 답배하고, 선주·압물이 재배하면 부사는 답읍하는 것이 예였다. 그러나 1611년 平智直 일행이 이를 따르지 않으면서 相揖禮로 바뀌어 정례화 되었다.[14] 또한 세견송사나 수직인 등은 그 관직의 높고 낮음에 따라 행례를 달리 적용하기도 하였다. 1612년 관직이 낮은 수직왜를 접대하였을 때에는 수직왜는 재배하고 동래부사와 부산첨사는

---

11) 『증정교린지』권3 「다례의」.
12) 대차왜에 대한 다례 및 연향에는 경접위관과 동래부사 2인만 참여하고, 부산첨사는 참여하지 않는다. 『증정교린지』권3 「다례의」 부분을 보면, "(부산첨사는) 대차왜의 진상 때 단지 물건을 살핀 후에 바로 부산진으로 나왔다."고 되어 있어 실제 연향에는 참석하지 않았음을 알 수 있다.
13) 雨森芳洲의 「裁判記錄」을 보면, 다례를 비롯하여 연향에 이르기까지 오로지 접위관만 참석하고 있으며, 의례 절차에서도 접위관 외에는 동래부사 및 부산첨사의 역할은 찾아볼 수 없다. 『증정교린지』에서도 다례의에 대한 설명에서 "대차왜의 연향은 접위관이 주관하며 동래부사도 함께 참여하고, 소차왜에 대한 연향은 향접위관이 주관한다."고 되어 있어 소차왜 연향에 동래부사와 부산첨사가 참여한다는 언급은 전혀 없다. 그러므로 소차왜의 다례 및 연향은 향접위관이 홀로 주관한 것으로 보인다.
14) 『변례집요』권7 「연례」 1611년 신해 10월.

답을 하지 않았다.15) 하지만 이후 겸대의 실시 및 별차왜가 정례화되는 과정 중에 행례 또한 相揖禮로 일원화되었다.

양측 대표들의 읍례가 끝나면 동래부사, 접위관, 부산첨사 등이 交椅에 앉고 압물 이하는 繩床에 앉는다. 반종은 처마 끝에서 북쪽을 향해 서는데 "拜興"이라는 구호가 나오면 再拜禮를 하고 정관 뒤로 가서 장막을 사이에 두고 승상에 앉는다.

이후 소통사가 동래부사, 접위관, 부산첨사 등에게 서계를 바치면 차례로 열어보고 다례상을 받는다. 찬 3味와 술 5순배를 하는데, 소통사가 규례를 고하면 잔을 비우고, 동래부사나 접위관이 다시 한잔을 권한다. 이후 소통사가 예가 끝났음을 알리면 다시 처음과 같이 읍례를 행하고 마친다.16) 그런데 의례를 행하는 과정에서 동래부사나 부산첨사가 병 등을 이유로 참석하지 않는 경우도 있었다. 이럴 때에는 훈도와 별차 등이 서계를 수수하였다.

조선 측의 음식접대가 끝나면, 일본 측에서도 封進侍奉이 요리상을 내어 답례를 하였다. 하선다례는 조선 측이 대마도에서 파견한 일본사신에게 서계를 받고 베풀어주는 향응이라고 할 수 있다. 이후 조선이 답서를 주는 예단다례에서도 동일한 방법의 의례가 행해졌다.

(2) 熟供早飯式

숙공조반식은 일본사신의 공식적인 첫 환영연인 하선다례가 행해진 후 사신들이 머무는 숙소인 서관의 三大廳에서 훈도와 별차가 주체가 되어 양측이 대면하며 조촐하게 치러지는 향응이라고 할 수 있다. 숙공을 대접하는 일수는 1특송사와 대차왜가 5일, 부특송사는 6일, 송사와 별차왜는 2일로 차이가 있었다. 이 중 훈도와 별차가 직접 대접하는 일수도 달랐는데, 특송사와 대차왜는 2일, 나머지 송사와 차왜는 1일간 직접 대접하였다.17)

---

15) 『변례집요』 권7 「연례」 1612년 계축 8월.
16) 『증정교린지』 권3 「다례의」.

숙공조반식은 일본사신이 왜관에 머무는 동안 업무 관계로 가장 자주 접하게 될 양측의 실무자들끼리 가지는 향응인 만큼 그 의례와 절차 또한 양측이 酒饌을 주고받는 형태로 이루어졌다. 하선다례 다음 날 훈도와 별차는 사신이 머물고 있는 왜관의 서관 삼대청으로 간다. 그러면 대청에는 일본인들이 다례 때 사용했던 長柄 10개와 창을 문 안에 세워 장식해 놓는다. 이때 왜사는 가문의 문양이 새겨진 장막을 펼쳐 조반이 나오는 기간 동안 함께 장식해 둔다.[18] 이 곳에서 훈·별 양역은 동벽에서 서벽을 향해 서고, 왜사 정관 이하 봉진압물 등은 서벽에서 동벽을 향해 서서 마주 보고 읍한 후에 각자 자리에 앉는다. 조선 측에서 먼저 찬을 내고 다섯 번 순배한 후 다시 한 잔을 권하면, 왜사 또한 주찬을 내어 접대[19]하는 절차로 진행되었다.

음식은 조선 측 사료에는 흰죽·팥죽·녹두죽의 삼색죽을 제공하는 것으로 되어 있으나, 실제 「재판기록」에는 흰죽과 팥죽의 2색 죽과 메밀국수가 상에 올라갔다.[20] 그리고 술과 안주를 중심으로 한 요리상이 제공되었다. 封進侍奉에게는 <표 5-3>에서와 같은 상음식에서 음식의 높이와 양을 조금 줄여 제공하였다. 그리고 伴人에게는 팥죽 한 그릇씩이 나오고, 말린 방어, 광어, 톳, 무, 과자 한 종류가 제외된 상음식이 차려졌다. 早飯式이 끝나면 아침·점심·저녁밥이 시간에 맞춰 간단하게 제공되었고, 숙공조반 기간이 끝난 후에는 식사 대신 日供으로 계산해 지급하여 접대를 대신하였다.

---

17) 『국역증정교린지』 권3 「숙공조반식」. 정성일은 1864년 『館守每日記』에서 1특송사의 숙공조반이 원래 5일간 제공되나 의례 관련 기록은 두 번밖에 시행하지 않았다고 하여(정성일, 앞의 논문, 대마도연구센터주최 학술세미나 자료집, 2013. 12, 41~42쪽) 규정대로 실시되지 않았거나 간소화된 것은 아닌지 의문을 제시한 바 있다. 이는 아마도 훈도와 별차가 직접 숙공조반을 접대하는 의례일수가 1특송사는 2일이기 때문에 두 번만 기록한 것으로 보인다.

18) 泉澄一 편, 關西大學出版部, 『芳洲外交關係資料』 「裁判記錄」 1729년 4월 20일, 96쪽.

19) 『국역증정교린지』 권3 「숙공조반식」.

20) 이러한 음식 구성은 雨森芳洲 뿐아니라 橘口久米右衛門의 『裁判記錄』에서도 동일하다.

〈표 5-3〉 正官 1인 **早飯** 상차림

흰 죽 한그릇	팥죽 한 그릇
	메밀 국수 한 그릇
떡 한 접시	종자·꿀 조금
* 위의 상 높이는 1척 3보	
둥근 나무 그릇 ┌말린 광어	접시·생밤
├대구 도막	
└말린 방어	
같은 높이의 작은 과자 2	접시 ┌곶감
	├호두
	├잣
	├대추
	└말린 밤
접시·달걀	
접시·톳	접시·무(김치)
접시 ┌건해삼	접시·쌀강정
└건홍합	
* 위 상의 높이는 1척 3보	
* 이 외에 생선, 대합, 두부, 술을 함께 더한다	

※ 泉澄一 편, 關西大學出版部, 『芳洲外交關係資料』「裁判記錄」1729년 4월 20일, 95~96쪽 참조

(3) 進上物件看品과 숙배례

진상물건간품과 숙배는 모두 하선연을 하는 날 겸행하였다. 즉 하선연과
의 연장선상에 있는 행사인 것이다. 이 때문에 일본에서는 진상물품을 봉한
후에 하는 연향이라 하여 하선연을 "封進宴"이라 하였다. 간품은 일본사신
이 가지고 온 진상물품 및 공무역품들을 살펴보는 것을 말하는데, 이 일은
부산첨사의 몫이었다. 연례송사가 왔을 때에는 부산첨사가 간품을 하고 뒤
에 이어지는 연향에도 참여하였지만, 대차왜가 왔을 때에는 간품을 하고 난
후 바로 부산진으로 나가고[21] 연향에는 참석하지 않았다.

간품 의례는, 都船主와 公代官이 연향청에 이르면 부산첨사와 마주보고

---

21) 『증정교린지』 권3 「다례의」.

두 번 읍례한 후 각각 자리에 앉는다. 간품 후 封標를 마치면 倭使와 조선측 접대관원들은 客舍로 향하여 숙배례를 행하였다. 만약 국상 등으로 인해 弔慰差倭가 왔을 때에는 賻物을 捧上하는 의례를 행하였다. 동래부사와 접위관이 동쪽 上房에 이르면 훈도·별차 및 차비관, 동래부의 여러 역관들이 白布를 입고 代官倭와 연향청에 나란히 앉아 賻物을 두 손으로 받들고 있다가 대관왜와 함께 객사로 옮겨 놓는다. 이 때 북쪽 벽 중앙에 백목면 仰帳과 병풍을 설치하고, 좌우에 흰 탁상을 설치해서 향촉을 넣어 둔 궤를 그 위에 나누어 놓는다. 부물은 탁상의 전면 중앙에 배열하고 촛대, 향로, 향합을 그 위에 나누어 놓는다. 접위관, 동래부사, 차왜가 객사에 오면 숙배례를 행하고 연향을 베푼다.22)

〈표 5-4〉 일본인 의장 행렬

재판차왜 다례시 행렬	재판차왜 숙배시 행렬
장병(長柄) 10본	철포(鐵砲) 5정
철포(鐵砲) 5정	**장궁(張弓) 5정**
견조(肩助) 1장	장병(長柄) 10본
새털로 장식한 창[鳥毛] 1본	견조(肩助) 1정
대창[對鎗] 2본	개상(鎧箱) 1짐
서계함[御書翰挾箱] - 종자[若堂]가 앞뒤로 배행	대창[對鎗] 2본
종자[若堂] 4인	새털로 장식한 대창[大鳥毛] 1본
가마[駕籠] - 종자 2명이 앞뒤로 배행	대협상[對挾箱] 1짐
지창[持鎗] 1본	**지통[持筒] 2정** - 단 원숭이[猩猩] 가죽 부대에 넣음
	종자[若堂] 6인
입산(立傘)	**장도(長刀) 1매**
함[挾箱] 1상자	가마[駕籠] - 종자[若堂] 2인, 시동[小姓] 1인이 앞뒤로 배행
솔마(率馬) 1필	지창[持鎗] 1본
	입산(立傘) 1본
답롱(沓籠)	**하인[草り取, 짚신을 들고 다니는 하인]**
차 도시락[茶弁當]	솔마(率馬) **마부[口取] 2인** - 조선측에서 나옴.

22) 『증정교린지』 권3 「부물봉상의」.

재판차왜 다례시 행렬	재판차왜 숙배시 행렬
	답롱(沓籠) **합우롱(合羽籠)** **츠에츠키(杖突)**[23] **4인 - 앞서서** 차 도시락[茶弁當]

※ 泉澄一 편, 關西大學出版部, 『芳洲外交關係資料』 「裁判記録」 1730년 8월 12일, 241~242쪽 참조.
※ 차이가 있는 부분은 진하게 표시함.

숙배소로 가는 행렬은 앞서 다례를 위해 연향청으로 가던 행렬과 약간의 차이가 있었는데, 앞의 <표 5-4>와 같다. 이 표는 1729년과 1730년 재판차왜 의례행사시 일본인 의장행렬을 나타낸 것으로, 행렬의 선두에는 안내자로 通事 2명과 使令 2명이 앞섰다.

두 행렬에서 차이가 나는 부분은 진하게 표시하였는데, 다례 때보다 진상간품 및 숙배를 하러 가는 행렬이 규모면에서 더 큰 행렬이었음을 확인할 수 있다. 이는 진상간품과 숙배, 하선연이 한 세트로 진행되어 다례에 비하면 규모가 더 큰 접대였으므로 일본 측에서 더 신경을 썼던 것으로 생각된다.

1730년 당시 행렬에서 재판차왜와 봉진시봉을 따르는 시종[若堂] 2명은 창을 들고, 하인[草り取]이 앞뒤로 5명씩 따랐다. 반인 10명은 말에 타고 앞뒤로 따랐는데, 이때 말은 조선 측에서 제공하였다. 그리고 반인은 말에 탄 채 예대로 각자의 위치에서 대기하고 있었다.[24]

숙배소 문 앞에 도착한 재판차왜는 가마에서 내려 서쪽 문으로 들어가 판자가 깔려 있는 서쪽 뜰에 선다. 부산진에 있는 객사에서 숙배례를 행했

---

23) 에도시대 건축계통의 役人. 초량왜관의 조성에도 관여한 기술자로 알려져 있다.(정예정 외1, 「草梁倭館의 조영과정에서 나타난 일본 건축 기술자들에 관한 연구 : 1727년 東館三大廳중수공사를 중심으로」 『대한건축학회지회연합회 학술발표대회 논문집』, 대한건축학회지연합회, 2006)
24) 泉澄一 편, 關西大學出版部, 『芳洲外交關係資料』 「裁判記録」 1730년 8월 12일, 241~242쪽.

을 때25)에는 왜사가 아무것도 깔려있지 않은 뜰에서 숙배를 하였는데, 여러 차례 堂上에서 숙배할 것을 청하였다. 하지만 조선 측에서는 끝까지 이를 거부하였고, 대신 뜰에 흙을 돋우고 판재를 깔아 그 위에서 행례하게 해 주었다.26) 이것이 선례가 되어 초량왜관에서의 왜사 숙배례 역시 판재 위에서 행해지고 있다.

배례가 끝나면 왜사들은 대에서 내려와 왼쪽으로 돌아서 바로 문 밖으로 나간다. 훈도와 별차가 인삿말을 전하면, 정관은 문밖에 있던 가마를 타고 서관으로 가서 대기한 후 연향대청으로 가서 조선이 베푸는 하선연에 임한다.

(4) 下船宴

하선연은 진상물건 간품 및 숙배례가 끝난 후 음주가무라는 잔치의 요소를 모두 갖추어 행해지는 접대이다. 이 때 일본사신은 사행과 留館으로 쌓인 피로를 풀고 음악과 춤, 음식 등 조선이라는 이국의 문화를 한껏 즐기게 된다. 조선 측이 연향청에서 준비를 끝내고 훈도와 별차를 통해 이를 알려오면 왜사 일행은 숙배례 때와 동일한 행렬을 갖추어 연향대청으로 간다. 하지만 이때에는 정관만 가마를 타고, 봉진시봉과 반인은 모두 걸어서 행렬에 참여한다.

연향의례에 대해서는 "의식은 다례(茶禮)와 같지만, 꽃을 꽂고 풍악을 울리며 기생들이 춤을 춘다."27)고 하여 다례의와 동일함을 알 수 있다. 즉 양

---

25) 초량으로 왜관이 이전하면서 숙배례를 행하는 객사도 부산진에서 초량으로 이전하였다. 그 과정에서 잠시 영가대에 전패를 모시고 숙배례를 행한 적도 있었다.(『변례집요』 권7 「연례」 1678년 무오 윤3월)

26) 『변례집요』 권7 「연례」 1636년 병자 3월; 1637년 정축 12월; 1638년 무인 3월; 1640년 경진 5월.

27) 『증정교린지』 권3 「연향의」; 『통문관지』 권5 「교린」 연향의. 『국역증정교린지』에는 "의식은 다례(茶禮)와 **같이**, 꽃을 꽂고 풍악을 울리며 기생들이 춤을 춘다."고

측이 각각 동서로 자리하여 相揖禮 및 배례를 행하고 교의와 승상에 앉으면 음식상이 차려지고 풍악과 춤이 베풀어진다. 다례와 다른 점은 "찬은 7味, 술은 9순배"를 행한다는 것과 의례가 끝난 후 "重盃禮"라 하여 술을 두 잔씩 마시는 예를 행했다는 점이다. 중배례가 정착되기 전에는 따로 찬품을 마련하여 술자리를 즐기면서 술자리가 길어지고 각종 폐해가 양산되기도 했다. 때문에 1613년 중배례 규정을 별도로 정례화하여 구례를 회복하였다.[28]

(5) 禮單茶禮

下船茶禮가 대마도주의 서계를 조선 측에 전달하는 의식이라고 한다면, 禮單茶禮는 이에 대한 조선 정부의 回答書契를 일본 측에 전달하는 의식이다.[29] 때문에 일본 측에서는 예단다례를 "御返翰"이라고 하였다.

유관중인 일본사신에게 예단다례 일자를 역관이 통보하면 일본 측에서는 당일 조선 측 담당자에게 지급할 별폭 예물을 확인하고 의례준비를 한다. 예단다례에서 가장 주된 일은 회답서계의 전달이었으므로 서계의 확인 및 봉인과정은 매우 중요하였다. 때문에 예단다례 전후로 東向寺의 승려는 서계의 내용뿐 아니라 字劃까지 꼼꼼하게 확인하는 작업을 거쳤다. 동시에 예단다례 의식이 끝난 후에도 회답서계는 바로 봉인하지 않고 내용을 세세하게 확인하여 수정·보완 작업을 완벽하게 거친 후에야 봉인을 하였다. 때문에 봉인과정에서 서계와 관련하여 재교섭을 벌이는 일도 발생하곤 했다.

예단다례일에는 일본 측 정관과 함께 동향사 승려가 함께 참석하여 의식을 행하였는데, 의식은 하선다례와 동일하였다. 만약 동향사에서 질병 등을 이유로 참석하지 못할 때에는 서계의 지면을 미리 확인하여 의식이 무탈하게 진행되도록 만전을 기하였다. 다례의식이 끝나면 하선다례 때와 같이 조

하였으나, 다례에서는 상화와 가무가 없었으므로 해석상의 오류로 볼 수 있겠다.
28) 『변례집요』 권7 「연례」 1613년 계축 7월.
29) 정성일, 앞의 논문, 대마도연구센터주최 학술세미나 자료집, 2013. 12, 43쪽.

선 측에서 잔치상이 제공되고, 이후 일본 측에서도 요리상을 준비해 답례하였다.

(6) 上船宴

상선연은 일본사신이 돌아가는 배에 승선하기 전에 치르는 마지막 연향이었는데, 일본에서는 이를 "出船宴", 혹은 "出宴席"이라고 이름하였다. 사신단이 대마도로 돌아가는 시기를 즈음하여 연향이 베풀어졌으며, 이를 통해 체류하는 일본사신의 마지막 자리를 위로하려는 뜻이 있었다.

의례를 위해 사신들이 연향청으로 가는 행렬 및 의례는 다례 때와 동일하게 진행되었으며, 행렬 등은 체류하는 인원이 적거나 특별한 사정이 있을 경우에는 약간의 인원 증감이 있었다.[30]

상선연이 끝나면 사신들은 조선으로부터 받은 예물 및 무역품들을 포장하고 배로 나르는 등 출항 준비에 전념하였다. 상선연 후 승선까지는 대체로 열흘 내외가 소요되었으나,[31] 출선하는 데에는 더 많은 시간이 걸렸다. 즉 순풍에 돛을 띄워야 했으므로 승선한 채 바람을 기다리며 더 오랜 기간을 지체하는 경우가 많았다.

---

30) 1730년 재판차왜의 상선연 때에는 체류 선박이 없어 인원이 부족한 관계로 행렬 인원을 조금 감하였다고 기록하고 있다.(泉澄一 편, 關西大學出版部, 『芳洲外交關係資料』「裁判記錄」1730년 8월 29일 250~251쪽)
31) 정성일, 앞의 논문, 대마도연구센터주최 학술세미나 자료집, 2013. 12, 46쪽.

2. 『동래부사접왜사도병』을 통해 본 접대 양상

1) 「東萊府使接倭使圖」 개관

「東萊府使接倭使圖」는 동래부사가 일본의 사신을 맞이하는 의례장면을 연속적으로 묘사한 10폭 병풍이다. 이 병풍도는 현재 총 3점이 남아있는 것으로 알려져 있는데,[32] ① 국립중앙박물관 소장 그림, ② 국립진주박물관 소장 그림, ③ 동경국립박물관 소장 그림으로 구분할 수 있다. 이 그림들은 전체적으로 10컷의 병풍 속에서 동래읍성을 기점으로 하여 왜관까지 가는 경로와 주변 경관, 조선 접대 인력의 행렬을 담고 있으며, 숙배례·연향의례도 그림으로 묘사하고 있다.

이 중 그림 ②에서는 나머지 두 그림에 없는 왜관의 서쪽 풍경을 마지막에 그려 넣어 일본사신의 접대가 북문을 통해 숙소까지 이어지는 것으로 마감하였다. 그림 ②를 중심으로 보았을 때 그림 ①은 왜관의 서쪽 경관이 빠져 있고, 그림 ③은 동래읍성과 부산진성, 영가대가 빠져 있어 그림 ①, ③이 그림 ②를 모사하였을 가능성이 크다.

이 그림들 중 국내에 현존하는 ①, ②의 그림들은 일찍이 소개되어 제작시기, 제작자 등이 논의되었으며 한동안 연구 공백기를 거치다가 2000년도 중반 이후에 들어 다양한 분야에서 연구의 기초자료로 활용되면서 제작자와 시기 등이 재논의되기 시작했다.[33] 처음에는 병풍도에 붙어 있던 "慶尙

---

32) 김동철은 '「「동래부사접왜사도」의 기초적 연구」 『역사와세계』 37, 효원사학회, 2010. 6.'에서 동래부사접왜사도를 3점으로 분류하여 살피고 있으며, 이에 앞서 신남민이 '「東萊府使接倭使圖屛研究」, 한국학중앙연구원석사학위논문, 2007. 12.'에서 이 3점을 연구대상으로 삼아 연구하였다.

33) 초기에는 최영희, 이진희 등에 의해 ①의 그림을 중심으로 논의되었고, 이후 이미야, 홍선표 등에 의해 제작자 및 시기가 재논의 되었다. 최근에는 신남민, 이성훈, 김동철 등에 의해 제작자 및 시기가 또 다시 논의되어 어느 정도 결론에 도달한 상태이다.

道東萊府使與日本諸公親密的卽見圖 畵師鄭謙齋元伯寫"라는 문구 때문에 제작자를 겸재 정선으로 단정하였다. 때문에 제작시기도 정선이 생존하였던 시기(1676~1759)를 중심으로 논의되었으며, 설문과 중문의 건립시기 및 성신당 명칭 사용 시기를 들어 1730~1758년 사이에 제작된 그림으로 보았다.[34) 또한 홍선표는 이 병풍도의 화풍이 변박의 1783년 작품인 「왜관도」와 유사하다는 견해를 밝히면서 타 미술사연구자들의 제작시기 및 제작자 논의에 불을 붙이기도 했다. 하지만 최근에는 김동철 등의 연구를 통해 제작 시기는 1813년 이후이며, 제작자는 정선과 변박의 화풍을 가진 작자미상의 동래화원으로 정리가 되었다.[35) 특히 화풍이 회화식 지도와 풍속화를 넘나드는 모습을 보여주기 때문에 당시 동래지역 화단의 화원들 수준이 상당했던 것으로 마무리 되었다. 한편 일본 소장본인 그림 ③은 타 그림들보다 형식화가 두드러져 더 후대에 제작된 것으로 보고 있다.

이 그림들은 미술사적인 입장에서 제작자와 제작시기가 논의된 것 외에 그림 자체가 지니는 내용의 풍부성 때문에 여러 분야에서 자료로 활용되기도 했다. 특히 복식사 분야에서 활용이 두드러졌는데, 劉頌玉과 朴錦珠는 이 병풍도를 통해 동래지역 지방 관아의 복식을 세세하게 살폈다.[36) 심민정은 일본사신 접대의례인 연향의를 살피면서 본 그림을 활용하였으며,[37) 오진호는 동래부의 악공과 기생의 공연을 연구[38)하면서 「동래부사접왜사도병」을 자료로 제시하였다. 이상의 연구들은 대체로 일부 연구주제와 관련하여 그림을 활용하였기 때문에 일본사신 접대의 전체 흐름을 확인하지

---

34) 최영희, 「정선의 동래부사접왜사도」『미술사학연구』, 1976; 홍선표, 「동래부사접왜사도」『한국의 미』 19권, 중앙일보사, 1985.
35) 김동철, 앞의 논문, 2010.
36) 劉頌玉·朴錦珠, 「동래부사접왜사도병에 나타난 지방관아의 복식」『인문과학』 22, 성균관대학교, 1992.
37) 심민정, 앞의 논문, 2006.
38) 오진호, 「조선후기 동래부의 악공, 기생의 공연활동 연구-18~19세기 사료를 중심으로-」『한국음악문화연구』 제1집, 2010.

는 못하였다. 이에 본 장에서는 "일본사신 접대"라는 부분에 주목하여 「동래부사접왜사도병」을 파악하고자 한다.

〈그림 5〉 중앙소장 동래부사접왜사도병 1폭~5폭

〈그림 6〉 중앙소장 동래부사접왜사도병 6폭~10폭

〈그림 7〉 진주소장 동래부사접왜사도병 1폭~5폭

〈그림 8〉진주소장 동래부사접왜사도병 6폭~10폭

일본사신 접대라는 부분에 초점을 맞추었을 때, 이상의 병풍도들은 크게 4부분으로 구분할 수 있다. 첫째, 동래부사와 부산첨사가 이끄는 접대 구성원들이 일본사신을 접대하기 위해 동래읍성에서 초량왜관으로 들어가는 행렬, 둘째 초량객사에서 숙배례를 행하는 모습, 셋째 연향청에서 일본사신에게 연회를 베푸는 장면, 그리고 마지막으로 다른 두 병풍에서는 보이지 않지만 진주박물관 소장 그림에서만 볼 수 있는 초량왜관의 서쪽 풍경이 그 것이다.

4부분으로 구분한 병풍도의 내용을 개략적으로 정리하면 다음 〈표 5-5〉과 같다.

〈표 5-5〉「동래부사접왜사도병」내용 개관

구분 내용	진주박물관 소장	중앙박물관 소장	동경박물관 소장
조선인 행렬	2~6폭	2~7폭	2~8폭
숙배례	7폭	8폭	9폭
연향청	9폭	10폭	10폭
초량왜관 서측 풍경	10폭	×	×

대체로 3개의 병풍도 모두 사신접대를 잘 확인할 수 있는 내용으로 구성되어 있으며, 그 중 "조선인행렬" 부분이 가장 많은 비중을 차지한다. 이 행렬에 대해 뒤에서 다시 구체적으로 확인하겠지만, 모두 초량왜관의 설문을

통과하는 부분에서 淸道旗를 선두로 하여 행렬이 시작된다. 행렬의 구성원은 旗手와 樂工, 기녀, 군관, 通引 등 숙배례와 연향을 위한 인원들로 갖추어져 있다. 숙배례 부분은 모두 한 폭을 차지하고 있는데, 숙배례를 행하는 초량객사의 건물 모습, 그 안에서 조선국왕의 전패에 예를 올리는 일본사신의 모습이 그려져 있다. 연향 부분은 조선 측에서 베푸는 일본 사신 접대의 핵심인데, 연향대청의 모습과 악공·기녀 등을 동원하여 조선식 연회를 베푸는 모습이 잘 묘사되어 있다. 진주박물관 소장 그림에서만 보이는 왜관의 서측 풍경은 일본사신들이 머무는 숙소가 있는 곳으로, 留館시 조선 측의 일상 접대를 상상할 수 있는 공간이다.

이상의 내용을 바탕으로 일본사신 접대에 대한 부분이 선명하게 드러나도록 그림을 재확인하고자 한다. 크게 두 부분으로 나누어 그림을 살펴볼 것인데, 첫째로 가장 많은 비중을 차지하고 있는 "조선인 행렬", 그리고 두 번째로 숙배례와 연향 장면을 함께 연계하여 "의례의 장면"을 확인한다. 이를 통해 일본사신 접대를 위한 조선 측, 더하여 동래부의 역할을 보다 구체적으로 확인할 수 있을 것이라 기대된다.

2) 조선측 행렬

일본사신을 접대하는 의례 및 다례·연향을 설행하는 데에는 대부분 동래부사가 참석하였다. 각종 접대의례 날짜가 정해지면 동래 측에서는 기물 및 인원을 갖추어 왜관으로 행차하였다. 이 행렬은 동래부사가 중심이 되었으며 각종 군물 및 기치, 군악 등이 동원되었다.

접왜사도[39]에서 다루고 있는 행렬의 범위는 적게는 5폭에서 많게는 7폭으로 절반 이상을 조선 측 행렬이 차지하고 있는 셈이다. 하지만 전체적으로 행렬도에 표시된 구성원들은 통인 등 하부 원역의 인원수에만 약간의

---

39) 이하 "동래부사접왜사도병"은 그 명칭을 줄여 "접왜사도"라 약칭한다.

증감이 있을 뿐 구성에서는 거의 차이가 없다.

동래부사가 왜관으로 들어가는 행렬에 대해서는 일부 기록이 남아 있는데, 다음의 <표 5-6>에 행렬의 구성을 제시하였다. 이상의 기록들과 그림들 모두 淸道旗를 선두로 행렬이 시작되고 있으며, 다소 차이는 보이지만 군기치·군악 등이 포함된 행렬의 구성은 비슷하다. 하지만 『御尋朝鮮覺書』에 제시된 행렬 구성이 가장 규모가 작고, 접왜사도 그림들은 그에 비하면 구성원의 규모가 가장 큰데다가 시각적인 효과까지 더하여 행렬 구성을 한눈에 알아보기 쉽다.

偃月刀와 日傘을 제외하고는 전체적으로 접왜사도에 훨씬 더 많은 인원이 그려져 있다. 특히 접왜사도에는 妓女와 細樂手, 부산첨사가 포함되어 있는데, 이는 두 가지 가능성을 짐작하게 해 준다. 첫째로 접왜사도가 행렬을 자세히 고찰하여 기록화로 남겼을 가능성, 두 번째로는 기록물들이 기녀가 포함되지 않는 다례 및 일반적인 동래부사 행렬을 기술하였다면 접왜사도는 기녀가 포함되는 연향의례를 나타내려 의도하였다는 점이다.

〈표 5-6〉 왜관으로 가는 조선측 행렬

조선측 행렬		
상서기문(부산부사원고40))	御尋朝鮮覺書	(중앙·진주)접왜사도
淸道旗 2	청도기 2	청도기 2
纛 1	둑[纛] 1	순시기(영기?) 2
龍大旗 1	용대기 1	둑 1
都訓導 1명(말 위에서 활을 들고)	도훈도 1	용대기 1
偃月刀 2	언월도 2	도훈도 1(마상)
金鼓 2	나팔 2	군관 2(마상)
軍官 4명(말 위에서 활을 들고)	태평소 2	나팔 2(마상)
龍刀劍 2	나각(螺角) 2	태평소 2(마상)
三枝槍 2	貫耳令箭 2	나각 2(마상)
令箭 2	군관 8	장구 2(보행)
首小童 1(말 위)	순시기 2	징 1(보행)
나팔 2	삼지창 2	꽹과리 2(보행)
태평소 2	羅將令旗 2	자바라 2(보행)

조선측 행렬		
상서기문(부산부사원고40))	御尋朝鮮覺書	(중앙·진주)접왜사도
七聲 2	龍刀 2	북 2(보행)
꽹과리 2	사령 4	삼지창 2(보행)
징 2	前頭砲手 4	좌수 2 (마상)
북 2	吸唱 2	별감 2(보행)
使令 2	陪行官 20	소통사 1(마상)
內裨將 3명(말 위에서 활을 들고)	日傘陪 1	나장 2(보행)
巡視旗 2	소동 10	좌수 2(마상)
令旗 2	駕馬後輩 別武士 6	동기 2(마상)
日傘 1	下吏 12	관기 6(마상)
小童 6~7명	소통사	배행군관 10(보행)
吸唱 2		장교 2(마상)
雙駕(軍夫 10여 명)		관노 1(보행)
軍官(5~6명)		군뢰 6(마상)
胡床41) 1		나장 2(보행)
		군뢰 2(보행)
		세악수 6(삼현육각)
		나장 2(보행)
		동래부사 1(가마)
		부산첨사 1(마상)
		훈도 1(마상)
		별차 1(마상)
		수령 7(마상)

<그림 9>에서처럼 청도기가 행렬의 선두에 위치하고 있다. 한편 이 선두
청도기에 앞서 출입할 때에는 砲手 1명이 3번 발포하여 행렬의 시작을 알
린다.42)

만약 이 그림이 다례의를 하기 위해 가는 행렬이라면 기녀가 빠져있어야
할 것이다. 다례의에는 꽃을 꽂는다거나 기녀가 춤을 추는 행위는 없었기

---

40) 小田省吾 閑·都甲玄卿 편, 앞의 책, 1937, 424~425쪽.
41) 胡床. 걸상처럼 된 간단한 접의자. 긴네모꼴의 가죽 조각의 양쪽 긴 변에 'ㅍ' 모양
　의 다리를 대고 두 다리의 허리를 어울러 붙여 접었다 폈다 한다. 높은 벼슬아치들
　이 가지고 다니다가 길에 깔고 앉기도 하고 말 탈 때 디디기도 했다. 승창.
42) 小田省吾 閑·都甲玄卿 편, 앞의 책, 1937, 425쪽.

〈그림 9〉 조선인 행렬의 선두 부분(진주 소장)

때문이다. 床花와 기녀의 춤은 연향에서만 행해졌으므로 <그림 11>에서 말을 타고 가는 기녀의 모습을 볼 때 이 행렬은 하선연이나 상선연 등 연향의 를 위한 행렬로 보아야 한다. 그렇게 본다면 이 병풍도 말미에 그려진 연향대청의 연회 모습과도 자연스럽게 연속선상에 있음이 설명된다.

〈그림 10〉 동래부사와 부산첨사 부분

〈그림 11〉 행렬 중 기녀 부분

행렬의 중심에 있던 조선 측 접대 관원인 동래부사는 <그림 10>에서 처럼 雙駕에 타고 배행관들의 호행을 받으며 왜관으로 향한다. 쌍가는 말 두 마리가 앞뒤로 끄는 형태의 가마이며, 이는 지방 수령의 행렬이 있을 때 주로 타는 가마였다. 가마 안의 동래부사는 黑笠과 青帖裏 차림이다. 가마 뒤에서 말을 타고 가는 부산첨사는 虎鬚43)를 꽂은 黑笠과 玉色帖裏 차림에 筒箇와 등채[藤策]44)를 갖추고 있다. 부산첨사가 입은 옥색첩리는 조선시

---

43) 虎鬚. 조선시대의 戎服 차림을 할 때 입자(笠子:朱笠 또는 草笠)에 장식으로 꽂은 호랑이 수염.
44) 부산첨사가 가지고 있는 통개는 활과 弓矢를 넣은 것으로 모양은 버선과 비슷하면

대 문무관리들이 외국사신으로 파견될 때 또는 국난을 당했을 때 임금의 行幸時 扈從할 때 착용한 옷으로 간편하여 오랫동안 사용되었다.[45]

일본사신을 접대하러 가는 이 행렬은 다례의가 있는 날에는 의례를 행하고 되돌아왔으며, 숙배례 및 연향의가 있는 날에는 기녀와 악공들을 더 갖추어 가서 왜관 밖 연향대청에서 조선의 접대 연회가 베풀어졌다.

3) 숙배례와 연향

접왜사도에서 일본사신을 맞이하여 행하는 의례 장면을 담고 있는 것은 초량객사에서 행해지는 숙배례와 연향대청에서 행해지는 연향의를 나타낸 그림이다. 모두 병풍도에서 각각 한 폭씩을 차지하고 있다.

숙배례 절차에 대해서는 앞서 간략하게 설명했는데, <그림 12>에서처럼 객사에서 북쪽의 전패를 중심으로 하여 조선 측 접대관원이 모두 黑團領을 입고 동쪽 벽에서 서쪽을 향해, 훈도와 별차는 서쪽 벽에서 동쪽을 향해 두 손을 마주잡고 서 있다. 이 숙배례 장면에서 동쪽 벽에 서 있는 2명의 접대관원이 누구인가 하는 점에 대해

〈그림 12〉 숙배례 장면

서 천과 가죽으로 되어 있고 등채는 색비단이 달려있는 채찍을 말한다.(柳喜卿,『한국복식사연구』, 이대출판부, 1986, 339쪽)
45) 劉頌玉·朴錦珠, 앞의 논문, 1992, 144쪽.

의논이 분분하다. 접대관원이 부산첨사인지, 동래부사인지, 아니면 접위관인지에 따라 일본사절이 차왜인지 연례송사인지 달라지기 때문이다. 이 부분에 대해서는 잠시 뒤 연향의 장면과 함께 연계하여 확인해 보기로 한다.

그림에서 뜰에는 동서로 나누어 儀仗이 배열하고 紅傘이 설치되어 있다. 원래 부산진에 客舍가 있을 때에는 처음부터 의장을 갖춘 것은 아니었고 전패만 있을 뿐이었다. 그런데 숙배 때 일본인들의 눈에 들어오는 게 별로 없어 의례의 중요성에 대해 제대로 인식하지 않을 것을 염려하여 1655년 儀仗을 새로 만들고 행례에 서게 했다.46) 그렇게 의장이 갖추어졌지만 처음이라 그런지 조악하게 만들어진 면이 있었던 것 같다. 때문에 1658년에는 의장에 쓰이는 諸具를 匠人에게 다시 만들어 보내게 했다.47)

배례를 하는 일본인의 자리 중 가장 서쪽 가장자리에는 색깔을 달리 한 판자를 깔고 정관과 봉진시봉이 자리한다. 그리고 뒤쪽에는 伴人 10여 명이 도열한다. 이어 4배례를 행하는데, 북면하여 동쪽에 서 있는 역관이 큰 소리로 그 횟수를 헤아린다.48) 한편 그림에서 숙배례를 하는 모습을 보면, 계단 위에 조선 역관들이 서 있다. 규정상으로는 紅傘도 계단 위에 설치하게 되어 있었는데, 이는 일본인들의 입장에서 볼 때 전패에 배례를 하는 것이지만 동시에 계단 위에 있는 역관 및 홍산을 든 사람들에게도 절을 하는 것이 된다. 이 때문에 일본인들이 역관을 계단 위에 세우지 말 것을 건의하기도 하였다. 하지만 조선 측에서는 60여 년 동안 그렇게 행해오던 것이 규례가 되었으므로 바꿀 수 없다고 하여 끝내 변경해주지 않았다.49) 그렇지만 그림에서 홍산은 계단 위가 아닌 아래로 내려와 있는 것으로 보아 일본인들의 요구를 일부 수용해 주어 변경된 것이 아닐까 추측해 본다.

숙배례 후에는 이어서 조선 측의 연향접대가 이어지는데, 접왜사도에 그

---

46) 『변례집요』 권7 「연례」 1655년 을미 5월; 9월.
47) 『변례집요』 권7 「연례」 1658년 무술 9월.
48) 泉澄一 편, 關西大學出版部, 『芳洲外交關係資料』 「裁判記錄」 1730년 8월 12일, 242쪽.
49) 『변례집요』 권7 「연례」 1674년 갑인 7월; 9월.

려진 연향 모습은 그러한 접
대 절차와 양상을 잘 담고 있
다. <그림 13>은 접왜사도에
그려진 연향의 일부분을 발췌
한 것이다. 그림에서 常服을
입고 있는 조선 관원은 4명으
로 이 중 찬탁을 앞에 두고
있는 2명의 관원은 연향을 주
최한 조선 측 관원의 모습이

〈그림 13〉 연향 부분

다. 이들이 도대체 누구이며
어떤 일본사신을 접대하는 모습인가 하는 점을 숙배례 장면과 연계하여 확
인해 보자.

이진희나 홍선표는 향접위관인 동래부사가 왜사를 접대하였다고 보았는
데,50) 동래부사가 향접위관으로 주관하는 소차왜의 접대 장면으로 본 것
같다. 유송옥과 박금주는 차왜로 보았으며, 신남민,51) 이성훈,52) 김동철53)
은 연례송사로 보았다. 그림에서처럼 훈도·별차를 제외한 연향의 주체관원
이 2명인 점을 고려하면 이 그림은 연례송사·관수왜·대차왜 중 하나를 접
대한 모습으로 볼 수 있다.

한편 이성훈은 숙배례의 그림을 예로 들어 만약 접위관이 주관하는 행사
라면 흑단령을 입은 조선인 관원은 동래부사, 부산첨사, (향·경)접위관, 훈
도, 별차로 5명이 되어야 하는데, 4명뿐이므로 연례송사를 접대하는 모습을
그린 것이라 하였다.54) 하지만 접대관원 인원수에 대한 이 전제는 잘못되

50) 이진희, 「釜山浦를 그린 朝鮮朝時代의 그림에 대하여」, 878쪽; 홍선표, 『東萊府使接
倭使圖』.(김동철, 앞의 논문, 2010, 91쪽 재인용)
51) 신남민, 앞의 논문, 2008.
52) 이성훈, 앞의 논문, 『2009 부산박물관 특별전시회 도록』, 2009.
53) 김동철, 앞의 논문, 2010.

었다. 조선후기 연향 접대를 주관한 담당자들은 다음 표와 같은데 이를 중심으로 조선 측 접대 주체를 정리하면 다음과 같다.

〈표 5-7〉 조선후기 일본사신 접대 담당자

사신　　　접대	다례·연향 주관	차비관
송사, 관수차왜	동래부사, 부산첨사	출사역관 1
대차왜	경접위관(5·6품), 동래부사	당상·당하 역관 1인, 출사역관 1
소차왜	향접위관	출사역관 1

※ 『통문관지』 「다례의」, 「연향의」; 『증정교린지』 「다례의」, 「연향의」 참조

연향의를 설행하는 주체는 "다례의"에서 이미 언급하였듯이 동래부사, 부산첨사, 접위관 및 역관들이다. <표 5-7>에 각 사신별 연향을 주관하는 조선 관원들을 나타내었는데, 왜사의 종류에 따라 크게 세 부류로 구분할 수 있다.

첫 번째는 연례송사 및 관수차왜에 대한 연향으로 동래부사와 부산첨사가 주관하였다. 부산첨사는 일본사신 및 그들이 머무는 왜관의 관리와 감시를 행하였는데, 특히 송사의 무역 업무와 관련하여 직·간접적으로 관여하고 관리·감독 등의 업무도 병행하였다. 이는 간품과 봉표 업무를 부산첨사가 전담하고 있었던 점을 보아도 알 수 있다. 때문에 무역을 목적으로 도래한 송사의 경우 연향을 비롯한 의례 전반에 부산첨사가 참여했다는 것은 전혀 이상할 것이 없다. 동시에 관수차왜 역시 초량왜관으로 이전한 후 왜관 업무를 전담하던 왜인이라 부산첨사의 역할과 밀접하게 연관되었으므로 연향에 참여한 것으로 보인다. 하지만 부산첨사는 차왜의 연향에는 참석하지 않았다.

두 번째는 대차왜의 연향인데, 이 경우는 경접위관이 주관하고 동래부사가 함께 참여하였다. 『증정교린지』에는 동래부사에 대한 설명에서 "대차왜에 대한 연향은 경접위관과 더불어 주최하며, 접위관이 이를 주관한다."[55]라고 하여 주최자를 경접위관과 동래부사로 한정하고 있다. 특히 부산첨사

---

54) 이성훈, 앞의 논문, 『2009 부산박물관 특별전시회 도록』, 2009, 225~226쪽.
55) 『증정교린지』 권3 「다례의」.

에 대한 설명에서는 "(부산첨사는) 대차왜의 진상 때 단지 물건을 살핀 후에 바로 부산진으로 나왔다."[56]고 하여 진상물건 간품 후 숙배례와 연향의에는 참석하지 않았음을 알 수 있다.

마지막은 재판차왜를 비롯한 소차왜의 연향으로, 향접위관이 담당하고 있다. 소차왜의 연향 설행에 대해서는 『증정교린지』에 "대차왜의 연향은 접위관이 주관하며 동래부사도 함께 참여하고, 소차왜에 대한 연향은 향접위관이 주관한다."고 간단하게 언급하는데 그치고 있다. 이 때문에 소차왜의 연향을 향접위관이 단독으로 설행하였는지, 아니면 동래부사나 부산첨사가 참석하였는지의 여부가 불분명했다. 그런데 소차왜였던 재판차왜가 접대를 받았던 기록이 담긴 「재판기록」을 확인한 결과 모든 다례와 연향을 접위관이 단독으로 행하고 있었다.[57] 그러므로 소차왜의 연향은 향접위관이 단독으로 주관했던 것으로 보인다.

실제로 대차왜의 연향에는 부산첨사가 참여하지 않았고, 소차왜의 연향은 향접위관이 단독으로 진행했으므로 그림은 연례송사, 관수차왜, 대차왜의 연향으로 좁혀진다. 그런데 이들 접대관원 2명이 입은 상복의 가슴에 새겨진 그림을 보았을 때 한 명은 雙鶴, 한 명은 雙虎가 그려져 있어 각각 문관과 무관의 복장을 하고 있다. 동래부사는 문관 당상, 부산첨사는 무관, 경접위관은 문관이라는 점을 감안한다면 그림 속의 조선 관원은 문관인 동래부사와 무관인 부산첨사의 조합으로 볼 수 있다. 그러므로 연향 접대를 받는 일본사신은 연례송사나 관수차왜로 봐야 한다.

부산첨사의 아래쪽에는 훈도와 별차가 서 있다. 그리고 이들 앞에는 아전인 통인 한 명이 접시에 술잔을 받쳐들고 서 있다. 연향의에 의하면, 통인이 동래부사 앞에 술을 올리면 동래부사는 이를 정관에게 보내고 또 정관앞에 술을 올리면 정관은 동래부사 앞으로 보내어 서로 바꾸어 마셨다. 그

---

56) 『증정교린지』 권3 「다례의」.
57) 泉澄一 편, 關西大學出版部, 『芳洲外交關係資料』 「裁判記錄」, 1729년~1730년.

오른 쪽에는 마당 쪽으로 천을 치고 통인 세 사람이 두리번거리고 있다. 그리고 관기와 악공들이 가무를 선보이고 있으며, 마당에는 군물 기치를 든 군관들이 서 있다.

3. 연향접대 양상

1) 位次

조선전기와 달리 초량왜관에서 열렸던 연향에서 일본사신을 접대하는 조선측 관원은 그 지위와 자격이 격하되었다. 단적인 예로 앞서 기술하였듯이 국왕사 접대관원의 명칭이 宣慰使에서 接慰官으로 변화한 점을 들 수 있다. 또한 다음 <표 5-8>에서도 보이듯이 조선전기 국왕사 접대를 담당했던 선위사가 정3품 당상이었던데 반해 조선후기 대차왜를 접대했던 경접위관은 5·6품의 관원이었다.

<표 5-8> 조선전기 일본사신 접대 담당자

사신\연향	조선전기			
	국왕사	거추사	구주절도사 대마도주특송	제추사/수직인
三浦宴	宣慰使(정3이상 당상) 1 差使員(당하관) 3	차사원 3	차사원 1	차사원 1
路宴	·경상 6 中 관찰사 2, 수령 4 ·충청·경기도 관찰사 2회씩	·경상 4 中 관찰사 2, 수령 2 ·충청·경기도 관찰사 2회씩	·경상·충청 수령 4회	·경상·충청 수령 4회 ·대마도인 경상도 수령 2회
禮曹宴	예조당상(兼判書, 判書, 參判)			
왜사호송	3품 朝官이 京通事를 인솔하여 왕복 호송	경통사가 삼포에서 영접, 還浦시 조관이 경통사 인솔하여 호송	상경시 鄕通事가 인솔, 상경한 후 조관이 호송	

※『해동제국기』「조빙응접기」참조

이상의 변화는 일본사신의 구성 및 자격 변화에서도 확인되는데, 일본사신도 조선전기에는 정사·부사·정관·수행원으로 구성된 데 반해, 중기 이후부터는 정관과 수행원으로 격하되었다. 이렇게 변화된 양측 관원을 중심으로 각 원역들은 연향의례를 행할 때 정해진 위치에 자리하였다. 이를 각 사신 유형별로 간략하게 도식화하면 다음 표와 같은데, 모든 일본사신과 조선 관원들은 동서로 자리 배치가 이루어지고 있다.

〈표 5-9〉 조선후기 연향시 좌차

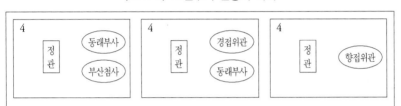

| 송사·관수왜 연향의 | 대차왜 연향의 | 소차왜 연향의 |

조선후기 연향의에 보면 구례에는 동래부사와 부산첨사가 북쪽 벽에 앉았다고 하는데, 광해군 2년(1610)에 일본사신이 東西座를 청하여 시행한 후 규례가 되었다고 한다.[58] 좌차는 높은 자리에서 낮은 자리로의 순서가 ‘북 → 동 → 서 → 남’인 것을 볼 때, 조선후기는 조선 측과 일본 측이 동서로 자리하여 대등한 예로 의례를 하고자 한 의도가 엿보인다. 하지만 일본이 동쪽의 자리를 요구하였음에도 불구하고 조선은 끝까지 거부한 것을 보면 조금 더 상좌에서 일본사신을 접대하고자 한 것이다.

이에 반해 조선전기에는 다양한 사신들이 도래했고 왜관 한 곳 뿐만 아니라 각 지방·중앙에서 여러 차례 접대가 이루어졌기 때문에 좌차도 다양했다. <표 5-10>은 그러한 모습을 잘 보여준다. 하지만 조선후기에는 대마

---

58) 『증정교린지』 권3 「다례의」.

〈표 5-10〉 조선전기 연향시 좌차

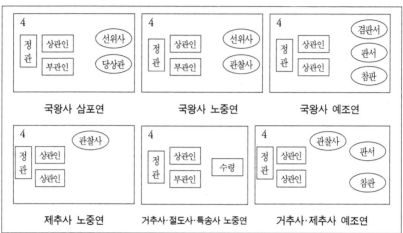

※ 『해동제국기』 「조빙응접기」 참조.

도에서만 사신이 파견되었고 그 장소도 부산에 있는 왜관으로 한정되어 연향의 위차 또한 단조로웠다. 이에 조선은 동서의 좌차로 통일하면서 접대하는 관원을 달리하여 교린국 사신에 대한 적례의 예를 맞춰나갔다.

2) 연향가무

연향에서 음악과 춤을 보인 이들로 樂工과 女樂을 들 수 있다. 조선전기에는 女妓가 음악을 연주하고, 노래와 춤으로 사신들의 눈과 귀를 즐겁게 해 주었다.[59] 이 때 樂歌舞를 모두 공연하는 기녀를 女樂이라 이름하였다.[60] 여악들의 공연활동은 악기연주, 노래, 춤 모두 다 이루어졌지만 실제로 內宴에서는 樂歌舞가 모두 행해진 반면 사신을 접대하는 外宴에서는

59) 『樂學軌範』 권2, 14a6-9.
60) 최미향, 「조선초기 世宗朝의 女樂研究」 『한국음악학논집』 1, 한국음악학연구회, 1990, 278~279쪽; 김종수, 『조선시대 궁중연향과 여악』, 민속원, 2001, 143~145쪽.

악공의 연주에 맞추어 여악이 춤과 노래만 공연[61]하는 형태였다.

그런데 풍기문란 등의 폐단이 발생하자 1431년(세종 13)에는 외연에서 여악을 쓰지 않고 舞童이 춤과 노래를 하도록 하여 10세 남자아이 60명을 선발하였다.[62] 그 후 隣國 연향에서 여악을 쓰지 않았으며 이런 현상은 1447년 세종 말까지 지속되었다.[63] 그러나 여악은 자신들의 의복을 준비하지만 남악은 관에서 의복을 모두 준비해야 한다는 점과 장성하면 才藝를 쓸 수 없다는 폐단이 나타나자 다시 여악의 필요성이 제기되었다. 또한 1461년(세조 7) 예조연의 경우 남악을 사용해야 하지만 가동·무동의 수가 적어 연향에 불편하여 왜·야인이 상경할 때 路宴에서 여악을 사용하는 예에 따라 예조연에서도 여악을 사용할 수 있도록 요청하였으며 일시적으로 허락받은 적이 있다.[64] 그러다가 1465년 정식으로 왜·야인의 연향에 여악 사용을 허락받았고,[65] 이후 왜인의 연향에 남악의 사용을 몇 차례 요청하기도 했으나 연산군조에 여악이 활성화되면서 정례화되었다. 중종조에 조광조의 건의에 의해 여악 폐지 논의가 다시 일기도 했으나 결국은 명종조까지 왜인의 연향에서 여악은 폐지되지 않았다.[66]

그러나 조선후기에는 궁중에서 女樂을 男樂으로 바꾸면서, 사신접대도 규정상으로는 남악으로 바뀌어야 했다. 1591년(선조 24) 4월 도항한 玄蘇와 平調信 등의 접대에 남악을 사용한 이후 임진전쟁이 끝난 후에도 남악의 사용이 정례화되는 듯했다. 하지만 1611년 일본사신 平智直 접대시 남악을 갑자기 준비하기 어려운 데다가 왜인들이 여악을 적극적으로 요청하자, 李

---

61) 김종수, 앞의 책, 2001, 184쪽.

62) 『세종실록』 13년 12월 25일 병진; 14년 1월 28일 무자.

63) 한문종, 「조선전기 倭使의 宴享接待와 女樂」『한일관계사연구』 36집, 한일관계사학회, 2010, 54~55쪽.

64) 『세조실록』 8년 3월 9일 갑진.

65) 『세조실록』 11년 11월 15일 기미.

66) 한문종, 앞의 논문, 2010, 55~59쪽.

德馨은 왜인의 상경을 금지시키는 대신 여악설행을 허락하자고 하였으며[67] 1612년부터 이것이 정례화되었다.

연향의에서의 술 순배 진행 절차는 예조에서 이웃나라 사신에게 연회하는 의식을 기록한 『세종오례의』와 『국조오례의』에 기초했으므로 거의 변함이 없을 것이라 생각된다. 이상의 내용과 『증정교린지』의 내용을 토대로 연향의의 절차를 간략하게 나타내면 다음과 같다.

> 연향의
> 　饌卓·풍악
> 　술제1잔·풍악 - 膳·풍악 - 勸花·풍악
> 　술제2잔·풍악-초미·풍악
> 　술제3잔·풍악-2미·풍악
> 　술제4잔·풍악-3미·풍악
> 　술제5잔·풍악-4미·풍악
> 　술제6잔·풍악-5미·풍악
> 　술제7잔·풍악-6미·풍악
> 　술제8잔·풍악-7미·풍악
> 　술제9잔·풍악
> 중배례
> 　술 9순배 이후 交椅 앞에 平排坐 한다
> 　茶啖·풍악 - 술 3순배·풍악
> 왜사가 동래부사와 부산첨사·훈도·별차에게 상찬을 올린다.

위와 같은 연향의 순서대로 진행할 경우 빠져서는 안 되는 것이 풍악과 정재무였다. 음악과 춤은 궁중에서 행해지던 것과는 달리 약간의 차이가 있었던 것으로 보이는데, 이를 음악을 담당한 악공과 춤을 담당했던 기녀를 중심으로 살펴보자.

---

67) 『광해군일기』 4년 9월 18일 기유.

〈그림 14〉 연향에서의 여악과 악공

<그림 14>에서는 중간에 춤을 추고 있는 童妓 2명과 기녀 2명, 그리고 연향대청 마루의 끝부분에 앉아서 악기를 연주하고 있는 악공들이 보인다.

당시 다른 외연에서 小童이 춤을 선보였던 것과는 달리 일본사신 접대에서는 1611년과 1612년 연향 때 전례에 의해 女樂을 두었다고 하였다.68) 이러한 현상은 18세기 초 한 때 시행과 관련하여 착오를 겪기도 했으나 여악의 사용은 지속되었다. 숙종 40년(1714)에 암행어사 이병상이 "왜인에게 연향을 베풀 때 으레 여악을 쓰는데, 저들이 비록 오랑캐이기는 하지만 우리의 접대하는 도리에 있어서는 오직 예의로써 상대함이 마땅합니다. 그런데 지금은 음탕한 소리와 아름다운 여색을 연향에 써서 귀와 눈을 즐겁게 하는 바탕으로 삼으니, 참으로 해괴합니다"라며, 왜인에게 연향을 베풀 때 여악을 쓰지 말 것을 청하여 윤허받았다.69) 하지만 1715년 연례송사의 하선연 때 일본 사신들의 접대 거부 등 반발이 극심하여 결국은 구례대로 연향에 여악이 이용되었다.70)

---

68) 『동래부접왜장계등록가고사목초책』 신해(1611) 11월; 임자(1612) 8월; 임자(1621) 10월.
69) 『숙종실록』 숙종 40년 8월 임신.
70) 『전객사별등록』 1715년(乙未) 6월 17일.

「동래부사접왜사도」에서 악공은 남자이지만, 춤을 추고 있는 사람은 무동이 아니라 기녀이다. 기녀의 인원수는 『동래부지』(1740)에서는 36명, 『東萊府事例』(1868)에서는 30명 이상은 되었는데, 그 중에서 선발하여 연향에 동원하였다. 동래부의 기생은 궁중에서의 궁녀들과 비슷한 형태로 구성되어 있었는데, 3명의 行首妓生과 20명의 妓生, 그리고 바느질·세탁·차 등을 담당했던 기생 등으로 이루어져 있었다.[71] 즉 평시에는 동래부 禮房에 소속된 관비로 있다가 연향이 있을 때마다 동원되었다.[72] 하지만 왜사접대를 왜관에서 한다고 하여 동래부의 기생만이 동원된 것은 아니었다. 통신사행 사신의 접대에서도 밀양이나 경주 기생이 관문으로 들어오는 것을 볼 수 있는데,[73] 일본사신의 접대에도 마찬가지로 인원수 충당을 위해 경상도 지역 기생들이 동원되었다.

그림에서는 白襪裙을 벗은 관기와 童妓들이 춤을 추고 있다. 조선시대에 지방에서의 정재무에 관한 언급은 거의 없는 실정이라 동래부에서의 접대 시 정재무에 대해서도 자세하게 알기는 힘들다. 하지만 1900년대 초 생성되었던 권번에서의 기생 활동을 통해 정재무의 형태나 종류를 유추해 볼 수는 있다. 부산에는 1920년을 전후하여 봉래권번과 동래권번, 그리고 부산권번이 개설되었는데, 봉래권번은 지금의 영주동 고개에 있었고, 부산권번은 초량에, 동래권번은 동래구청 밑에 있는 구 중앙병원 자리에 위치해 있었다.[74] 당시 부산에서는 정재계열 교방무로 동래고무·동래검무 등이 행해졌고, 동래학춤도 추었지만, 학춤은 정재무에 속하는 교방무라기 보다는 일종의 장끼춤으로서의 역할을 했던 것 같다.

---

71) 『東萊府事例』 「禮房」.
72) 이와 함께 살펴봐야 할 것이 『동래부지』에 나와 있는 기생의 소속이다. 기생 총 36명 중에 本官(동래부)婢가 19명, 寺婢가 17명이라고 제시되어 있는데, 시비는 관청의 婢를 의미하는 것이다.
73) 홍우재, 「동사록」 『국역해행총재』, 민족문화문고간행회, 1985.
74) 부산시사편찬위원회, 『부산시사』 제42절 「음악」.

그러나 이런 교방의 정재무는 궁중 내에서 행해졌던 정재무와는 성격이 달랐다. 중앙의 검무와 진주의 검무가 차이가 있는 것도 그렇고, 음악의 선곡에서도 동래고무의 반주음악은 진주검무와 통영의 승전무에서 반주음악으로 연주되는 영산회상곡과 동일했던 것을 봐도 그러하다.75) 동래고무는 궁중고무에서와 같이 처음에는 2고무였던 것이 4·8고무로 확장되었으며, 또 춤이 민속화 되면서 복식도 4방을 상징하는 청·홍·흑·백의 몽두리가 연두색의 원삼으로 바뀌어갔다. 동래고무는 8·15 해방 직후까지도 추었으나 동래권번의 폐지와 함께 중단되었는데, 동래권번의 마지막 기녀들의 고증을 얻어 복원하기도 했다.76)

17~18세기의 정재무와 20세기 초의 정재무는 다소 거리가 있고, 춤사위에서 차이가 나겠지만, 기본 정재무의 명칭이나 종류는 크게 다르지 않을 것이라 생각된다. 그림에서 보이는 춤사위는 현재 전승되고 있는 교방굿거리춤(경상남도무형문화재 21호)과 비슷한데 이는 동래권번에 전승된 굿거리춤 혹은 입춤일 것이라 생각된다.77)

당시 군악을 담당했던 악공 외에 연향에서 연주를 담당했던 악공은 몇 명이었는지 자세하지는 않으나, 1868년 동래부 禮房에서 料米를 지급한 악공 수를 14명으로 기록하고 있다.78) 그림에서 등을 보이며 앉은 악공은 6명으로 삼현육각을 구성하고 있는 것으로 보인다. 구성은 대금 1, 해금 1, 피리 2, 북 1, 장고 1이다. 이들 細樂手가 연주한 군악은 부산에서는 전승이 단절되었고, 통영지역에서는 "길군악", "길연주" 등이 음원으로 남아있다.79) 하지만 군악이 아닌 연향의 연주곡에는 구체적으로 어떤 음악이 연

---

75) '성무경 역주, 『교방가요』, 보고사, 2002'에 19세기 중 후반 지방의 교방 기녀들이 이습하고 연행했던 공연물들에 대한 실상을 보여주고 있다.

76) 동래고무의 춤사위와 진행에 대한 설명은 '『부산의 문화재』「동래고무」, 부산직할시, 1993'에 자세히 나와 있다.

77) 오진호, 앞의 논문, 2010, 129쪽.

78) 『東萊府事例』.

주되었는지는 고증이 필요하다.

3) 연향음식

　기유약조의 체결 이후 倭使들은 왜관에 외교 및 교역 업무를 하러 오게 되었는데, 이들이 머무는 일수는 매우 길었다. 對馬島主의 特送使는 110일, 歲遣船使는 85일, 각종 差倭는 55일, 大差倭는 60일, 裁判差倭는 무제한으로 머물면서 업무를 수행했다.80) 이들에 대한 접대는 사신의 성격 및 연향의 종류에 따라 조금씩 차이가 있었으나, 대체로 茶禮와 宴享·支供 등이 행해졌다. 이 중 다례와 연향 등에서 나온 접대음식의 실상이 확인된다면 일본사신에 대한 조선의 처우·인식의 확인은 물론이고, 이것을 통한 음식문화 교류의 일면도 동시에 파악할 수 있다.

　접대음식 중 다례·연향음식은 국가의 정식 접대 연향음식과 관련이 있으며, 지공은 각 사신들에게 매일 지급된 일상식 재료와 관련이 있다. 물론 다례 및 연향음식은 식재료 및 음식을 만드는 熟手 등이 모두 조선에서 충당되었기 때문에, 음식 또한 조선색이 짙을 수밖에 없었을 것이다. 반면 지공은 日供이라고 하는데, 매일 지급된 식재료 및 필요 물품을 구입하여 일본인들이 직접 조리해 먹었으므로 일본인들의 취향이 더 짙다고 할 수 있다. 이들 음식은 대체로 음식명이 아닌 식재료를 중심으로 자료에 기재되어 있으므로 실제 그 음식이 어떠했는지 모호하기는 하지만, 제공된 식재료로 본다면 충분히 음식을 유추해 낼 수 있다. 또한 「재판기록」에 부분적으로 요리의 종류가 제시되어 있기 때문에 식재료와 접목시켜 볼 수 있다.81)

---

79) 「통영삼현육각 중 길군악」, 「통영삼현육각 중 길연주」, 『이보형 채록 삼현육각』, 한국고음반연구회, 1995.(오진호, 앞의 논문, 2010, 124쪽에서 재인용)
80) 『국역통문관지』 제5권 「교린」 연례송사.
81) 이하 일본사신 접대음식에 대해서는 '심민정, 앞의 논문, 부산경남사학회, 2008. 3.'의 내용을 재구성하여 정리하였다.

다례음식에 대해서 구체적이지는 않지만 조선 측 기록에는 "찬 3味"가 제공되었다고 한다. 우선 당시 사용되었던 식재료를 재판차왜 중심으로 확인해 보자. 재판차왜의 支供은 關白告訃差倭 및 1特送使와 같은데,[82] 조선 측에서 1732년 하선다례시 1특송사에게 제공하였던 식재료는, 밀가루, 참기름, 꿀, 대구어, 乾魚, 청어, 문어, 전복, 포육, 상어, 乾雉, 광어, 황률, 대추, 잣, 호도, 개암, 곶감, 해삼, 홍합, 생밤, 生鰒, 계란, 芝草, 찹쌀가루, 木米, 겨자, 甘醬, 간장, 소금, 배, 홍시, 돼지[生猪], 산닭[活鷄]이다.[83] 이를 재료로 하여 만들어진 음식이 다례상을 구성하고 있는데, 약간의 시기 차이는 있으나 1729년 재판차왜가 <표 5-11>와 같은 음식을 접대받고 있어 식재료와 실제 음식을 접목시켜 볼 수 있다.

일본사신 접대 음식은 과자, 생선, 해산물, 육류, 과일 등으로 구성되어 있다. 음식에서 일본과 조선의 취향 차이를 든다면, 조선음식에서는 일본과 달리 소·돼지와 같은 짐승의 생고기를 음식재료로 사용한다는 것이다. 이는 일본이 불교문화의 영향으로 네 발 달린 짐승의 고기를 기피한다는 점에서 볼 때 큰 차이점이다. 또한 조선에서의 고기 조리법으로 생고기를 삶는 방법 외에 보존용으로 건조시켜서 먹는 경우가 많은 것도 일본과 다른 점이다.[84] 그래서 조선의 음식에는 말린 재료의 음식이 많다. 반면 조선에서는 제사 이외의 상음식에 두루미 같은 날짐승을 올리는 것은 유교적인 관념상 터부시된다고 할 수 있는데, 일본에서는 상음식에 백조나 두루미 등의 날짐승 고기가 올라가야 훌륭한 상차림으로 여긴다고 하니, 그런 고기가 별도로 올라가 있다는 것은 일본의 취향이 반영된 것으로 보인다.

---

82) 『증정교린지』 권2 「차왜」.

83) 『嶺南接倭式例改釐正謄錄』 「宴享雜物秩」 영조 8년(1732)년 임자 9월.

84) 다시로가즈이(田代和生) 저·정성일 역, 앞의 책, 221~223쪽.

〈표 5-11〉 하선다례 상음식

상의 높이가 1尺 5步, 가로 2척 6촌, 세로 1척 높이 쌓아서 - 높이 6촌 7보, 가로 1척, 2보 받침대 - 높이 4촌, 지름(직경) 8촌		
그릇-높이 쌓아서 ┌ 꿩 다리 한쪽 　　　　　　├ 말린 전복 　　　　　　**├ 말린 방어** 　　　　　　├ 말린 대구 　　　　　　├ 말린 문어 　　　　　　├ 말린 쇠고기 　　　　　　├ 말린 광어 　　　　　　└ **말린 소라**		접시 ┌ 잣 　　　├ 곶감 　　　├ 황율 　　　├ 호두 　　　└ 대추
접시 ┌ 새끼돼지(멧돼지) 　　├ 말린 해삼 　　└ 돼지곱창	접시-생밤	접시-배
접시-돼지 수육	접시 ┌닭꼬치 　　　└삶은 계란	접시-생 전복
접시-생선 두 도막	접시-**무(김치)**	접시-쌀과자(쌀강정)
접시-돼지 편육	종지-**식초** 소금	작은종자-겨자 작은종자-진간장
둥근 나무 받침대 ┌6각모양 과자 2 　　　　　　　├둥근 모양 과자 　　　　　　　├사각 모양 과자 2 　　　　　　　└판자 모양 과자 2	사발 -우동	**┌날짐승 고기** ├문어 └표고버섯

※ 泉澄一 편, 關西大學出版部, 『芳洲外交關係資料』 「裁判記錄」 1729년 4월 19일, 95쪽 참조.
※ 식재료와 차이를 보이는 음식은 진하게 표시하였다.

　　양측 자료에서 차이를 보이는 식재료 및 음식은 진하게 표시하였는데, 해산물이 가장 큰 차이를 보인다. 조선 측에서의 청어·상어나 일본 측에서의 방어·소라 등이 차이를 보이는 것은 계절별 해산물의 취득 여부와 일본인들의 취향이 반영된 것으로 해석해야 한다. 조선 측의 자료는 음력 9월, 일본 측의 자료는 음력 4월을 기준으로 하였기 때문에 차이가 날 수 밖에 없다. 일본 음식에서 청어가 빠져 있는 것은 한류성 어종인 청어가 잡히지 않는 시기에 음식 접대를 받았기 때문이다. 특히 조선 측 식재료에는 홍시가 들어가 있는데, 일본 측 기록에는 빠져있으며, 일본 측 기록에서의 생선 등이 대체로 마른 생선으로 기록되어 있다는 것도 계절에 따른 음식 구입 여부와 관련된다고 볼 수 있다.[85]

하선다례가 일본 측의 서계를 조선 측이 접수하는 과정에서 베푸는 것이라면, 예단다례는 조선의 서계를 일본 측이 접수하는 과정에서 베푸는 것이다. 이 때문인지는 모르겠으나 예단다례보다 하선다례 음식에 조선 측이 조금 더 신경을 써서 접대한 것으로 보인다. 당시 조선 측이 준비한 예단다례 요리상의 일례는 <표 5-12>와 같다.

〈표 5-12〉 재판차왜 예단다례 접대음식

메밀국수 한 그릇 - 위에 학고기	대구 토막 - 높이 쌓아서	받침대 ┌ 말린 쇠고기 ├ 말린 꿩 ├ 말린 가자미 ├ 말린 방어 ├ 말린 꽃모양 문어 └ 말린 꽃모양 전복
과자 받침대 ┌ 사각 큰 것 2매 ├ 판자 모양 2매 └ 작은 과자 3개		돼지편육 - 한 접시
삶은 계란 3개 2접시	감 1접시	밤 1접시
1접시 ┌ 대추 ├ 황밤 ├ 곶감 └ 잣	얇게 자른 무(김치) 1접시	자른 무(깍두기) 1접시
2접시 ┌ 말린 해삼 ├ 말린 홍합 └ 돼지곱창	종지 - 고추냉이	
* 이 외에 淸酒 1병		

※ 泉澄一 편, 關西大學出版部, 『芳洲外交關係資料』「裁判記錄」 1730년 8월 23일, 249쪽 참조.
※ 이때는 국상중이었으므로 연향은 베풀지 않고 연향음식만 사신 측에 보내었다.
※ 하선다례 음식과 비교했을 때 차이가 나는 예단다례 음식은 □로 표시하였다.

---

85) 심민정, 앞의 논문, 부산경남사학회, 2008, 110~111쪽.

하선다례 음식과 차이가 나는 부분은 □로 표시하였는데, 전체적으로 종류가 한 두가지 줄어든 모습이다. 국수나 우동 위에 올라가는 고명이 몇 가지 보이지 않고, 포 종류에서는 소라, 과실 종류에서는 호두가 줄었으며, 과자류도 쌀강정을 비롯하여 종류가 줄었다. 그리고 계절의 차이 때문인지 과일 중 배가 감으로 바뀌었고, 특이하게 하선다례 때는 마른 포의 형태로 다른 포 음식과 함께 차려지던 대구가 예단다례 때에는 별도의 그릇에 개별적으로 담긴 것이 특징이다.

이 날 조선 측에서 마련한 예물을 접수하고 접대한 음식을 맛본 일본인들은 답례로 조선의 훈도·별차 및 차비관, 서기 등에게 2즙 7채의 요리를 대접하였다.[86] 의례가 완전히 끝나고 사신들이 숙소로 돌아가면 훈도와 별차는 축사의 말을 전하며 간단한 음식물을 다시 보내는 것이 상례였다.

사신들에게 지급된 연향음식은 다례음식과 크게 다르지 않았을 것으로 보인다. 하지만 다례가 지정한 일자에 개별적인 의례로 진행되었다면 연향, 특히 하선연은 간품·숙배례 등과 연속상에서 행해진데다가 가무도 함께 갖추어졌으므로 음식도 다례보다 풍성했을 것이다. 기록에서도 다례 때에는 찬 3미가 제공됐으나, 연향 때에는 찬 7미가 제공되었다고 한다.

왕래했던 사신들 중 가장 융숭한 대접을 받았던 1특송사(재판차왜와 동일)를 기준으로 하여 접대된 음식의 재료를 보면 다음과 같다. 비록 연향음식의 재료가 다 제시되어 있지 않아 음식으로는 어떤 것들을 만들었는지 알 수는 없지만, 해산물들과 과일류가 많은 부분을 차지하고 있다.

酒米, 餠米, 湯米, 초미, 찹쌀, 두부콩[泡太], 팥, 菉豆, 木米, 밀가루, 콩가루, 누룩[眞曲], 엿기름[牟曲], 참기름, 꿀, 甘醬, 艮醬, 소금, 겨자, 生薑, 대추, 생밤, 황밤, 배, 홍시, 곶감, 잣, 호두, 개암, 五味子, 芝草, 표고버섯, 돼지, 포육, 반쯤 말린 꿩[半乾雉], 산 닭, 계란, 皮白蛤, 생선, 生鰒, 전복, 해

86) 泉澄一 편, 關西大學出版部, 『芳洲外交關係資料』 「裁判記錄」 1730년 8월 23일, 249~250쪽.

삼, 紅蛤, 문어, 광어, 상어, 대구어, 靑魚, 乾魚.[87]

1특송사의 연향음식 재료는 앞의 다례음식 재료와 마찬가지로 상어가 재료로 들어가 있다. 이는 부산지역의 토산물 중 전자리상어[占鯊魚]가 있었던 것을 감안할 때, 부산 지역의 토산음식 및 일본인들의 취향을 고려하여 첨가된 것으로 추측된다.

앞서 음식의 재료들을 나열하였지만, 이러한 음식들은 식재료만 주어진 것이 아니라 식재료를 가지고 다양한 조리법으로 조리를 하여 일본 사신들에게 제공되었다. 우선 조선전기에 접대된 연향음식의 상차림에 대해서는 『해동제국기』에 다음과 같은 내용이 제시되어 있다.

〈표 5-13〉 조선전기 일본사신 연향 음식

항목		상관인	부관인	정관
三浦宴	宣慰使주도	長車食 외 안주, 小一果 四行床[88]		상관인과 동일(과실 한가지 제외)
	差使員주도	馬蹄車食 외 안주, 四行床		三行床
京中迎餞宴		車食七果床		車食五果床
		點點果[89], 油蜜果 五星二部, 實果 五星二部, (나물+고기) 五星二部 大肉(乾猪 3마리), 술		
晝奉杯		車食七果床		
		탕(3), 點點果, 술		
闕內宴		다식 외 안주, 소일과 四行床	馬蹄車食 안주, 四行床	
		탕(4), 點點果, 술, 大肉		
禮曹宴		산자[90], 소일과 四行床	長車食 四行床	
		탕(4), 點點果, 술, 大肉		
名日宴		車食七果床		
		탕(4), 點點果		

※『해동제국기』「조빙응접기」 참조.

---

87) 『증정교린지』 권1 「연례송사」.
88) 四行床. 4줄로 차린 상.
89) 點點果. 유자, 산자 등.
90) 산자. 찹쌀떡을 기름에 튀긴 과자.

〈표 5-14〉 재판차왜 상선연 접대음식

콩과자 - 2개의 받침대에 높이 1척으로 쌓음. - 받침대 위에 두꺼운 판자모양 과자 2매씩 쌓고, 그 위에 작은 과자를 3매씩 쌓음.	콩강정(콩으로 길다랗게 만든 과자) - 2개의 받침대에 높이 8촌 5푼	붉은 과자, 흰 과자 - 2개의 받침대에 높이 7촌씩

흰 떡 - 1개의 받침대에 높이 6촌 5푼으로 쌓고, 그 위에 여러 모양의 작은 떡을 올림.

대구 도막	받침대 1 ┌ 방어 ├ 가자미 ├ 청어 ├ 꽃 모양 전복 ├ 말린 쇠고기 ├ 말린 문어 └ 말린 꿩 다리 1	
1 그릇 - 메밀 국수	1 접시 - 돼지 수육	
1 그릇 - **쇠고기 구이**	1 그릇 - **쇠고기**	
2 접시 ┌ 잣 ├ 곶감 ├ 황밤 ├ 대추 └ 호두	2 접시 - 삶은 계란 3개씩	2 접시 - 생밤
2 접시 - **생전복** 3개씩	2 접시 - **배** 2개, 3개	2 접시 - 감 3개씩
2 접시 ┌ 말린 해삼 ├ 말린 홍합 └ 돼지 곱창	1 접시 - 돼지 편육	1 접시 - **통구이 생선**
1 접시 - 東瓜 김치	종지 - 꿀 조금	

※ 泉澄一 편, 關西大學出版部, 『芳洲外交關係資料』「裁判記錄」1730년 8월 29일, 252쪽.
※ 예단다례 음식과 비교해 차이가 나는 음식은 진하게 표시하였다.

음식은 주로 육류와 과일, 생선, 다식과 과자 등이 상에 올라갔다.[91] 이

---

91) 김상보·장철수, 「조선 통신사를 포함한 한·일 관계에서의 음식문화 교류」『한국식생활문화학회지』13, 1998, 350~354쪽.

를 통해 음식을 본다면, 후기와 그다지 큰 차이는 없는 것으로 보인다. 그렇다면 실제 상차림에서의 후기 상음식은 어떠한 종류가 올라가고 있는 것일까? 1특송사 접대음식은 재판차왜와 동일한데, 1730년 재판차왜의 상선연음식을 일례로 들면 <표 5-14>와 같다.

상선연이 베풀어진 시기와 예단다례가 베풀어진 시기가 같은 음력 8월임을 감안한다면, 계절에 따른 음식 차이는 거의 없을 것으로 짐작된다. 하지만 음식 가짓수와 종류에서 차이를 보이고 있는데, 과일류에서는 배와 호두가 추가되었고, 과자류의 종류가 많은 것이 차이점이다. 요리에서는 떡, 쇠고기구이, 생선 통구이 등이 추가되었으며 해산물로 날전복이 별도로 올라가고 있어 다례보다 다양해지고 풍성해진 상차림을 확인할 수 있다.

위에서 제시된 다례상 및 연향상에는 술이 함께 제공되었다. 『증정교린지』나 『통문관지』에서는 대동법의 실시로 인해 조선에서 제공된 술이 아닌 술쌀로 그 원재료를 기록하고 있어 어떤 술이 제공되었는지 가늠하기 힘든데, 조선의 술에 대해 小田管作[92]은 다음과 같이 이야기 하고 있다.

> 술에는 여러 가지가 있다. 흔히 만드는 것은 소주라고 들었다. 청주라고 하는 것은 신맛이 난다. 탁주는 보리를 가지고 빚는 경우가 많은데, 탁주를 마시면 허리가 안 좋아 잘 걷지 못하게 된다. 이름난 술로는 桂姜酒·竹瀝酒 외에도 여러 가지가 있음. 모두 소주에다 계피·생강·꿀 등을 넣어서 맛을 부드럽게 한 것으로서, 따로 제조하는 것이 아님. 花燒酒는 술을 내릴 때 소줏고리에 鷄冠花를 얹어 놓아 예쁜 색깔이 우러나도록 한다고 함.[93]

위의 내용에서 보면, 탁주에 관한 일본인의 인식이 좋지 않은데, 이 때문에 청주나 소주가 접대용 술로 이용되었다. 이는 <표 5-12>에서도 확인된다. 조선전기의 예가 제시되어 있는 『해동제국기』에서도 청주·소주 등이

---

92) 대마도의 통사를 역임.
93) 『象胥紀聞拾遺』(田代和生 저·정성일 역, 『왜관』에서 재인용)

식재료로 들어가 있는데, 후기에도 이러한 맑은 술 종류가 주류를 이루고 있다.

이상의 연향의례 및 상차림을 전체적으로 살펴볼 때 조선후기에 나타나는 연향음식의 가장 큰 차이점 중의 하나는 重杯禮가 보인다는 것이다. 중배례는 광해군 원년(1609) 전까지는 연향이 끝난 뒤에 주인과 손님이 각각 의자 앞에 서서 두 잔을 마시는 것이었다. 이것은 1609년 이후 따로 찬품을 내어 술을 마시게 되었는데, 술자리가 길어지고 폐해가 속출하자 광해군 5년(1613)에 일정한 형식을 가진 중배례로 정하게 된 것이다. 이는 초량으로 왜관이 이건되고 난 후에도 동일한 형식을 띠었다. 여기에는 조선에서의 음식접대에 대해 왜사가 동래부사 등에게 올리는 상찬, 즉 왜찬합 음식이 포함되는데, 이때부터 찬합 문화가 조선으로 유입되어 왜관이 있는 부산지역에 한정된 것뿐만 아니라, 궁중의 연회에도 영향을 미쳐 상에 올리는 찬품의 하나가 되고 있다.94)

---

94) 『증정교린지』 3권 「연향의」 부분에 중배례에 대한 설명이 나온다. '김상보·장철수, 앞의 논문, 1998'에 보면, 왜 찬합이 궁중으로 유입되었다고 하고 있다. 실제로 조선전기에는 보이지 않으나, 후기의 진찬에서는 '進果榼'이라고 하여 약과·각색다식·각색당·각색절육 등이 찬합에 담겨 올라가고 있다.

나가며

　조·일관계는 "조선"과 "일본" 두 국가가 전제가 되어 설명되어야함에도 불구하고 기존 연구들은 외교업무를 담당한 양국 사신 중 "조선사신", 특히 通信使에 집중한 경향이 있다. 본 연구는 이처럼 편중되어 있던 기존의 연구에서 "일본사신"이라는 연구 공백을 보충하여 조일관계사 연구의 균형에 일조하고자 했다. 또한 사신접대 의례는 국가의 외교 인식, 정치관을 보여주는 대표적 사례이다. 하지만 이제껏 규정만을 중심으로 정리하여 경직된 접근만이 행해져 왔다. 여기에 본 연구는 시각적 이미지를 활용해 접대 의례의 실상을 가시화하여 이해를 도모하였다는 점에서 그 성과를 인정할 수 있을 것이다.

　본 연구에서는 먼저 조선후기 전 시기에 걸쳐 일본사신 접대규정의 변화를 살펴보면서 조일 양국 외교관계의 흐름에 시기적 구분을 가능하게 하는 또 하나의 지표를 제시하였다. 조선후기 일본사신 접대규정이 개편·변화되는 흐름은 각 규정의 내용 및 성격에 따라 ① 기유약조 체결, ② 겸대제 시행, ③ 초량왜관 이전 및 임술 통신사행 이후로 크게 삼분할 수 있다.

　첫 번째, 기유약조가 체결된 시기는 조선후기 국교재개와 함께 일본사신 접대에 대한 규정을 새로이 마련한 시기로 일본의 모든 사신이 대마도를 통해 파견되는 사신파견의 일원화가 이루어지게 되었다. 기유약조의 내용 중 첫 번째 조목에는 일본사신 접대례를 국왕사, 대마도주송사, 대마도수직인으로 분류하여 제시하고 있으며, 이후 추가적으로 세견선의 구성원 및 세견·특송선의 유관일수도 규정해 나갔다. 일부에서는 기유약조가 대마도와 조선 간의 관계만을 약조한 것이라는 평가도 있지만, 사신 접대례에 대한 규정이 제일 첫 번째로 제시되어 있는 점, 대마도 사신뿐 아니라 막부 사절인 국왕사까지 규정하고 있는 점 등에서 볼 때 기유약조는 일본과 조선이라는 국가 대 국가의 관계를 고려하여 맺은 약조로 평가할 수 있다.

두 번째 시기는 겸대제가 시행된 이후로, 이 때부터 실질적으로 연례송사 파견 및 접대제도가 정립되었다. 조선과의 국교재개 및 회답겸쇄환사 파견 과정에서 대마도 측이 국서를 개작한 일이 발각되어 소송을 진행하는 과정 중에 조선 측 역관에 의해 대마도의 연례송사를 겸대하는 제도가 마련되었다. 이 제도의 시행은 1년에 8~10차례의 송사선만을 접대하면 되었기 때문에 사신들의 접대비용이 상당히 줄어드는 결과를 낳았다.

하지만 국왕사가 사라지고, 특송사가 무역 사신으로 변모하는 과정에서 일본 측은 외교 문제를 전담하며 파견되는 사신을 새로이 만들어 내어 축소된 접대를 상쇄하였다. 이렇게 생성된 외교사신이 차왜이다. 차왜는 각종 외교현안을 명목으로 파견되어 조선 측의 접대를 이끌어 내었다. 반면 조선은 이들을 모두 공식적인 외교사행으로 간주하여 접대하기에는 상당한 부담이었기 때문에 사신의 구성과 파견 목적, 성격 등을 고려하여 두 부류로 구분하였다. 즉 기존에 특송사의 역할과 비슷한 성격을 지니는 외교사신은 향접위관이, 국왕사에 준하는 성격의 차왜는 경접위관이 접대하는 제도를 마련한 것이다.

또 한편으로는 왜관을 중심으로 외교업무를 전담하는 차왜가 등장했는데, 관수차왜이다. 관수차왜는 국서개작사건 과정에서 왜관 내 왜인들의 관리가 제대로 이뤄지지 않아 이를 전담하기 위해 파견되었고, 이후 조선도 관수를 인정하여 왜관 관리 등의 내용을 담은 약조들을 체결하기에 이르렀다. 이때까지만 해도 관수는 관수차왜라는 명칭에서도 드러나듯 외교적 성격이 강했고, 접위관의 접대가 이루어지고 있었다. 하지만 초량으로 왜관이 이전하는 과정에서 관수는 왜관의 실무관리자로 성격이 변화되면서 연례송사처럼 동래부사와 부산첨사의 접대를 받는 존재가 되었다.

　마지막은 초량왜관 시기 및 임술년 통신사행 파견 전후로, 조선 측의 차왜 겸대제 시행 시도가 있었던 시기이다. 초량왜관으로 이전하는 전후 무렵에 조일 양국은 기근, 사회·경제적 침체기를 겪으면서 외교사행의 파견 뿐 아니라 접대에 이르기까지 전반적인 과정에 소용되는 비용 등이 큰 부담으로 다가오는 시기였다. 이 과정에서 일본 측은 통신사의 접대의례 개정을 시도하기도 하였고, 접대 장소를 변경하는 등 자국의 실리를 추구하려는 노력을 기울였다. 이에 대해 조선 측도 기존 중화질서라는 틀에서 정립되었던 "厚待하는 교린"을 변경할 필요성을 실감하게 되었다.

　자국의 실리를 추구하는 교린정책은 접대할 일본사신을 축소하는 것에서부터 진행되었다. 초량왜관 이전 후 처음으로 파견된 1682년 임술 통신사는 기존의 차왜를 축소·재정비하는 약조를 체결하였다. 이 과정에서 외교업무를 총괄하여 전담하는 재판차왜의 명칭이 시작되었고, 기존의 차왜도 대·소차왜로 구분하여 구성원, 접대규정도 재정비하였다.

　하지만 이런 시도가 부담을 크게 완화시키지는 못하였다. 때문에 조선 내의 구폐를 시정하는 정책과 연계하여 접대제도를 개편하고자 하였고, 마침 역지통신 과정과 맞물려 이폐약조의 체결로까지 이어졌다. 결과 중절오선의 중단 및 도주고환차왜의 접대가 폐지되었고 이후 대차왜의 접대일수를 줄이는 결과도 이루어냈다.

　이상의 접대규정 변화 과정은 조선전기와 비교하면 다소 차이가 있다. 우선 접대해야 할 일본사신 및 그와 관련한 규정 변화가 즉각적으로 이루어지고 있다. 조선전기에 변란 등을 계기로 약조가 변경되고 접대가 달라지는 것과는 달리 특별한 충돌이 없어도 양국의 협상이 효율적으로 이루어지고 있는 모습이다. 이는 교린의 통로가 대마도로 일원화된 점, 양국간에 교섭을 이끌어낼 수 있는 통로인 "외교사신의 파견"이 훨씬 체계적으로 이루어지고 있었던 점 등이 큰 배경이 되었을 것이다.

　또한 접대규정 변화의 내용을 볼 때 조일 양국이 끊임없이 실리를 추구해 나가는 모습을 확인할 수 있다. 전기에도 왜구금압이라는 실리를 추구하는 측면은 있었으나 '事大字小'라는 이념적 명분을 더 중시하였다. 하지만 조선후기에는 또 발생할 지도 모를 변란에 대한 대비, 국내의 사회·경제적 손실을 최대한 줄이고자 하는 실리 추구의 모습이 더 강하게 드러난다. 이는 대마도를 비롯한 일본에서도 마찬가지로 나타나고 있으며, 결과적으로는 사신 접대 비용을 점차 축소하는 방향으로 규정 변화가 이루어졌다.

이상의 규정을 토대로 실제 이루어진 접대는 크게 두 가지 방향에서 접근할 수 있다. 하나는 왜관에서 행해지는 접대 의례, 즉 행사적인 측면이고, 두 번째는 이 행사를 비롯하여 일본사신이 유관하면서 발생하는 모든 인적·물적 경비를 조달하는 것이다.

우선 접대에 소용되었던 인적·물적 요소는 전체적으로 국가의 부담이라고 할 수 있지만 왜관이 소재한 동래지역의 역할도 상당했다. 외교사행인 차왜를 접대할 때에는 경접위관이나 향접위관이 출사하여 다례, 연향 등의 접대의례를 주관하였으나, 대차왜의 접대에는 동래부사도 참여하였고, 연례송사와 관수왜의 접대는 동래부사와 부산첨사가 함께 주관하였으므로 동래지역 관원의 역할을 무시할 수 없다. 특히 부산첨사는 차왜의 연향 등에 참석하지는 않았지만 진상물건간품이나 무역물품의 간품, 왜관 물품 관리 등에 전반적인 역할을 하고 있었으므로 그 임무를 간과할 수 없다.

또한 사신들을 위문하고 안내하며 직접 접촉하는 역할을 했던 훈도·별차 외에도 연향 등의 의례 설행을 위해 왜관에는 예단, 그릇, 밥솥, 돗자리 등을 담당하는 소통사와 문지기 등 다양한 인적 구성이 항상 준비되어 있어 접대를 원활하게 이끌었다.

한편 유관 기간 동안 소용되었던 땔나무, 식재료 등의 물품은 물론이고 의례 시 사용되는 기물·의장, 연향 음식 재료 등의 마련도 동래부 입장에서는 큰 부담이었다. 기물·의장 등은 왜관의 공수간, 초량 객사 등에 비치해 놓았지만 식재료, 공목미, 시탄 등의 직접적 조달은 동래부의 몫이었다. 물

론 주변의 여러 고을에서 분담하여 마련하기도 했지만 운송이나 전달 등
부수적인 업무 또한 동래부에겐 큰 부담이었다. 특히 식재료 중 일본인들이
즐겨먹는 생선류의 마련에 대한 부담으로 민들의 이탈이 초래되기도 할 정
도였다.

접대의 두 번째 면은 의례 진행과정에서 확인된다. 일본사신이 조선 해안
에 나타나면 조선은 문정하는 과정을 거쳐 왜관에서 맞이하고 대면식을 가
진 후 접대의례 절차를 진행하였다. 접대의례는 '하선다례 - 숙공조반식 -
진상물건간품 - 숙배례 - 하선연 - 예단다례 - 상선연'의 순서로 진행되었다.
하선다례가 행해지는 날부터 사신들의 유관일수가 계산되었는데, 다례 때
일본으로부터 서계를 접수하고 그 다음날부터는 사신에 따라 2~5일간 숙공
이 제공되었다. 이후 하선연 날이 정해지면 해당 일자에 '진상물건간품 - 숙
배례 - 하선연'이 모두 순서대로 진행되었다. 연향은 다례와 달리 妓樂과 상
화가 갖추어졌으며, 중배례를 행하였다. 이후 조선 측의 답서를 전달하는 예
단다례가 행해지고, 출선하기 전 상선연을 끝으로 의례과정은 끝났다.

의례에서 양국 사신들의 좌차는 동측에 조선이, 서측에 일본이 자리하는
것으로 정립되었다. 동서의 좌차는 대등함을 의미하지만 실제로는 서쪽보
다 상좌로 인식되는 동쪽 자리를 요구한 일본인에게 끝까지 거부하면서 조
선의 우월함을 확인하려 했다. 이런 모습은 숙배례를 할 때 일본사신은 뜰
아래에서 배례를 행하게 한 것에서도 드러난다.

접대에서 양국의 문화 교류적 측면은 음악, 가무, 床花 등에서 다양하게
드러나지만 가장 잘 확인할 수 있는 것은 음식문화일 것이다. 물론 조선에
서 일본사신을 접대하는 것이기 때문에 조선의 음식만이 제공된 것으로 생
각하기 쉬우나 연향의 음식은 양측이 서로 교환하는 형태로 이루어졌다. 실
제로 조선에서 음식을 접대하면 일본사신도 약소하게나마 답례음식을 제공
하며 양측의 음식문화가 교류되었다. 이를 통해 일본사신들은 접하기 힘든
쇠고기, 돼지고기 등 네 발 짐승의 고기를 맛보았고, 한편으로는 조선에서

도 일본의 취향에 맞추어 해산물과 날짐승의 고기를 상에 올리기도 하였다. 즉 왜관을 벗어나기 힘들었던 일본사신에게 연향은 양국 문화교류의 장이 되었던 것이다.

이상 본고에서는 전쟁 이후 변화된 조일관계 속에서 중요한 교류자로서 역할을 하였던 일본사신이 어떻게 재편되었는지, 또 조선 측에서는 그런 일본사신을 어떻게 인식하고 접대하였는지를 확인해 보았다. 물론 기존에 주목하지 못했던 영역이라 이 주제에 접근했다는 자체에 의의가 있겠지만, "사신 접대"가 국가와 국가 간의 관계를 구체적으로 확인할 수 있는 주제인 만큼 더 나아가 상대 국가의 입장에서도 접근할 필요가 있을 것이라 생각된다. 때문에 차후 조일관계에서 조선사신에 대한 일본의 접대 등도 살펴 교린국의 사신접대 양상을 전체적으로 구명해 보는 것을 목표로 삼으려 한다.

한편 사신접대 규정 및 양상 변화가 양국의 외교관계에 미치는 영향에 대해서는 구체적으로 파악하지 못한 감이 있다. 개인적으로 양국의 외교관계에 큰 변화가 야기되는 시기는 17세기 후반부터라고 생각된다. 이 시기는 통신사행의 시기 구분으로 확인해 볼 때 평화적 교린시기로 일컬어지지만 실제로는 양국이 평화를 유지하고자 하는 노력이 강했던 시기라고 보는 것이 맞을 듯하다. 이 시기 이후의 양국 사신, 외교관계를 세세하게 고찰해 보고자 하는 것이 또 다른 목표이기도 하다. 소의 걸음으로 천천히 연구를 이어나가고자 한다.

〈부록〉

※ 〈부록〉의 내용은 「두모포왜관시기 差倭 接待例 변화와 정비 -『接倭式例』
분석을 중심으로」(『동북아문화연구』 제46집, 2016), 「『嶺南接倭式例改釐
正謄錄』(1732, 장서각 소장)」(『한일관계사연구』 제60집, 2018) 연구 내
용을 수정·보완하여 정리하였다.

1. 『接倭式例』(17세기)를 통해 본 두포왜관 시기 차왜 접대사례 분석

I. 서론

조선후기에 일본에서 조선으로 파견한 사신은 외교적 성격이 강하며 비정기적으로 내도한 差倭와 교역의 목적이 강하며 정기적으로 파견되었던 年例送使로 구분할 수 있다. 이들 사신의 접대에 대해서는 연향, 의례, 조선측 행렬 등[1]의 측면에서 접근이 이루어졌다. 하지만 기존의 연구들은 대

---

1) 조선전기 일본사신 접대 의례 및 연향에 대해서는 方琪喆(2005), 「조선초기 교린국 사신의 위차-조·일관계를 중심으로」『사학연구』제79호; 이화영(2009), 「15세기 조선과 교린국의 빈례 연구」, 한국교원대학교교육대학원석사학위논문; 한문종(2009), 「『海東諸國紀』의 왜인접대규정과 朝日關係:三浦에서의 접대규정을 중심으로」『한일관계사연구』34; 한문종(2010), 「조선전기 倭使의 연향접대와 女樂」『한일관계사연구』, 36 등이 있다. 조선후기 일본사신 접대 규정에 대해서는 '이현종(1964), 「己酉約條成立始末과 歲遣船數」『港都釜山』4; 홍성덕(1998), 『17세기 朝日外交使行研究』전북대학교박사학위논문; 민덕기(2007), 『전근대 동아시아 세계의 韓·日관계』, 경인문화사 등의 논저에서 일부를 할애하여 규정을 정리하고 있다. 규정 외에 연향, 의례 등의 실질적인 접대 양상에 대해 살핀 논저로는 심민정(2006), 「동래부사 접왜사도를 통하여 본 왜사 접대-연향을 중심으로」『동북아문화연구』제11집; _____(2008), 「조선후기 倭使 接賓茶禮에 대하여」『동북아문화연구』제17집; _____(2008), 「18세기 왜관에서의 倭使 접대음식 준비와 양상」『역사와경계』66 부산경남사학회; _____(2015), 「조선후기 日本使臣 접대절차와 양상」『한일관계사연구』제50집 한일관계사학회; _____(2015), 「조선 후기 일본사신 접대를 통해 본 朝日관계-差倭제도와 접대규정 변화를 중심으로-」『역사와경계』96 부산경남사학회; _____(2015), 『조선후기 일본사신 왕래와 접대양상』, 부경대학교대학원박사학위논문; 오진호(2010), 「조선후기 동래부의 악공, 기생의 공연활동 연구-18~19세

체로 초량왜관 시기로 한정될 수밖에 없었다. 접대규정을 확인할 수 있는 『통문관지』, 『증정교린지』, 『춘관지』 등의 규정집들 초간 시점이 아무리 빨라도 1720년인 점, 접대 양상을 확인할 수 있는 「동래부사접왜사도병」, 「조선도회」 등의 그림 자료들도 대부분 초량왜관 시기의 것이기 때문이다. 그래서 두모포왜관 시기의 일본사신 접대도 동일한 양상일 것으로 치부되는 경향이 있었다.

특히 차왜에 대한 접대의 경우도 기존 연구들에서는 두모포왜관 시기와 초량왜관 시기의 구분 없이 동일하게 "대차왜-경접위관", "소차왜-향접위관"의 접대가 이루어진 것으로 연구되었다. 하지만 본인은 이러한 접대등식이 성립하지 않음을 밝힌 논고2)를 제출한 바 있다. 본고에서는 이러한 재인식의 연장선상에서 '두모포왜관 시기와 초량왜관 시기의 일본사신 접대 사례가 동일하지 않았다'는 전제에서 출발하였다. 초량왜관으로 이전한 후 차왜 제도 및 접대규정 등이 재정비되고 완비되었다면, 두모포왜관 시기는 차왜 접대례가 정비되고 정착되어 가는 과정을 가장 잘 보여준다고 할 수 있다. 이에 본 연구는 두모포왜관 시기 차왜 접대 사례를 확인하여 그 특징을 도출하고자 한다.

본고는 두모포왜관 시기 차왜 접대사례를 확인하기 위해 『접왜식례』3)를 분석하였다. 『접왜식례』는 조선후기 이형상이 동래부사로 재임(1690. 8.~ 1691. 7.)할 당시 연례송사와 차왜 등 일본사신을 접대하는 사례를 정리한

기 사료를 중심으로」 『한국음악문화연구』 제1집; 조경아(2015), 「조선시대 일본 사신의 춤 향유」 『무용역사기록학』 제37호; 박화진(2015), 「막말·명치초기 초량왜관 의례양상에 대한 고찰」 『동북아문화연구』 제43집 등이 있다.

2) 심민정(2015), 「조선 후기 일본사신 접대를 통해 본 朝日관계-差倭제도와 접대규정 변화를 중심으로-」 『역사와경계』 96, 부산경남사학회, 279~323쪽.

3) 『接倭式例』.(17세기. 인천시립박물관소장). 李衡祥(1653~1733)이 동래부사 재임시 왜인과의 외교 및 무역 업무에 참고하기 위해 만든 책이다. 왜인들의 구청에 관한 기록을 담은 공문서를 모은 『倭人求請謄錄』의 내용을 일부 발췌하여 만들었다.(부산박물관(2015), 『2015 부산박물관 국제교류전 조선시대 통신사와 부산』, 61쪽)

것으로, 연례송사 접대의례와 접대물품 등은 1659년 일례를 기록하였고, 차왜 접대사례는 임진전쟁 이후부터 1689년까지 정리되어 있다.[4] 이 중 본 연구에서는 두모포왜관 시기 차왜 접대사례에 주목하여 구체적으로 분석해 본다. 이 사례들에서 보이는 차왜 접대의 기준은 무엇이며, 시기별로 어떤 양상을 보이며 변화해 갔는지 도식화하여 확인해 보겠다.

II. 차왜의 개념과 접대식

기존의 『통문관지』, 『증정교린지』, 『춘관지』 등의 규정집에는 "차왜 접대식"이 별도로 기록되어 있지 않다. 다만 다례의, 연향의 등 여러 의례를 연례송사 접대식을 중심으로 기록하면서 "차왜의 경우는 ……"라는 설명을 부기하는 방식으로 간략하게 언급하고 있을 뿐이다. 물론 『접왜식례』에도 차왜 접대식을 연례송사의 기준에 맞추어 정리하고 있지만 접대사례를 연례송사와 구별하여 기록했다는 점은 주목할 만하다.

또한 차왜 접대 사례를 기록하기에 앞서 차왜가 생기게 된 내력 및 접대를 하게 된 까닭에 대해 서언의 형태로 정리하고 있는데, 그 내용은 다음과 같다.

> 가) 예전에도 차왜라는 명칭이 있었으나 기유약조 이후 歲船 수가 적어졌으므로 대마도[島倭]가 특별히 求請·求貿의 일로 頭倭를 파견하여

---

4) 박민철과 구지현은 『接倭式例』가 민정중이 동래부사로 재임할 당시(1658~1659) 기록한 내용을 필사한 것인지 검토가 필요하다고 하였다.(구지현(2015), 「이형상의 일본지리지 동이산략(東耳散略)연구」 『인문과학연구』 44, 강원대학교 인문과학연구소, 21~22쪽) 연례송사 접대 일례의 경우 민정중 재임기간의 사례이므로 이런 추측이 가능하지만 차왜 접대식은 1689년까지 기록된 것으로 보아 이형상이 재임 직후 정리하여 작성한 것으로 보는 것이 타당하다.

서계를 지참하고 출래하게 하였다. 조정에서는 세선에 붙여 보내고 별도로 출송하지 못하도록 했으며, 약조를 어긴 것이라 하여 규외로 내치고 접대를 허락하지 않았다. 피로인이나 표풍인을 거느리고 오는 왜 또한 마찬가지로 접대를 허락하지 않고 간혹 약간의 양식만 지급하였을 뿐이다. 도주가 調興과 서로 다투었을 때 조정이 청하는 일들을 잘 따라주고 어긋나지 않게 한 결과 왜인이 역관과 협의하여 비로소 접대의 예를 열었다. 또한 그 수를 감하고 세선은 합하여 겸대하기로 한 이후, 차왜라고 이름하면서 왕래하는 수가 빈번해져 1년에 소비하는 것이 겸대로 인해 감소된 물품의 배가 되었다. 그리고 예단 등을 별도로 하사하니 또한 이는 겸대하는 여러 선박이 일찍이 받지 못했던 것이다.

왜인이 마침내 차송하여 보낼 때마다 이롭게 되니 그 중 유력자가 다투어 세견·특송처럼 부탁하여 청구하고, 정관은 비천해 보이거나 어려보이는 역관으로 일을 잘 알지 못하는 자를 차정하여 보내기도 했다. 이에 그 무리들의 정상을 알 만 하며, 우리 나라 고례로 폐지된 [墜廢] 폐단의 싹이 발생하는 것 또한 볼 수 있었다. 이에 그동안 接應했던 사례를 모아서 다음에 만들어 기록한다.[5]

『접왜식례』에서 차왜를 접대한 사례는 그 명칭이 정착되기 전인 1612년부터 기록하고 있으며, 1689년 기록이 마지막이다. 조선후기 차왜에 대해서는 기존 연구들에서 논의된 바가 있다. 대표적으로 홍성덕은 조선후기 별차왜의 기원·명칭·성립에 대해 구체적으로 정리하였는데, '차왜' 중 조선에서 외교사절로 인정받게 된 임시 외교사절을 '별차왜'로 규정하였으며, 1635년 12월 柳川調興 사건의 종결로 도래한 平智友를 최초의 별차왜로 보았다. 그리고 1636년 8월 통신사호행을 위해 건너온 平成春·藤智繩 일행은 최초의 접위관 접대를 받은 별차왜라 하였다.[6] 한편 본 논자 또한 홍성덕과 마찬가지로 차왜 중 조선에서 인정을 받아 연례 등의 공식 접대를 받았던 정식외

---

5) 「差倭接待之式」『접왜식례』.
6) 홍성덕, 「17세기 별차왜의 도래와 조일관계」『전북사학』제15집, 1992, 103~112쪽.

교사절을 별차왜로 정의하였으며, 홍성덕과 달리 최초의 접위관 접대를 받은 별차왜는 1636년 2월 통신사청래차왜로 도래한 橘成供부터 보았다.[7]

앞의 전제들에 의하면 "접대"라는 특성이 강조되었을 때에는 차왜에서 별차왜라는 명칭을 분리해서 보아야 하겠지만, 같은 용어라고 하더라도 시간이 지날수록 그 의미가 변할 수 있다는 점을 생각하면, "차왜"라는 용어도 의미를 재확인해 보아야 할 필요가 있다. 가)의 설명에서도 보이듯이 최초의 차왜는 대마도주가 목적을 가지고 임시로 선발하여 보낸 왜인을 일컬었던 것으로 보인다. 하지만 기유약조 이후 세견선 수가 정해지면서 求請·求貿 등의 일로 파견된 頭倭, 피로인이나 표풍인을 거느리고 오는 차왜나 두왜[8]를 의미하는 것으로 변경되었다. 즉 이 시기에는 "차왜와 두왜" 모두 차왜의 범주에 포함되며 그 목적도 "무역과 외교가 혼재"하는 모습이다. 그러다가 대마도주와 柳川調興 사이의 분쟁이 종결되면서 兼帶 실시 이후 외교·무역을 목적으로 "서계를 지참"하고 내도한 왜인은 모두 차왜로 명명되었다. 이들 중 조선에서 정식 외교사절로 인정되어 접대를 받은 차왜는 "別差倭"로 구분하였다. 이 시기는 두모포왜관 시기에 해당하는데, 조선이 인정한 공식성 및 接賓禮의 실시를 기준으로 삼는다면 별차왜라는 명칭은 구분하여 사용하는 것이 바람직하겠다. 하지만 별차왜가 재정비된 초량왜관 시기의 차왜는 대·소차왜의 구분[9]과 동시에 이들 차왜를 모두 아우르는 정례화된 외교사절로 자리매김되기 때문에 굳이 용어의 구분은 필요치 않아 보인다. 즉 두모포왜관 시기의 별차왜 개념과 초량왜관 시기의 차왜 개념이 동일하다는 것이다. 이렇게 별차왜가 차왜와 동일한 개념으로 변해가는 과정은 <표 부-1>에서 1660년대 이후로 갈수록 조선 측이 접대를 허락하지

---

7) 심민정, 「조선 후기 일본사신 접대를 통해 본 朝日관계-差倭제도와 접대규정 변화를 중심으로-」 『역사와경계』 96, 2015, 282~285쪽.
8) 『접왜식례』에 의하면 이들은 모두 서계를 지참하고 도래했다.
9) 대·소차왜의 구분은 초량왜관으로의 이전 과정에서 이루어졌다.(심민정, 앞의 논문, 『역사와경계』 96, 2015, 297~306쪽)

않았던 왜인들 중에 "차왜"는 점차 사라지고 "두왜"로 교체되고 있는 점, 그리고 이 때의 두왜들은 서계가 아닌 노인을 지참하고 내도하고 있다는 점에서도 확인된다.

초량왜관 시기는 별차왜의 개념도 변화하고 있는데, 『통문관지』나 『춘관지』에서는 차왜 중 대차왜와 재판차왜를 제외한 나머지를 별차왜로 규정하고 있다. 이를 『증정교린지』 단계에 적용시켜 보면 "별차왜=소차왜"와 같은 개념으로 변화한 것이다. 때문에 초량왜관 시기의 정례화된 정식외교사절을 지칭하는 용어는 "별차왜"가 아닌 "차왜"가 정확한 명칭일 것이다.

이상의 내용을 도식화 하면 다음과 같다.

〈표 부-1〉 조선후기 차왜의 개념 및 범주 변화

시기		차왜의 범주
기유약조 전		대마도주가 업무상 임시로 선발하여 보낸 왜인
기유약조 이후	두왜 차왜	대마도주가 구청·구무, 피로인·표풍인 쇄환 등의 일로 선발하여 서계를 지참케 하여 보낸 두왜·차왜
겸대제 이후	두왜 차왜	대마도주가 구청·구무, 외교 업무 등의 일로 선발하여 서계를 지참케 하여 보낸 두왜·차왜
	별차왜	**대마도주가 외교 업무로 파견한 두왜·차왜 중 조선에서 공식 사절로 인정하여 접빈례를 받은 사절**
임술약조 후	대차왜	두모포왜관 시기 별차왜 중 예조참판 앞으로 서계를 지참하고 경접위관의 접대를 받는 사절
	소(별)차왜	**두모포왜관 시기 별차왜 중 예조참의 앞으로 서계를 지참하고 향접위관의 접대를 받는 사절**

한편 『접왜식례』에서 차왜를 외교사절로 인정하고 접대례를 적용한 첫 사례는 1635년 12월 調興, 玄方의 도서와 의관을 반납하러 온 平智友로 보고 있다.[10] 이때는 접위관의 접대도 함께 시작하고 있다. 하지만 '향접위관' 혹은 '경접위관' 명칭을 구체적으로 사용하지는 않았는데, '경상도도사를

___

10) 「差倭接待之式」 『접왜식례』 乙亥(1635) 12월.

접위관으로 삼았다.'고 한 점으로 미루어 향접위관의 시초로 볼 수 있을 것이다. 『접왜식례』에서 향·경접위관을 구분하지 않았던 상황은 이듬해 파견된 차왜였던 橘成供에서도 마찬가지였다.[11] 하지만 橘成供의 경우 『변례집요』에서는 '경상도도사를 경접위관으로 삼아 접대하게 해야 한다.'[12]고 기록하고 있으며, 같은 해 8월 차왜 平成春과 藤智繩에서부터는 향접위관이라는 명칭을 처음 사용하면서 향·경접위관의 명칭도 점차 정착되어 갔다.

〈표 부-2〉 두모포왜관과 초량왜관 시기 일본사신선 접대례

	두모포왜관 시기			초량왜관 시기		
	인원	유관일수	다례연향 횟수	인원	유관일수	다례연향 횟수
1특송례	격왜 ┌대:40 ├중:30 └소:20 원역13 ┌정관 1 ├도선주 1 ├2선주 1 ├봉진압물 1 ├사복압물 1 ├봉진 1 └반종 7	110일 - 숙공 5일 포함 - 숙공일에는 매일 早飯 朝飯, 점심, 夕飯 제공	하선다례 1 별하정 2 하선연 1 예하정 2 별연 1 노차연 1 명일연 4 **銅 鑞 鐵 간품다례** 1 예단다례 1 상선연 1	격왜 ┌40 ├부선:30 └수목선:20 정관 1 도선주 1 2선주 1 봉진압물 1 사복압물 1 시봉 1 반종 7	110일 - 숙공 5일 포함	하선다례 1 별하정 2 하선연 1 예하정 2 별연 1 노차연 1 명일연 4 예단다례 1 상선연 1
세견1 선례	격왜 ┌대:40 └**소**:10 원역6 ┌정관 1 ├도선주 1 ├압물 1 └반종 3	85일 숙공 2일 포함 - 기유약조 강 정 초 50일	하선다례 1 하선연 1 노차연 1 명일연 3 **간품다례** 1 예단다례 1 상선연 1	격왜 40 정관 1 도선주 1 봉진압물 1 반종 3	85일 숙공 2일	하선다례 1 하선연 1 노차연 1 명일연 3 **예단다례** 1 상선연 1

---

11) 「差倭接待之式」 『접왜식례』 병자(1636) 2월.

12) 『변례집요』 권1 「별차왜」 1636년 2월.

	두모포왜관 시기			초량왜관 시기		
	인원	유관일수	다례연향 횟수	인원	유관일수	다례연향 횟수
세견4 선례	격왜 중:30 원역2 ┌정관 1 └반종 1	85일 숙공 2일 포함	하선다례 1 하선연 1 노차연 1 상선연 1	격왜 30 정관 1 반종 1	85일 숙공 2일	하선다례 1 하선연 1 노차연 1 상선연 1
以酊庵 선례	격왜 대:40 원역4 ┌정관 1 └반종 3	85일 숙공2일 포함	하선다례 1 하선연 1 노차연 1 상선연 1	격왜 40 정관 1 반종 3	85일 숙공 2일	하선다례 1 하선연 1 노차연 1 **예단다례** 1 상선연 1

※ 『접왜식례』와 『증정교린지』를 비교함.
※ 두모포왜관 시기는 기유약조(1609) 이후 시기를 기준으로 하였다.
※ 차이가 나는 부분은 진하게 표시함.

　대체로 차왜에 대한 접대 주체가 유사한 범주로 묶어보면 크게 '① 접위 관의 접대 ② 동래부의 접대 ③ 접대 불허'로 나누어진다. 여기에 세부적으 로 접대례를 들여다보면 각 범주별로 1특송례, 세견1선례, 세견4선례, 수직 인선례, 다례 등으로 구분되는데, 이런 접대례들은 초량왜관 이전 후의 접 대례와는 약간의 차이를 보이고 있다. 이 중 몇 가지 사례를 초량왜관 시기 와 비교하면 <표 부-2>와 같다.

　차왜에 대한 접대례는 겸대제 시행과 맞물려 시작되었기 때문에 <표 부 -2>에 나타나는 것처럼 초반에는 기존의 세견선 접대례를 적용하였다. 이 중 가장 많은 비중을 차지했던 접대례인 세견1선례의 경우 두모포왜관 시 기에 小船의 격왜 인원과 간품다례가 추가되어 있으므로 초량왜관 시기에 접대가 다소 간소화된 경향이다.

　차왜 접대에 있어서 두모포왜관 시기의 가장 큰 특징은 접대 주체에 동 래부가 포함되어 있다는 점이다. 기존의 연구 성과에 의하면 차왜를 접대하 는 조선 측 담당자는 접위관으로 정리되었다.[13] 이는 초량왜관 시기 간행

---

13) 홍성덕(1998), 앞의 박사학위논문; 양흥숙(2000), 「조선후기 대일 접위관의 파견과

된 『통문관지』, 『춘관지』, 『증정교린지』 등의 규정집들에서 대차왜는 경접위관이, 소(별)차왜는 향접위관이 접대하는 것으로 규정되어 있기 때문이다. 하지만 이는 차왜 접대제도가 시행되어 정비되는 과정을 생각한다면 충분히 이해가 된다. 초량왜관 시기에 차왜 접대제도가 최종적으로 완비되었다면, 두모포왜관 시기는 제도가 마련·정착되어 가는 과정을 보여주는 시기가 될 것이기 때문이다.

이상의 과정을 염두에 두고 다음 장부터는 『접왜식례』에서 정리하고 있는 조선측 차왜 접대 주체별로 접대사례를 확인해 본다. 접대 주체는 크게 "접위관", "동래부", "기타 접대"로 구분하였다.

Ⅲ. 접위관 접대

차왜의 접대를 위해 접위관을 차정하여 파견한다는 것은 차왜의 임무가 조선의 국가적 외교업무와 직접적으로 연관되는 것임을 말해준다. 이는 『접왜식례』에서 최초의 차왜 접대사례로 밝히고 있는 平智友의 경우 조선 측 접대 담당자로 경상도도사를 접위관으로 삼아 접대하게 한 사례에서도 드러난다. 이런 인식이 그대로 이어져 초량왜관 시기에는 차왜를 접대하는 주체가 접위관으로 고정되는 결과를 낳은 것이다.

차왜가 도래하면 동래부에서는 차왜의 구성과 임무 등을 살펴 장계를 올리는데, 이때 조선 조정에서는 임무의 경중을 헤아려 접위관의 파견 여부를 결정한다. 물론 차왜를 접대한 최초의 접위관은 경·향접위관으로 구분하지는 않았으나 1636년 2월 도래한 두 번째 별차왜의 경우 경접위관으로 명명하여 파견하면서 외교 업무의 경중에 따라 접위관을 경·향접위관으로 구분

역할」 『부대사학』 제24집; 심민정(2015), 앞의 박사학위 논문; 심민정(2015), 앞의 논문, 『역사와경계』96 등에서 차왜 접대의 기본 전제는 접위관이 접대한다는 것이다.

하기 시작했다.

『접왜식례』에 의하면 대체로 경접위관이 파견될 때에는 1특송선의 예로, 향접위관이 파견되면 세견제1선의 예로 접대하는 경우가 많았다. 아래의 접대 사례표를 통해 어떤 차왜들이 접위관의 접대를 받고 있는지 확인해 본다.

1) 경접위관

초량왜관 시기 경접위관은 대차왜를 접대하기 위해 파견되었다. 대차왜는 수신인이 예조참관으로 된 서계를 지참하고 왔으며, 기존 일본국왕사절의 성격을 일부 지니고 있었다. 그래서 업무는 대체로 일본 관백의 경조사 및 조선 왕실의 경조사 업무, 통신사 같은 국왕사절과 관련한 업무로 도래하는 경우가 많았다.

<표 부-3>에서 음영으로 표시한 것처럼 두모포왜관 시기에 경접위관의 접대를 받는 차왜들도 대체로 초량왜관 시기 대차왜에 해당하는 경우가 많다. 그 외에는 당시 특수한 외교 상황과 연관되는 경우로, 일본의 종교적 쇄국정책, 초량으로의 신왜관 이전 등의 업무로 파견된 차왜들에게 경접위관의 접대가 이루어졌다.

특별한 경우는 20번 표인영래차왜와 24번 橘成陳의 경우이다. 표인영래차왜는 원래 향접위관에 의해 세견1선례로 접대를 받지만 20번 표류인의 경우 조선에서 신분이 높은 사족 계층이었으므로 우대하여 경접위관이 접대하게 하였다. 1669년 도래한 24번 橘成陳은 파견 목적 상 公作米 연한재판 업무를 담당한 재판차왜의 원류로 보인다. 초량왜관 시기 재판차왜는 향접위관에 의해 1특송사선의 예로 접대 받는 점을 감안하면 우대하여 접대된 경우이다. 경접위관의 접대 조건에 차왜의 신분이나 지위가 영향을 미치는 경우일 수도 있는데, 이 점에 대해서는 차후 자세한 분석 작업을 통해 구명할 필요가 있다.

대차왜의 구성 인원 측면에서 볼 때 <표 부-3>은 시사하는 바가 크다. 차왜 재정비가 최종 완료된 시점에 정리된 것으로 추정되는 『증정교린지』 단계에서 대차왜의 구성 인원은, 正官 1명, 都船主 1명, 封進押物 1명, 侍奉 2명, 伴從 16명, 格倭 70명14)으로 가장 마지막 기록인 34번 1682년 통신사호환대차왜의 구성 인원수와 일치한다. 이는 초량왜관으로 이전한 후 재판차왜 및 대·소차왜의 구분 시작, 1682년 통신사행 과정에서 임술약조의 체결 등으로 차왜 접대 규정 재정비가 완결된 상황15)과도 상통한다. 즉 두모포왜관 시기에는 대차왜 개념이 정립되기 전이라 경접위관에 의한 접대는 상황에 따라 유동적이었던 것이다. 이는 같은 경접위관이 접대하더라도 시기별·사행의 성격에 따라 접대 구성인원이 고정되지 않고 변동을 거듭하고 있었음을 의미한다.

〈표 부-3〉 두모포왜관 시기 경접위관의 차왜 접대례

	파견시기	명칭	정관	파견목적	인원	접대식
1	1636. 2	차왜	橘成供	통신사를 요청하는 일	반종 3, 격왜 40, 수목선격왜 10	경상도도사를 접위관,16) 1특송례
2	1642. 2	차왜	平成幸	도주 生子 고지17)	봉진 1, 시봉 1, 반종 3, 격왜 40	1특송례
3	3	差倭僧	怒首座	彦三 도서를 彦滿 도서와 교체	奉僧 1, 반종 3, 격왜 40	1특송례
4	3	차왜	藤智繩	특별히 공무목, 세사미를 하사받은 일에 감사함	반종 3, 격왜 40	1특송례
5	1645. 5	謝使	橘成般	야소종문을 잡아 보내준 것에 대한 謝事	도선주藤智繩, 시봉 1, 소솔 20, 압물 1, 반종 1, 격왜 40, 부관승 怒首座 시봉 1, 소솔 17, 격왜40	1특송례 (역관에게 소솔 23명 감하게 함)
6	1646. 11	차왜	橘成稅	표왜입송에 회사	소솔 14, 격왜 40	1특송례 (소솔9명 감함)
7	1647. 4	차왜	平成幸	도주 사퇴 및 청국 사정을	소솔 5, 격왜 40	1특송례

14) 『증정교린지』 권2 「차왜」.
15) 심민정(2015), 앞의 논문, 『역사와경계』 96, 297~313쪽.

	파견시기	명칭	정관	파견목적	인원	접대식
				상세히 작성		
8	1648. 3	차왜	平成春	도주 사퇴의 일로 출래	봉진 1, 시봉 1, 私卜 1, 반종 8, 격왜 40	1특송례
9	1649. 11	차왜	平成連	進香	봉진 1, 시봉 1, 반종 10, 격왜 40	1특송례(진향사-조위차왜의 시작)
10	1650. 3	賀使	平成倫	致賀	봉진 1, 반종 17, 격왜 40/ 도선주 1, 반종 7, 격왜 40	1특송례(진하사-진하차왜시작) (반종 10명 감하고 시봉 1명 추가)
11	4	차왜	平成之	표왜입송에 대한 致謝	봉진 1, 시봉 1, 반종 10, 격왜 40	1특송례
12	1651. 11	차왜	藤成譐	관백의 부고 및 그 아들의 습위를 고지	압물 1, 소솔 15, 격왜 40	1특송례(소솔 8명 감함)
13	1658. 9	차왜	平成令	신 도주 승습 고지	봉진 1, 시봉 1, 반종 13, 격왜 40, 수목선격왜 10	1특송례 (반종 1명 추가)
14	1659. 2	차왜	平智友	부산으로 移館 요청	봉진 1, 시봉 1, 종왜 20, 격왜 55	1특송례 (반종 7명 감함)
15	11	차왜	平成勝	吊慰	봉진 1, 시봉 1, 반종 10, 격왜 40	1특송례
16	1660. 3	차왜	平成通	進賀	도선주 平成友, 반종 21, 沙格 80/ 봉진 1, 시봉 1, 반종 10, 격왜 60	1특송례(반종 3명, 격왜 20명 감함)
17	9	차왜	平成友	유황회사 에도도 들여보낸 것 고지	봉진 1, 시봉 1, 반종 17, 격왜 40	1특송례(반종 4명 감함)
18	1661. 10	차왜	隼之丞 (平成高)	移館	봉진 1, 시봉 1, 종왜 20, 격왜 70	1특송례(반종 7명, 격왜20 감함) 癸卯1663년 1월에 돌아감.
19	1664. 9	차왜	藤成通	울진 표왜 3명 입송에 대한 회사	봉진 1, 시봉 1, 반종 10, 격왜 40	1특송례
20	1665. 7	차왜	平成辰	표인 金元祥 등을 영래	도선주 平成次, 봉진 1, 시봉 1, 반종 13, 격왜 60	1특송례(반종 2명 감함)
21	1667. 2	차왜	藤成供	네덜란드인이 우리 경계에 표도했는데 즉시 통보하지 않아 출래함	도선주 1, 봉진압물 1, 시봉 1, 반종 17, 격왜 100	1특송례(반종 2명, 격왜30 감함)
22	1668. 3	차왜	平成睦	네덜란드인을 데리고 가는 일	도선주 1, 봉진압물 1, 시봉 1, 반종 17, 격왜 85	1특송례(반종 2명 격왜 15명 감함)
23	7	차왜	平成勝	移館	부관 平成廣, 봉진압물 1,	1특송례(반종 5명

	파견시기	명칭	정관	파견목적	인원	접대식
					시봉 2, 반종 20, 격왜 80	격왜 15명 감함)
24	1669. 10	차왜	橘成陳	公木作米 權現堂이 요청	봉진압물 1, 시봉 1, 반종 15, 격왜 50	1특송례(반종 5명, 격왜 15명 감함)
25	1670. 윤2	차왜	平成尙	移館	도선주 1, 봉진압물 1, 시봉 1, 반종 17, 격왜 100	1특송례(반종 2명, 격왜 30명 감함)
26	1671. 5	차왜	平成太	移館 (몇해 전 정관이 병사한 후 이듬해 7월에 비로소 부관이 돌아가 공작미 수표는 성급하지 못함.)	副官僧 釋玄常, 도선주 1, 봉진 1, 시봉 2, 반종 30, 격왜 140, 軍官倭 25, 通事倭 1	5일예. 다례와 하선연만 행하고 반종은 참석하지 않음.
27	1672. 12	차왜	平成令	이관.	부관 平成親, 도선주 1, 봉진압물 1, 시봉 2, 반종 32, 격왜 108, 통사왜 1, 醫倭 1, 군관왜 55	1특송례 반종 17명으로 정급 다례와 연향 외에 일공 잡물은 받지 않으므로 동래부에서 간간이 魚饌지급. 돌아갈 때 쌀 1천석, 콩 200석 지급
28	1674. 10. 19	차왜	平成近	이관 회사	도선주 1, 봉진 1, 시봉 1, 반종 25, 격왜 100	1특송례(반종 9명, 격왜 30명 감함)
29	1675. 2. 12	차왜	源成倫	吊慰	봉진 1, 시봉 1, 반종 10, 격왜 40	1특송례
30	5. 12	차왜	平成政	陳賀	도선주 1, 봉진 1, 시봉 1, 반종 21, 격왜 80	1특송례(반종 5명, 격왜 20명 감함)
31	1678. 8. 9	차왜	平眞顯	이관 치사	도선주 平幸信, 봉진 1, 시봉 1, 반종 25, 격왜 115	1특송례(반종 9명, 격왜 45명 감함) 진상연 후 경접위관이 사망하여 향접위관으로 대행하고자 했으나 경관을 요청하여 조정에서 새로 경접위관을 차송함.
32	1680. 윤8	차왜	平常重	관백 告訃 및 신관백 代立 연유 고지	도선주 1, 봉진압물 1, 시봉 1, 반종 14, 격왜 60	1특송례
33	1681. 7	차왜	藤一政	신사 청송 요청	도선주 1, 봉진압물 1, 시봉 1, 반종 14, 격왜 50	1특송례
34	1682. 11	차왜	平眞幸	신사행차 호환	도선주 1, 봉진압물 1, 시봉 2, 반종 16, 격왜 70	1특송례

2) 향접위관

접위관의 접대가 처음 시행된 시점은 앞서 보았듯이 1635년 12월이다. 이때 접위관은 경상도도사였으며 향·경접위관의 구분이 명확하지 않았지만 본고에서는 경상도도사를 향접위관의 시초로 파악하였다. 이후 향접위관이 접대한 사례는 다음의 <표 부-4>와 같다.

향접위관이 주체가 되어 차왜를 접대한 사례는 주로 세견1선례를 적용한 경우가 많았지만 우대하여 1특송선의 예가 적용되거나 다례만 간단하게 실시하는 경우도 있었다. 향접위관으로 하여금 1특송례로 우대하여 접대한 차왜는 통신사행 관련 차왜, 漂倭入送回謝差倭, 문위역관호행차왜, 재판차왜를 들 수 있다.

통신사행 관련 차왜는 처음부터 1특송례로 접대하지는 않았다. 두모포왜관 시기 처음 통신사 명칭을 사용한 이후 2차례의 사행과 관련된 2, 3, 4, 10, 11 차왜들은 요청부터 호환까지 모두 향접위관으로부터 세견1선례로 접대하였다. 하지만 1655년 통신사행부터는 관련 차왜를 1특송례로 접대하여 이후 대차왜로서의 입지를 정립하고 있다. 한편 30, 31번 사례에서처럼 통신사청래차왜의 도래를 미리 통보하는 차왜[내세당송신사차왜] 및 통신사를 재촉하려는 목적으로 파견된 차왜는 초량왜관 시기 접대례에 포함되지 않는다. 하지만 두모포왜관 시기에는 향접위관의 접대를 받고 있고, 게다가 1특송사선의 예로 접대하고 있다. 그만큼 많은 차왜들을 우대하여 접대해 주었음을 알 수 있다.

한편 접위관이 접대하는 경우 초량왜관 시기에는 보이지 않지만 두모포왜관 시기에만 보이는 차왜 중 대표적인 예가 漂倭入送回謝差倭이다. 앞의

---

16) 『변례집요』에서는 경상도도사를 경접위관이라 칭하고 접대하게 했다고 기록되어 있다.

17) 『변례집요』, 『증정교린지』에서는 平成幸을 "관백생자고경차왜"로 기록하고 있어, 『접왜식례』의 오기로 보인다.

<표 부-3>에서는 6, 11, 19번에 해당하고, <표 부-4>에서는 57, 60, 67, 71, 78, 83번에 해당하는데, 차왜 재정비 과정에서 정리된 것으로 추측된다. 1664년까지만 하더라도 경접위관이 1특송례로 접대하였으므로 외교상 상당히 중요한 차왜로 인식하였으나 1666년 사행부터는 향접위관의 접대로 바뀌었으며, 급기야 초량왜관으로 이전한 후 1679년을 마지막으로 접대례에서 사라지게 된다.

1특송례로 접대한 마지막 사례는 문위역관호행차왜를 비롯한 재판차왜 종류이다. 재판차왜는 그 기원을 살펴보면 크게 문위행호행차왜, 公幹次知 差倭, 年限裁判으로 구분된다.[18] 裁判이라는 명칭은 사용하지 않았지만 이들과 동일한 임무로 왕래했던 차왜들은 처음에 세견1선례로 접대받고 있는데, 18, 20, 22, 28, 45번의 藤智繩과 橘成正, 藤成之가 여기에 해당한다.[19] 그러다가 33번 平成扶, 41번 橘成般, 56번 橘成陳에 이르면 1특송례로 접대하는 것으로 변경된다. 재판차왜에 대한 접대가 1특송례로 고정되는 것은 52번 1663년 橘成陳부터이다. 『접왜식례』에 의하면 橘成陳의 접대를 세견1선례로 할지 1특송례로 할지에 대해 논의가 있었으나 결국 1특송례로 우대하는 것으로 결정되었다.[20]

다례로 접대한 경우는 23, 25번 두 차례에 그치고 있다. 다례만 실시하는 구체적인 이유는 명확하지 않아 구체적인 구명작업이 필요할 것이라 여겨진다.

경접위관의 접대에 비하면 향접위관의 접대례는 1특송례, 세견1선례, 다

---

18) 홍성덕(1998), 앞의 박사학위논문; 이혜진(1998), 「17세기 후반 조일외교에서의 裁判差倭 성립과 조선의 외교적 대응」『한일관계사연구』 8; 심민정(2015), 앞의 논문, 『역사와경계』 96.

19) 필자는 '졸고(2015) 앞의 박사학위논문, 졸고(2015) 앞의 논문, 『역사와경계』 96'에서 藤智繩과 橘成正이 1특송례로 접대받은 것으로 파악하였는데, 본고에서 세견1선례로 접대받은 것으로 정정한다.

20) 「差倭接待之式」『접왜식례』 1663년 3월.

례만 실시하는 등 훨씬 다양한 양상을 보인다. 아마도 다양한 차왜들의 성격이 반영되어 접대를 적용해가는 과정에서 만들어진 결과라 생각된다. 근본적인 원인에 대해서는 각각의 차왜별로 접대례를 파악하는 작업이 선행되어야 할 것이다.

〈표 부-4〉 차왜에 대한 향접위관 접대례

	파견시기	명칭	정관	파견목적	인원	접대식
1	1635. 12	차왜	平智友	調興, 玄方의 도서와 의관 반납	반종 3, 격왜 15	경상도도사가 접위관, 1특송례 (차왜접대의 시작)
2	1636. 8	차왜	平成春 藤智繩	통신사 호행	반종 8, 격왜 40, 수목선격왜 10	세견제1선례
3	9	차왜	橘成供	통신사 도해일자 약정	반종 3, 격왜 40, 수목선격왜5	세견제1선례
4	1637. 2	차왜	平成春 藤智繩	통신사 호환	(평)반종 5, 격왜 30/ (등)반종 3, 격왜 30	세견제1선례
5	5	차왜	藤智繩	호란 평정 치하	반종 3, 격왜 40	세견제1선례
6	11	차왜	平成連	표왜에게 의복·자금을 지급한 일 치사	격왜 30	세견제1선례
7	1639. 7	차왜	平成連 藤智繩	調興과 玄方의 임무 교대 및 복설 통보	반종 각 3명, 격왜 40	세견제1선례
8	1640. 9	차왜	藤智繩	문위역관 회사	반종 3, 격왜 30	세견제1선례
9	1642. 9	차왜	平成倫	관백에게 어필과 시문 傳納 후 보고함	시봉 1, 반종 3, 격왜 40	세견제1선례
10	12	차왜	藤智繩	통신사 재촉	반종3, 격왜40	세견제1선례
11	1643. 10	차왜	平成幸 藤智繩	신사 호환	(평)반종 3, 격왜 40/ (등)반종 3, 격왜 40	세견제1선례
12	1645. 2	차왜	藤智繩	야소종문의 일	반종 3, 격왜 40	세견제1선례
13	5	차왜	兵右衛門	표민 영래	소솔 12, 격왜 40	세견1선례 (반종 9명 감함) 표민 영래왜 접대의 시작
14	1646. 3	차왜	平成通	표민영래	봉진 1, 반종 3, 격왜 40	세견1선례
15	1648. 2	차왜	藤智繩	작년 平恕 차왜 출래시 조정이 특별히 도주에게 하사한 米布에 대해 사은하고 환급함.	봉진 1, 반종 3, 격왜 40	세견1선례
16	3	차왜	又左衛門	표민 영래	봉진 1, 반종 3	세견1선례

	파견시기	명칭	정관	파견목적	인원	접대식
17	6	차왜	平成增	표민영래	봉진 1, 반종 3, 격왜 40	세견1선례
18	1649. 2	차왜	藤智繩	다대포첨사 구타한 왜인을 대마도에 가두었는데, 조정의 처치를 기다림	봉진 1, 반종 4, 격왜 40	세견1선례
19	4	차왜	平成明	표민 영래	봉진 1, 반종 3, 격왜 40	세견1선례
20	1650. 5	차왜	藤智繩	오랫동안 은덕을 입어 즉위 초에 陳賀함. (재판?)	봉진 1, 반종 3, 격왜 40	세견1선례
21	6	차왜	平成承	표민 영래	봉진 1, 반종 3, 격왜 40	세견1선례
22	1651. 6	차왜	橘成正	藤智繩과 교대(재판?)	봉진 1, 반종 4, 격왜 40	세견1선례
23	11	차왜	平成扶 橘成胤	지난 번 徵賁의 일 진술, 표민 영래	소솔3, 격왜30	다례, 양식지급
24	1652. 6	차왜	橘成昭?	표민 영래	봉진 1, 반종 3, 격왜 40	세견1선례
25	10	차왜	橘成正	吊慰驛官 요청	봉진 1, 반종 4, 격왜 40	다례
26	11	차왜	平成廣	표민 영래	봉진 1, 반종 3, 격왜 40	세견1선례
27	1653. 2	차왜	藤成重	도주 환도 고지	봉진 1, 반종 3, 격왜 40	세견1선례(향접위관 접대 사례 최초)
28	6	차왜	橘成正	吊慰驛官 입송 및 제기, 악기 주문한 일에 대해 회사	봉진 1, 반종 4, 격왜 40	세견1선례
29	8	차왜	平成章	致吊 회사	봉진 1, 시봉 1, 반종 14, 격왜 40	1특송례(시봉 1명, 반종 8명 감함)
30	10	차왜	藤成方	통신사 청래 (내세당송신사차왜)	봉진 1, 시봉 1, 반종 12, 격왜 40	경상도도사가 1특송례 (반종 2명 감함)
31	1654. 8	차왜	平成政	통신사 요청 재촉	봉진 1, 시봉1, 반종 17, 격왜 40	1특송례 (반종 6명 감함)
32	10	차왜	平成興	도주 환도 고지	봉진 1, 반종 7, 격왜 40	1특송례 (반종 1명 감하고, 시봉 1명을 올림)
33	1655. 4	차왜	平成扶	양국간 主幹하는 임무로 교체된 사실 고지(재판)	봉진 1, 시봉 1, 반종 10, 격왜 40	1특송례
34		차왜	平成連	통신사 맞이하는 일 (신사호송)	봉진 1, 시봉 1, 반종 15, 격왜 40, 수목선격왜 10	1특송례 (반종 4명 감함)
35	1656. 2	차왜	平成幸/ 源成扶/ 平義眞/ 源成倫	통신사호환	(幸)봉진 1, 시봉 1, 반종 12, 격왜 40, 수목선격왜 10/ (扶)봉진 1, 시봉1, 반종 10, 격왜 40/ (倫)봉진 1, 반종	1특송례

	파견시기	명칭	정관	파견목적	인원	접대식
					12, 격왜 40	
36	1657. 1	차왜	藤成元	표민영래	반종 3, 격왜 40 指路沙工倭4	세견1선례
37	3	차왜	藤成之	호피 구무	봉진 1, 시봉 1, 반종 5, 격왜 40	세견1선례
38	1658. 3	차왜	平成稔	平義成 告訃로 그 아들 義眞이 바친 서계를 정납	종왜 12, 격왜 40	세견1선례 (시봉 1, 반종 4 감함)
39	3	차왜	平成達	표민영래	봉진 1, 반종 3, 격왜 40	세견1선례
40	8	차왜	藤成之	표민영래	봉진 1, 반종 3, 격왜 40	세견1선례
41	1659. 3	차왜	橘成般	양국간 재판차왜[次知] 源成扶로 교대	봉진 1, 시봉 1, 반종 10, 격왜 40	1특송례
42	1660. 1	차왜	藤成時	표민영래	봉진 1, 반종 10, 격왜 40	세견1선례 (반종 7명 감함)
43	1	차왜	平成親	표민영래	봉진 1, 반종 7, 격왜 40	세견1선례 (반종 4명 감함) 표인 좌수영어부 8명을 싣고 온 왜선의 격왜 30명에게 별도로 쌀 15석 지급
44	1660. 8	차왜	橘友勝	도주고환	봉진 1, 반종 10, 격왜 40	세견1선례 (반종 5 감함)
45	12	차왜	藤成之	문위역관 호송	봉진 1, 반종 8, 격왜 40	세견1선례 (반종 4명 감함)
46	1661. 10	차왜	橘成般	移館	봉진 1, 시봉 1, 반종 10, 격왜 40	1특송례 癸卯1663년 1월에 돌아감
47	1662. 2	차왜	平成尙	표민영래	봉진 1, 반종 3, 격왜 40	세견1선례
48	6	차왜	平成供	도주환도고지	봉진 1, 종왜 7, 격왜 40	세견1선례 (반종 2명 감함)
49	7	차왜	平成知	표민영래	봉진 1, 반종 3, 격왜 40	세견1선례
50	1663. 1	차왜	藤幸廣	표민영래	봉진 1, 반종 3, 격왜 40	세견1선례
51	3	차왜	平成順	표민영래	봉진 1, 반종 3, 격왜 40	세견1선례
52	3	차왜	橘成陳	양국차지(재판차왜) 橘成般과 교대	봉진 1, 종왜13, 격왜40	1특송례 반종 1명은 藤智繩·橘成正 에(세견1선례)에 따라 감할 것을 여러 달 다투었으나 조정이 특별히 橘成般 에(1특송선

	파견시기	명칭	정관	파견목적	인원	접대식
						례)에 따르도록 허락. 종왜 2명 감함.
53	7	차왜	橘成利	표민영래	봉진 1, 반종 3, 격왜 40	세견1선례 해남 표인 양반 金麗輝 등 3명과 남녀 38명을 데리고 왔는데, 양반을 우대하여 이들을 싣고 온 왜선 격군에게 庚子1661년 예에 따라 쌀 10석 증급
54	1664. 5	차왜	橘成重	표민영래	봉진 1, 반종 3, 격왜 40	세견1선례
55	윤6	차왜	源成倫	도주환도고지	봉진압물 1, 반종 7, 격왜 40	세견1선례 반종 1명 감함. 차왜가 도주생자의 일도 겸하였으므로 甲午1654년 平成興 예에 따라 6명으로 정함.
56	1665. 1	차왜	橘成陳	문위역관 호환 양국차지(재판)로 공작미 연한도 함께 요청	봉진 1, 시봉 1, 반종 10, 격왜 40	1특송례
57	1666. 3	차왜	橘成倫	기장 경계에 표류한 왜 11명을 입송한 데 대한 회사	봉진 1, 시봉 1, 반종 10, 격왜 40	세견1선례 경접위관을 향접위관으로 바꾸어 접대하고, 반종 4명을 감함.
58	8	차왜	橘成陳	문위역관호행	봉진 1, 시봉 1, 반종 10, 격왜 40	1특송례
59	1667. 2	차왜	橘成陳	도해역관 호행	봉진압물 1, 시봉 1, 반종 10, 격왜 40	1특송례
60	4	차왜	源幸利	長鬐縣에 표도한 伯耆州왜 21명을 입송한데 대한 회사	봉진압물1, 시봉1, 반종10, 격왜40	1특송례 (반종 4명 감함)
61	1668. 5	차왜	平友次	도주환도고지	봉진압물 1, 반종 7, 격왜 40	세견1선례 (반종 2명 감함)
62	1669. 5	차왜	平友次	우리 표민 영래	봉진 1, 반종 3, 격왜 40	세견1선례
63	9	차왜	藤成全	우리 표민 영래	봉진압물 1, 반종 3, 격왜 40	세견1선례

	파견시기	명칭	정관	파견목적	인원	접대식
64	10	차왜	藤久利	표민 영래	봉진압물1, 반종3, 격왜40	세견1선례
65	1671. 1	차왜	橘成時	표민 영래	봉진압물 1, 반종 3, 격왜 40	세견1선례
66	9	차왜	平重正	표민 2명과 사신 영래	봉진압물1, 반종3, 격왜 40	세견1선례
67	1672. 3	차왜	藤成倫	표왜 입송에 대한 회사	봉진 1, 시봉 1, 반종 10, 격왜 40	1특송례 (반종 4명 감함)
68	4	차왜	源調忠	도주환도 고지	봉진 1, 압물 1, 반종 5, 격왜 40	세견1선례
69	4	차왜	橘成陳	문위역관 호행	봉진 1, 시봉 1, 반종 10, 격왜 40	1특송례
70	1673. 1	차왜	橘成陳	문위역관 호환	봉진 1, 시봉 1, 반종 10, 격왜 40	1특송례
71	11	차왜	平成友	표왜 입송 회사	봉진 1, 시봉 1, 반종 10, 격왜 40	1특송례 전례는 반종 6명을 접대하지만 여러달 동안 10명을 요구하여 특별히 2명만 추가로 허락해 줌.
72	12	차왜	藤成親	표민 영래	봉진 1, 반종 3, 격왜 40	세견제1선례
73	1674. 5	차왜	橘重紹	표민 영래	봉진 1, 반종 3, 격왜 40	세견1선례
74	10. 19	차왜	橘成陳	양국 幹事	봉진 1, 시봉 1, 반종 10, 격왜40	1특송례
75	1675. 윤5. 18	차왜	源陳列	도주환도고지	봉진압물 1, 반종 5, 격왜 40	제1선례
76	윤5. 18	차왜	橘元重	표민 영래	봉진압물 1, 반종 3, 격왜 40	제1선례
77	1676. 4. 14	차왜	藤勝重	표민영래	봉진압물 1, 반종 3, 격왜 40	제1선례
78	5. 27	차왜	藤直良	표왜입송 회사	봉진압물 1, 시봉 1, 반종 10, 격왜40	1특송례 (반종 2명 감함)
79	1677. 3. 17	차왜	藤成繩	표민영래	봉진압물 1, 반종 3, 격왜 40	제1선례
80	4. 23	차왜	藤智久	표민영래	봉진압물 1, 반종 3, 격왜 40	제1선례
81	1679. 1	차왜	橘成陳	문위역관 호행	봉진압물 1, 시봉 1, 반종 10, 격왜40	1특송례
82	5	차왜	藤成倫	표민영래	봉진압물 1, 반종 3, 격왜 40	제1선례
83	10	차왜	橘成滋	표왜 입송 회사	봉진압물 1, 시봉 1, 반종 6, 격왜40	1특송례

	파견시기	명칭	정관	파견목적	인원	접대식
84	10	차왜	藤德辰	표민 영래	봉진압물 1, 반종 3, 격왜 40	제1선례
85	1680. 2	차왜	藤心次	표민 영래	봉진압물 1, 반종 3 격왜 40	제1선례
86	2	차왜	平久良	표민 영래	봉진압물 1, 반종 3, 격왜 40	제1선례
87	3	차왜	藤心次	표민 영래	봉진압물 1, 반종 3, 격왜 40	제1선례
88	4	차왜	藤成時	표민 영래	봉진압물 1, 반종 3, 격왜 40	제1선례
89	7	차왜	平尙行	도주 환도 고지	봉진압물 1, 반종 5, 격왜 40	제1선례
90	9	차왜	平眞賢	관백 告慶21)	도선주 1, 봉진압물1, 시봉 1, 반종 16, 격왜70	1특송례
91	9	차왜	藤成久	재판22) 橘成陳과 교대, 문위역관호행 업무.	봉진압물 1, 시봉 1, 반종 10, 격왜40	1특송례
92	1681. 3	차왜	平成次	문위역관 호환	봉진압물 1, 시봉 1, 반종 10, 격왜 40	1특송례
93	1681. 9	차왜	橘時以	도주 환도 고지	봉진압물 1, 반종 5, 격왜40	제1선례
94	9	차왜	陶山以直	문위역관 호행	봉진압물 1, 반종 4, 격왜40	제1선례
95	12	차왜	藤成久	문위역관 호환	봉진압물 1, 시봉 1, 반종 10, 격왜 40	1특송례
96	1682. 3	차왜	平眞幸	신사 호행	부관 1, 도선주 1, 봉진압물 1, 시봉 2, 반종 16, 격왜 70	경상도도사23)에게 1특송례로 접대케 함.
97	11	차왜	藤成久	재판 출래	봉진압물 1, 시봉2, 반종 10, 격왜 40	1특송례
98	1683. 9	차왜	平茂員	관백 아들 告訃	봉진압물 1, 시봉 1, 반종 6, 격왜 40	제1선례
99	11	차왜	平成次	재판 출래	봉진압물 1, 시봉 1, 반종 10, 격왜 40	1특송례
100	1684. 5	차왜	平成廣	국모 喪에 대한 弔慰, 표민 영래	봉진압물 1, 시봉1, 반종 10, 격왜40	1특송례
101	7	차왜	大江泰幸	표민 영래	봉진압물 1, 반종 3, 격왜 40	제1선례
102	1685. 9	차왜	平厚中	재판 출래	봉진 1, 시봉 1, 반종 10, 격왜 40	1특송례
103	1686. 4. 3	차왜	橘成貞	표인 영래	봉진 1, 반종 6, 격왜 40	제1선례 (반종 3명 감함)
104	4. 12	차왜	藤忠勝	표인 영래	봉진 1, 반종 3, 격왜 40	제1선례

	파견시기	명칭	정관	파견목적	인원	접대식
105	4. 17	차왜	藤成次	표인 영래	봉진 1, 반종 3, 격왜 40	제1선례
106	1687. 3	재판차왜	平成辰	야소종문 수포	봉진 1, 시봉 1, 반종 10, 격왜 40	1특송례

Ⅳ. 동래부 접대

초량왜관 시기에는 차왜를 모두 경접위관, 혹은 향접위관이 접대하는 것이 규정이었지만, 두모포왜관 시기 차왜 접대례의 가장 큰 차이점이자 특징은 접위관이 아닌 동래부의 접대를 받는 차왜가 존재한다는 것이다. 『변례집요』에서는 동래부의 접대 사례에 대해서 누가 접대했는지 그 접대 주체를 밝히지 않고 있어 필자도 기존 연구에서는 비정례화된 차왜접대로 간주하여 정식 접대의 범주에 넣지 않았다. 하지만 『접왜식례』에서는 접대 주체를 "동래부"로 명확하게 밝히고 있어 차왜에 대한 접대는 접위관 외에 동래부도 담당한 사실을 인지할 수 있었다.

동래부의 접대는 대체로 연례송사선을 중심으로 이루어졌기 때문에 차왜 접대의 경우에도 일부는 세견선 등 연례송사선의 접대례를 적용하는 경우가 많았고, 일부는 다례만 시행하는 경우도 있었다. 동래부가 주체가 되어 차왜를 접대하는 것은 1658년 도래한 橘成般을 끝으로 사라지게 되는데, 이 무렵 양국 간에 幹事 업무로 次知差倭(이후 재판차왜)가 파견되면서 외교사행인 차왜의 접대는 접위관이 전담하는 것으로 정착되었을 거라 추측된다.

---

21) 『변례집요』 권1 「별차왜」조에는 경접위관이 접대한 것으로 기록되어 있다.
22) '이혜진(1998), 「17세기 후반 조일외교에서의 裁判差倭 성립과 조선의 외교적 대응」 『한일관계사연구』 8'의 논문에서는 『변례집요』의 내용을 들어 "재판"이라는 명칭의 사용이 1681년 장계에서부터라고 하였으나, 본 『접왜식례』의 내용에 따르면 그보다 이른 1680년 9월부터 "재판"이라는 명칭이 사용되고 있는 것이다.
23) 『변례집요』에는 경상도도사를 향접위관으로 삼았다고 되어 있음.

1) 연례송사선례

차왜 중 동래부에서 세견선의 예로 접대한 경우를 <표 부-5>에 기록하였다. 세견선례는 주로 세견1선례와 세견4선례로 접대하고 있는 것이 특징이다. 세견4선례에서 행하는 宴禮는 하선다례1, 하선연 1, 노차연 1, 상선연 1회인 반면 세견1선례에서는 명일연 3, 간품다례 1, 예단다례 1회가 추가된다.[24] 규정된 접대 인원수 또한 앞의 <표 부-2>에서처럼 차이가 있었지만 실제 도래한 인원이 규정 인원보다 적었던 탓인지 접대 인원을 조정한 사례는 보이지 않는다.

동래부의 세견선례 접대사례는 차왜 접대규정 및 제도가 점차 정착되어 가는 과정을 잘 보여주고 있다. 특히 2번 平成似는 통신사청래차왜에 해당하는데 초량왜관 시기 대차왜임에도 불구하고 접위관이 아닌 동래부에 의해 세견1선례로 접대받고 있다.

1646년 11월에 도래한 橘成次는 도주고환차왜에 해당하는데 앞서 <표 부-4>에서 1653년에 향접위관의 접대를 받기 시작하는 차왜이다. 초량왜관 시기의 소차왜에 해당함에도 불구하고 동래부의 접대를 받는 과도기적 상황을 보여주고 있다. 도주고환차왜는 그 이전까지 아예 접대를 받지 못하거나 동래부로부터 다례만 받기도 하는 등 접대례가 가장 변화무쌍한 차왜이기도 하다.

11번 1658년 橘成般은 초량왜관 시기 도주고부차왜로 소차왜에 해당한다. 하지만 이 시기에는 명칭 또한 頭倭이며 파견 또한 이루어지지 않고 있다. 그리고 접대례는 1특송례이지만 연향은 2회만 행하는 등 이 시점에는 접대례가 고정되지 않은 모습이다.

---

24) 『접왜식례』 「세견1선례」; 「세견4선례」.

〈표 부-5〉 차왜에 대한 동래부의 세견선례 접대

	파견시기	명칭	정관	파견목적	인원	접대식
1	1636. 4	차왜	藤智繩	도해역관 호송해 가는 일	반종 3, 격왜 40	세견1선례
2	1642. 12	차왜	平成似	통신사를 청하는 일	진상압물 1, 반종 3	세견1선례
3	1644. 5	차왜	源成長	야소종문 사람들이 이동한 것을 상세히 탐지	반종 1, 격왜 10	세견4선례
4	1644. 9	차왜	平成光	야소종문 일로 회답서계 고치기를 청하는 長老 서계를 가지고 출래	반종 3, 격왜 5	세견4선례
5	1644. 12	차왜	藤原成	역관 등이 內局 소용 약재를 구해오는 일	반종 3, 격왜 5	세견4선례
6	1646. 11	차왜	橘成次	도주 환도 고지	반종 3, 격왜 20	세견1선례
7	1647. 3	차왜	藤智繩	역관 차송에 대한 회사	봉진 1, 반종 4, 격왜 32	세견1선례
8	1649. 6	차왜	平成雪	야소종문 무리가 조선의 경계에 표류하면 잡도록 통보	봉진 1, 반종 3, 격왜 30	세견1선례
9	1649. 6	차왜	平成久	애완용 각종 짐승 구청	봉진 1, 반종 3, 격왜 30	세견1선례
10	1652. 10	차왜	平成友	개시 정탈	봉진 1, 반종 2, 격왜 40	세견1선례
11	1658. 1	두왜	橘成般	平義成 告訃	종왜 16	연향2회, 1특송례

　　세견선 외에 기타 송사선의 접대례는 다음 〈표 부-6〉에 정리하였는데,
대부분 以酊庵과 平義眞船의 예로 접대되었다. 以酊庵은 세견4선례와 동
일하게 하선다례 1회, 하선연 1회, 노차연 1회, 상선연 1회의 연례 접대를
받지만 접대 인원은 세견4선보다 반종이 2명, 격왜가 10명 더 많다. 平義眞
은 以酊庵 예에 예단다례가 1회 추가, 접대 인원도 봉진압물이 1명 추가되
어 약간의 우대를 받고 있다.

　　접대된 음식이나 進上 別幅 回賜物 등의 구체적인 내용이나 각각 다른
송사선례가 적용되었던 기준 등에 대해서는 의문이 있지만 지면상 밝히기
어려우므로 다음 기회를 빌어 확인하겠다.

〈표 부-6〉 차왜에 대한 동래부의 송사선례 접대

	파견시기	명칭	정관	파견목적	인원	접대식
1	1631. 1	차왜	平成樹	·	반종 3	다례, 平彦三 예로 접대, 양식지급
2	1650. 윤11	차왜	洲川次兵衛	새매 구무 재촉	봉진1, 반종 3, 격왜33	以酊菴 예
3	1652. 10	차왜	平成及 平成次	弔慰驛官 재촉, 의원 요청	(及)봉진1, 반종 4, 격왜40/ (次)봉진1, 반종 3, 격왜20	以酊菴 예
4	1655. 8	차왜	平成長	통신사장계 지참하고 병중인 하인을 거느리고 옴	시봉1, 반종 7	以酊菴 예
5	1655. 12	차왜	藤成重	통신사가 돌아오는 길에 大坂城에 도착한 것 고지	봉진1, 시봉1, 반종 7, 격왜40	以酊菴 예
6	1656. 2	차왜	平成次	관백이 회례한 잡물을 가지고 옴	반종 3, 격왜40	以酊菴 예
7	1657. 2	차왜	平成承	관백이 유황을 보낸지 오래되지 않아 무納함. 또 회사역관을 요청 (노인)		平義眞 예
8	1657. 2	차왜	藤成次	의원호행	반종 3	平義眞 예

2) 다례

동래부에서 다례만 베풀어준 사례를 〈표 부-7〉에 정리하였다. 접대 시기는 차왜에 대한 정식 접대례가 시작되기 전인 1, 2, 3번 시기와 그 이후 시기로 구분된다. 차왜에 대한 정식 접대례 시행 전에는 구청·구무 등의 일과 대마도·막부 간의 외교문제로 파견된 임시사절에 대해 동래부의 다례가 베풀어지고 있다. 즉 임시사절인 차왜에 대한 조선 측의 임시로 실시한 공식 접대라고 볼 수 있을 것이다. 1번 1632년 차왜 같은 경우는 관백고부대차왜, 관백생자고경대차왜, 도주고환차왜의 성격을 동시에 가지는 차왜로 볼 수 있는데, 조선 정부의 정식 접대는 이루어지지 않았다.

차왜에 대한 접대례가 공식적으로 시행된 이후 정례화된 접대를 받게 되는 5번 표인영래차왜와 9번 도주고환차왜 같은 경우는 정례화되기 전 과도기적인 접대를 동래부가 담당하고 있다. 그 외에 외교적 임무를 띠었으나 頭倭라는 명칭으로 도래하거나 서계가 아닌 路引을 지참한 경우에도 다례를 베풀어주고 있는 것이 특징이다.

〈표 부-7〉 차왜에 대한 동래부의 다례 접대

	파견시기	명칭	정관	파견목적	인원	접대식
1	1632. 5	차왜	橘成供	관백의 부고 및 그 아들 原家忠 습위, 도주 환도 등의 일을 고지	반종 3, 격왜 30	다례, 양식지급
2	1632. 11	차왜	橘成全	약재구청	격왜 7	다례, 양식지급
3	1634. 12	차왜	藤智繩	도주와 調興의 일로 마상재 요청	반종 3, 격왜 40	다례, 상선연, 양식지급
4	1636. 6	차왜	平成起	신사 요청 재촉(노인)	반종 1, 격왜 15	다례, 양식지급
5	1641. 11	차왜		표민 영래		다례, 양식지급
6	1642. 7	차왜	平成正	야소종문 일로 회답서계 고치기를 청함	반종 3	다례
7	1642. 10	차왜	橘成供 平成實 平成達	우리나라가 황당선을 잡아서 데려가는 일	각각 반종 3, 종왜 16, 격왜 39 명씩	다례
8	1646. 2	차왜	源成寬	표왜 영거(노인)	반종 3, 격왜 19	다례
9	1646. 9	두왜	藤原成安(方?)	도주 환도, 조위역관 요청(노인)	격왜 5	다례, 양식지급
10	1648. 12	차왜	橘成次	도주가 에도로 들어간 일 고지	반종 3, 격왜 6	다례
11	1650. 12	차왜	平成扶	徵債 및 公木 公作米의 일		다례, 양식지급
12	1657. 9	차왜	平成元	유황을 수에 따라 정납한 후 접위관과 동래부사가 표식[書標]을 만들어 더함.	시봉 1, 반종 3, 격왜 30	다례, 양식지급

V. 기타 사례

두모포왜관 시기 조선에서 접대를 받는 정식사절로 인정된 별차왜들은 앞서 확인한 바와 같이 접위관과 동래부의 접대를 받으면서 특혜를 부여받았다. 하지만 국가간의 외교상 논의거리나 다툼, 혹은 정보 교류 등의 문제가 발생할 여지가 있었으므로 기존의 규정이나 규례 외의 차왜에 대한 접대는 항상 고민거리가 되었다.

본 장에서는 이런 논의거리에 있었던 차왜 중 접위관과 동래부의 접대례에 해당하지 않았던 기타 사신의 접대, 혹은 다례만을 베풀거나 양식만 지급하는 경우, 아예 접대를 허락하지 않았던 사례들만을 정리하였다.

1) 기타 접대례

<표 부-8>은 접위관이나 동래부의 접대례가 명시되지 않거나 다른 접대례로 접대된 경우이다. 차왜 접대 시작 이전에는 國王使로 출래한 경우이고, 이후부터 초량왜관 시기 이전까지는 館守나 移館의 일로 도래한 차왜가 접대를 받았다.

한편 관수의 경우『접왜식례』내의 다른 접대 사례에서도 전혀 보이지 않고, 접대식례가 별도로 기재되지 않아 구체적인 내용을 파악하기 힘들다. 게다가 관수는 1659년 연례송사 접대일례의 끝부분에서 "관수 1인은 매일 料米 5升인데, 己卯년(1639) 처음 출래하기 시작하여 유관한지 3년마다 교체된다. 반종 3명은 매일 요미 각각 4升 5合"이라고만 기록되어 있을 뿐 구체적인 접대례는 제시되어 있지 않다.『변례집요』에서는 최초의 관수인 平智連은 1639년 7월 울산부사를 京官으로 임명하여 접대하도록 하고 있다. 경관의 자격을 접위관과 동일하게 본다면 관수를 차왜로 보아야 하겠지만, 접대 사례나 업무, 초량왜관 시기의 접대례로 본다면 차왜의 범주가 아닌

별도의 왜로 구분해 그 성격을 다시 고민해야 할 필요가 있다. 초량왜관 시기 관수에 대해서는 하선연, 예단다례, 상선연을 각 1차례씩 실시하였으며, 동래부사와 부산첨사가 연향을 주관하였다.[25]

두모포왜관 시기는 아니지만 차왜 재정비 상황을 잘 보여주는 것이 <표 부-8>의 12, 13번 사례이다. 초량으로 왜관 이전 후 차왜 재정비와 관련하여 1682년 통신사행에서 정한 약조의 내용 중 "一. 규정된 것 이외의 차왜를 보내지 말 것, 一. 표류인은 별도의 차왜를 파견하지 말고 代官에게 順付토록 할 것."[26]을 규정하였다. 원래 조선 측의 의도는 재판차왜에게 외교 관련 업무를 일임시키면서 차왜를 정리해 접대비용을 줄이려 하였다. 그 대상으로 도주고환차왜나 표인영래차왜를 포함시키고자 한 것이다. 하지만 결과적으로 이 두 차왜는 정리 대상에 포함되지 못하고 이후에도 접대의 대상이 되고 있다.

〈표 부-8〉 차왜에 대한 기타 접대례

	파견시기	명칭	정관	파견목적	인원	접대식
1	1622. 1	차왜		國王使로 칭함.	정관 10, 반종 26	宣慰使 접대
2	1626. 1	차왜	平調益	피로인 영송		다례, 양식지급
3	1629. 6	차왜	玄方	國使로 사칭해 출래	사봉승 1, 부관1, 사봉 1, 반종 15, 격왜 80	선위사 접대. 상경후 사칭한 일이 탄로남.
4	8	차왜	平智友 藤智繩	·	·	다례 2회, 양식지급
5	1639. 11	차왜	平智連	蚕絲(누에실) 구무	반종 3	館守의 시작
6	1657. 4	차왜	平成友 橘成信	유황을 가지고 출래.	사봉 2, 반종 12, 격왜 40	서한이 불손하여 조정이 퇴각을 명하고 접대 없이 다례만 행함

---

25) 『증정교린지』 제2권 「차왜」 「관수차왜」. 『통문관지』에는 연향의, 다례의의 진행은 세견1선송사와 동일하게 진행하고, 다례·연향·지공 등의 급여는 표차왜와 동일하다고 기록하고 있다.

26) 홍우재, 『동사록』 임술년 10월 27일.

	파견시기	명칭	정관	파견목적	인원	접대식
7	1665. 1	관수	平成之	관수왜 교대	종왜 8, 격왜 40	
8	1668. 1	차왜	平成尙	유황 잠상 조사	도선주 1, 봉진압물 1, 시봉 1, 반종 17	경상도도사가 1특송례로 접대(반종 2 감함)
9	1668. 7	차왜	平成尙	지난 번 유황의 일과 관련한 회답서계 중 오자가 있어 고치고자 다시 옴.	도선주 1	다례만 행함. 료의 지급도 없고, 접위관접대도 없음.
10	1671. 10	차왜	平成之	平成太가 아직 돌아가지 않았는데, 또 移館의 일로 출래함.	봉진 1, 시봉 1, 반종 15, 격왜 70	疊到라서 접대가 부당하다 하여 다례와 하선연만 설행. 돌아갈 때 쌀 100석, 콩 50석을 특별히 지급.
11	1675. 3. 18	監董 差倭	平成爲	왜관 조성	도선주 1, 봉진 1, 반종 6, 격왜 40	제1선례 (반종 3명 감함)
12	1685. 6. 5	차왜	橘成通	도주환도고지	봉진 1, 반종 5, 격왜40	임술(1682)약조 중 별도로 사신을 보낼 수 없다는 뜻으로 약조를 체결하였는데, 약조를 어겼으므로 접대를 불허함. 하지만 그 후 바로 접대를 허락함.
13	1686. 1. 26	차왜	藤常尙	표인 영래	봉진 1, 반종 6, 격왜40	다례만 행함. 임술(1682)약조 중 별도로 차송할 수 없다고 이미 약정한 후 약속을 어기고 출래했으므로 접대 불허함.

2) 접대 불허

<표 부-9>는 『접왜식례』내 「차왜접대식」에서 가장 많은 분량을 차지하는데, 접대대상에 포함되지 않아 연례가 행해지지 않거나 약간의 양식만 지급한 차왜들이다. 이들은 주로 단순 전달 등의 업무로 파견되는 頭倭가 많은데, 두왜를 차왜의 범주에서 함께 파악하고 있다는 점은 특이할 만 하다.『국

역증정교린지』 각주에서는 "선문두왜의 파견은 1693년 9월 이후 정례화되었다.(『변례집요』 권1 「별차왜」) 두왜는 단순히 우두머리 왜인이란 의미로 통신사나 문위역관의 狀啓를 가지고 오기도 하고, 求請이나 求貿를 요청하기 위해 파견되기도 하였다. 정례의 외교사행은 아니다."27)라고 하였다. 하지만 선문두왜가 정례화되기 전, 특히 두모포왜관 시기의 두왜는 <표 부-9>에서처럼 접대를 받지 못하는 경우도 많았지만, 일부는 접위관이나 동래부의 접대를 받기도 하는 등 명칭만 두왜일 뿐 차왜와 크게 다르지 않았다.

차왜제도가 시작되면서 접대를 허락하지 않았던 차왜와 두왜는 급증하고 있다. 이는 차왜에게 조선 측이 제공하였던 접대 연례, 무역의 기회, 회사품 등의 혜택을 받고자 한 대마도 측의 의도가 반영된 결과였다. 이후 차왜제도가 점차 정비되어 가면서 대마도 측에서도 접대가 불가할만한 왜인들은 두왜로 파견하는 등 내부 정비도 함께 진행되고 있다. 또한 접대를 받지 못하는 왜인들은 서계가 아닌 노인을 지참하고 오는 사례가 급증하고 있어 대마도와 조선 사이에 차왜 정비에 대한 논의가 거듭된 결과가 지속적으로 반영되어 갔음을 확인시켜 준다.

〈표 부-9〉 차왜에 대한 접대 불허

	파견시기	명칭	정관	파견목적	인원	접대식
1	1612. 4	頭倭		白苧布 등 구청	두왜 1, 격왜 11	불허
2	〃	두왜		馬堂古羅 등 3인 受職 문의	두왜 1, 격왜 14	불허
3	1612. 8	差倭		매 무역의 일	차왜 1, 격왜 4	불허
4	1613. 8	두왜		피로인 2인 영송	두왜 1, 격왜 15	불허
5	9	두왜		세견선 회귀를 재촉	두왜 1, 격왜 16	규외로 돌려보냄
6	10	두왜		피로인 1명 영송	두왜 1, 격왜 15	불허
7	10	두왜		매와 말 구청	두왜 1, 격왜 9	불허
8	12	두왜		매와 말 구청 재촉	두왜 1 격왜 9	불허
9	1614. 2	두왜		마필 무역 추가	두왜 1, 격왜 17	불허
10	3	두왜		마필 무역 재촉	두왜 1, 격왜 7	불허

27) 『증정교린지』 제2권 「차왜」.

	파견시기	명칭	정관	파견목적	인원	접대식
11	4	두왜		筆墨 구청	두왜 1, 격왜 15	불허
12	6	두왜		礒竹島 크기와 형지 탐색	두왜 1, 격왜 13	불허
13	7	두왜		필묵 재촉	두왜 1, 격왜 13	불허
14	1618. 2	두왜	藤永勝	피로인 영송		양식지급
15	1626. 9	차왜	十兵衛	서책 및 良馬 구무	격왜 17	불허
16	10	차왜	次兵衛	經書와 良馬 구무	격왜 6	불허
17	12	차왜	橘成次	도주 환도 報知, 조총·염초 등 진상	격왜 10	불허
18	1627. 2	차왜	平成久	표민 20명 영송	격왜 25	양식지급
19	2	차왜	雲八	피로인 영송	격왜 15	양식지급
20	3	차왜	平智次	정묘호란으로 인해 軍器 등을 바치고자 함.	격왜 30	동래부사는 접대를 계청 했으나 조정 이 불허하여 양식 지급.
21	11	차왜	平智次	군기를 가지고 출래함		양식지급
22	1631. 9	차왜	平成統	도해역관 정지건	격왜 10	불허
23	1632. 2	차왜	久衛門	도해역관 정지 치사	격왜 6	불허
24	1634. 12	차왜	小左衛門	마상재인 재촉	격왜 8	불허
25	1635. 1	차왜	成久, 成起 隆永, 永久	도주와 調興 사이의 다툼 에 대해 報知	도주차왜 成久, 成起, 調興차왜 隆永, 永久, 격왜 40	불허
26	6	차왜	杉原彌右衛 門	도주와 調興다툼의 결과 고지	격왜 10	양식지급
27	1636. 9	차왜	藤成利	도주환도의 일 고지	격왜 6	불허
28	9	두왜	淸兵衛	차왜 平成春(8월)에게 도 주의 편지 전달		불허
29	9	차왜	平成直	차왜 平成春(8월)에게 도 주의 편지 전달	격왜 6	불허
30	1637. 4	차왜	善左衛門	통신사일행 무사도해 여부 탐지	격왜 6	불허
31	4	차왜	定左衛門	관백 생녀로 대마도 소용 물품 구무(노인)	격왜 6	불허
32	10	차왜	石田新七郎	매을 무역하는 일(노인)	격왜 6	불허
33	12	차왜	平成正	매 관련 물건 구무(노인)	격왜 8	불허
34	1638. 3	차왜	沈助	매와 말 구무(노인)		불허
35	4	차왜	平成淸	도주가 에도로 들어갈 때 소용 잡물 무역(노인)	격왜 6	불허

	파견시기	명칭	정관	파견목적	인원	접대식
36	8	차왜	橘成拾	매, 야생학 등 구무(노인)	격왜 9	불허
37	1639. 7	차왜	平成方	다완, 약재 무역		양식지급
38	9	두왜	平成及	平成連, 藤智繩 두 차왜에게 '허, 불허'의 회답서계 받을 것 재촉	종왜2	양식지급
39	1640. 3	차왜	平成規	도주 환도 고지	반종 3, 격왜 9	양식지급
40	3	차왜	平成立	문위역관 맞이함		불허
41	5	차왜	平成助 平成數	사기를 구워 만드는 일		양식지급
42	1641. 5	차왜	藤成姿	彦三 도서 환납, 彦滿 도서 수거		불허
43	1642. 윤11	차왜	平成倫	도주 환도 고지	격왜 30	양식지급
44	12	차왜	淸右衛門	통신사 요청 일자 예고	격왜 7	양식지급
45	1643. 1	차왜	甚兵衛	도주가 藤智繩에게 쓴 신사 재촉 편지 전달		양식지급
46	1643. 2	차왜	平成稔	앞에 요청한 鑄鐘을 가지고 가는 일	반종 2, 격왜 40	양식지급
47	3	두왜		신사일행이 부산에 도착했는지 여부 탐지(노인)	격왜 6	양식지급
48	3	차왜	藤成謀	신사 의 승선 여부 탐지(노인)	격왜 6	불허
49	3	두왜		平成稔, 藤成謀 앞으로 도주의 편지 전달	격왜 6	불허
50	3	두왜		신사 승선여부 탐지	두왜 1, 격왜 8/ 두왜 1, 격왜 7	불허
51	4	두왜		신사행차 발선 시기 탐지	격왜 8	불허
52	10	차왜	高崎七之允	신사 선래군관 호송	반종 3, 격왜 15	양식지급
53	10	두왜		신사행 중 격군 시신 영송	격왜 15	양식지급
54	1644. 10	차왜	平成友	서계 개찬하는 일(노인)	반종 1, 격왜 8	양식지급
55	12	차왜	平成次	일전에 황당선을 잡아 보낸 일에 대해 회사	종왜 5	양식지급
56	1645. 윤6	차왜	平成方	다완 만드는 일	종왜 3	불허
57	8	두왜	原成善	황당선 1척을 잡았을 때 조선 경계로 달아났으므로 잡아줄 것 요청(노인)	격왜 7	양식지급
58	1646. 2	차왜	藤原成方	표왜 입송중 문자 고칠 것을 요청	종왜 3, 격왜 10	양식지급
59	3	차왜	平成曉	표왜입송서계 수정 요청(노인)	종왜 3, 격왜 10	양식지급
60	4	두왜	(平)成久	표왜입송서계 수정 재촉	격왜 11	불허

	파견시기	명칭	정관	파견목적	인원	접대식
61	4	두왜	滿右衛門	표왜입송서계 수정 재촉 (노인)	격왜 6	불허
62	6	두왜	六郎助	노새[騾子] 구무		불허
63	10	차왜	平成貫 橘成元	西館 조성	종왜 6, 격왜 10, 목수왜 30, 監役 倭 10, 左衛門何 左衛門격왜 10, 小목수왜 40	양식지급
64	1647. 2	두왜	藤原成次	南北京 사정 탐지	종왜 2, 격왜 6	양식지급
65	2	차왜	藤原成友	도해역관 돌아올 때 말한 6개 조항에 대한 회답이 없 어 재촉함	종왜 2, 격왜 6	양식지급
66	4	두왜	藤成方	차왜에게 도주의 편지 전 달(노인)	격왜 8	불허
67	6	두왜	吉加源內	平成幸에게 도주의 서한 전달	격왜 10	불허
68	7	두왜	平成正	平..등 차왜에게 돌아올 것을 재촉하는 도주 편지 전달	격왜 8	불허
69	9	두왜	三左衛門	약재, 양마 구무(노인)	종왜 4	불허
70	9	차왜	藤原成稱	사기 굽는 일	監役倭 2, 종왜 9, 工匠役夫 6	불허
71	11	차왜	平成次	三左衛門에게 잡물 무역 을 재촉	종왜 3	불허
72	1648. 3	두왜	平成次	豹皮 등 물품 구무의 일로 차왜와 관수에게 도주 서 한 전달(노인)	종왜 3, 격왜 7	불허
73	3	두왜	平成久	豹皮 등 구무 재촉(노인)	종왜 3, 격왜 7	불허
74	6	두왜	1인	平成春에게 도주 서한 전달	종왜 3, 격왜 7	불허
75	1649. 4	두왜	1인	원앙을 찾는 일(노인)	격왜 40	불허
76	6	두왜	1인	萬松院送使 출래시 표도 한 소식을 상세히 탐지하 도록 할 것(노인)	격왜 40	불허
77	1650. 2	두왜	1인	이전에 구무한 잡물 재촉 (노인)	격왜 7	양식지급
78	10	두왜	1인	새매 등 구무(노인)	격왜 6	불허
79	1651. 2	두왜	1인	도해역관 요청(노인)	격왜 9	불허
80	1652. 6	두왜	1인	平成扶 귀환 재촉(노인)	격왜 7	불허

	파견시기	명칭	정관	파견목적	인원	접대식
81	1653. 5	僧倭首座		調病(병을 다스림)	종왜 15	때때로 양식지급
82	1654. 4	차왜	1인	사기를 만드는 일		불허
83	1655. 4	차왜	2인	사기를 만드는 일	匠人倭5	불허
84	1655. 12	두왜	吉賀孫兵衛	신사가 올 때 예단 등 물건을 관수왜와 상의해서 처치할 것(노인)	종왜 5, 격왜 6	양식지급
85	12	두왜	1인	통신사장계를 가지고 옴	격왜 6	양식지급
86	1656. 1	두왜	1인	신사배행 역관 ○仁亮을 호송해 옴	격왜 8	양식지급
87		두왜	1인	신사가 오는 길에 대마도에 정박한 사실 고자(노인)	격왜 6	양식지급
88	2	두왜	2인	신사군관을 호송해 옴	격왜 6/ 종왜 1, 격왜 7	양식지급
89	4	차왜	1인	사기를 만드는 일	匠人倭 4	불허
90	5	두왜	1인	문위역관 요청(노인)	격왜 7	양식지급
91	7	두왜	1인	도해역관 李亨男이 騎船이 파손致敗된 사실을 고지함	격왜 8	양식지급
92	8	두왜두왜	2인1인	도해역관 호환예단을 실어옴	일시	양식지급
93	12	두왜	1인	도주의 병세가 위급해 의원 요청	격왜 8	양식지급
94	1657. 3	두왜	1인	관수 및 차왜 平成承 앞으로 서한 전달(노인)	격왜 7	양식지급
95	3	두왜	1인	관수 및 平成承 앞으로 서한전달. 역관 입송여부 탐지.	격왜 7	양식지급
96	3	두왜	1인	관수에게 서한 전달. 별차왜가 머지않아 출래할 것임을 왜관에 통보(노인)	격왜 6	양식지급
97	6	차왜	平智連	차왜 平成友가 가지고 온 서계를 定奪할 것	사봉 1, 반종 5, 격왜 30	양식지급
98	1658. 1	두왜	1인	관수 및 橘成般 앞으로 서한 전달	격왜 7	양식지급
99	3	두왜	1인	平義眞이 결혼했을 때 소용 잡물구무. 관수왜에게 서한 전달	격왜 7	접대불허
100	9	두왜	1인	호두, 잣 등 구무. 관수왜에게 도주 서한 전달(노인)	격왜 5	접대불허

	파견시기	명칭	정관	파견목적	인원	접대식
101	11	두왜	1인	奉行 등이 서한은 平成슈에게 전달(노인)	격왜 6	접대불허
102	1659. 윤3	두왜	1인	유황 회사로 역관 재촉. 관수에게 서한 전달(노인)	종왜 3, 격왜 6	접대불허
103	윤3	두왜	1인	관수 및 2차왜에게 서한 전달(노인)	격왜 6	접대불허
104	4	두왜	1인	문위역관 재촉. 관수 및 차왜에게 서한 전달(노인)	종왜 3, 격왜 6	접대불허
105	4	두왜	1인	도해역관 재촉. 관수에게 서한 전달	격왜 6	접대불허
106	12	두왜	1인	조선인 남녀가 표풍으로 피난한 사정 탐지. 관수에게 서한 전달(노인)	격왜 6	접대불허
107	1660. 1	두왜	1인	賀使가 머지않아 출래할 것을 고지	종왜 3, 격왜 8	양식지급
108	1661. 4	두왜	1인	서책 등 구무 재촉. 관수에게 서한 전달(노인)	격왜 6	접대불허
109	8	두왜	1인	별차왜 2인이 령을 받고 출래함을 고지. 관수에게 서한 전달(노인)	격왜 7	접대불허
110	1662. 4	두왜	1인	도주가 에도에서 출발했음을 왜관 내에 통보	격왜 7	접대불허
111	7	두왜	1인	平成喬, 橘成般에게 서한 전달(노인)	격왜 6	접대불허
112	8	두왜	1인	잡물 구무 재촉할 것을 왜관내에 통보(노인)	격왜 5	접대불허
113	1663. 8	두왜	1인	울진 표풍왜의 표풍 원인을 다시 탐지(노인)	격왜 8	접대불허
114	8	두왜	1인	울진 표풍왜인의 소식이 끊어져 다시 탐지(노인) 표왜 3명은 계묘1663년 6월 14일 울진에 표도하여 9월 초 6일 입송함.	격왜 7	접대불허
115	1664. 2	두왜	1인	도주 生子로 虎皮 구무 재촉	격왜 7	양식지급
116	4	두왜	1인	말 안장 구무 재촉		접대불허
117	9	두왜	1인	인삼 구무		접대불허
118	10	두왜	2인	문위역관 재촉(노인)	격왜 7	접대불허
119	10	두왜	1인	문위역관 지연에 대한 재촉(노인)	격왜 8	접대불허

	파견시기	명칭	정관	파견목적	인원	접대식
120	12	두왜	1인	上上苧布 구무	사공왜 1, 격왜 7	접대불허
121	1665. 2	두왜	2인	잡물 구무 재촉(노인)	격왜 6	접대불허
122	3	두왜	2인	繩鞭 구무(노인)	격왜 7	접대불허
123	5	두왜	1인	제주도 월라(月羅) 망아지 구무(노인)	격왜 3	접대불허
124	5	두왜	1인	공목, 공작미 재촉	격왜 8	접대불허
125	6	두왜	1인	영래차왜가 표인 金元祥 등이 秩高(관직이 높음) 奉行이라 접대가 의문스러워 먼저 통보함.(노인)	격왜 8	접대불허
126	6	두왜	1인	도주의 장자가 병사하겨 館倭에게 부고를 전함(노인)	격왜 8	접대불허
127	7	두왜	1인	매의 구청 및 잡물 구무 재촉(노인)	격왜 8	접대불허
128	9	두왜	1인	구청한 매를 싣고 가는 일(노인)	격왜 10	접대불허
129	10	두왜	1인	호도, 잣 구무(노인)	격왜 8	접대불허
130	10	두왜	1인	機張 경계에 왜선이 표도하여 데리고 감(노인)	격왜 5	접대불허
131	10	두왜	2인	기선과 비선을 나누어서 구청한 매와 호도·잣을 싣고 감(노인)	격왜 14	접대불허
132	12	두왜	2인	기선과 비선을 나누어서 매를 싣고 감.(노인)	격왜 18	접대불허
133	12	두왜	1인	인삼, 狗皮 등 구무(노인)	격왜 7	접대불허
134	12	두왜	1인	비단[綾只絹] 등 구무(노인)	격왜 9	접대불허
135	1666. 1	두왜	1인	繩鞭 등 구무(노인)	격왜 10	접대불허
136	2	두왜	2인	기선과 비선으로 나누어 公米 재촉(노인)	격왜 14	접대불허
137	3	두왜	1인	公米 재촉(노인)	격왜 8	접대불허
138	4	두왜	1인	관수 및 一代官 등에게 도주의 서한이 도착함(노인)	격왜 6	접대불허
139	5	두왜	1인	도주가 지난 4월 초 7일에 에도에서 떠나 이달 그믐 사이에 돌아오므로 왜관 내에 급히 알림(노인)	격왜 7	접대불허
140	5	두왜	1인	도주가 이달 초 4일 大坂城에 도착했으므로 왜관	격왜 6	접대불허

	파견시기	명칭	정관	파견목적	인원	접대식
				내에 통보함(노인)		
141	6	두왜	1인	각종 인삼 등 구무(노인)	격왜 7	접대불허
142	6	두왜	1인	구청한 매와 구무한 물품 재촉. 문위역관이 언제 입송할지 탐지(노인)	격왜 8	접대불허
143	7	두왜	1인	잡물 구무 재촉(노인)	격왜 6	접대불허
144	8	두왜	1인	매 구청 재촉(노인)	격왜 6	접대불허
145	8	차왜	藤成倫	長鬐縣에 표류한 伯鬐州 왜 21명 및 三陟에 표류한 山雲島왜 1명 등을 데리고 감. 동래·부산에 서계를 가 지고 출래함.	격왜 30	접대불허 渡海粮 2석 지급. 다례도 설행 하지 않고 역 관이 서계만 받듦.
146	9	두왜	1인	畵龍筆, 芙蓉香 등 구무 (노인)	격왜 7	접대불허
147	9	두왜	1인	生苧布, 대구어, 豹皮 등 구무(노인)	격왜 8	접대불허
148	10	두왜	1인	도해역관이 언제 입래하는 지 탐지(노인)	격왜 9	접대불허
149	11	두왜	1인	매 구청, 잡물 구무 재촉. 차왜 橘成陳 등에게 도주 의 서한이 도착함(노인)	격왜 6	접대불허
150	1667. 2	두왜	1인	일대관 입래 재촉. 그 후 비선 왕래가 빈번함.	격왜 10	모두 접대불허
151	1674. 8. 28	두왜	1인	인삼 등 구무(노인)	격왜 9	접대불허
152	9. 26	두왜	1인	移館回謝差倭가 승선하 여 바람을 기다리는 연유 고지(노인)	격왜 9	접대불허
153	1675. 윤5. 21	두왜	左大夫	예조와 동래부사, 부산첨 사에게 서계를 가지고 출래	종왜 3, 격왜 9	접대불허 돌아갈 때 쌀 15석을 특별 지급
154	8. 24	두왜	1인	대마도인 중 痢疾로 쓰러 진 자가 400여 명이라고 통보	격왜 9	접대불허
155	9. 20	두왜	藤成時, 源 成長	매매를 정당하게 할 것	격왜 10	접대불허
156	1682. 9	두왜	1인	신사 행차시 폐해 없이 攝	격왜 9	유관시 양식

	파견시기	명칭	정관	파견목적	인원	접대식
				津에 도착하였음을 통보		지급
157	1683. 윤6	두왜	2인	약조를 停當함.		유관시 양식 지급
158	1685. 7. 17	두왜	3인	도기 만드는 일로 출래(서계). 白土, 藥土 총 89석 및 장인 2명 분정 지급.		접대불허

※ (노인)이라고 표시하지 않은 것은 서계를 지참하고 온 경우임.

Ⅵ. 결론

본고에서는 초량왜관 시기의 연구성과에 비해 이제껏 성과가 미흡했던 두모포왜관 시기 차왜 접대 사례를 『접왜식례』의 내용을 중심으로 확인해 보았다. 자료를 도식화하여 차왜에 대한 접대식례를 정리하는데 집중했으므로 개별 차왜에 대한 접대례를 구체적으로 확인하지는 못했다. 하지만 자료 분석 작업을 통해 기존에 알려지지 않았던 결과를 도출한데 의의를 두며 그 내용을 다음에 정리하고자 한다.

첫째, 두모포왜관 시기의 차왜의 범주에는 두왜도 포함하였다. 이는 차왜의 기원이 두왜이기 때문이다. 그 중 조선 측으로부터 정식으로 인정되어 접대를 받는 차왜와 두왜는 별차왜라는 이름으로 불리었다. 별차왜는 초량왜관 시기의 차왜(대·소차왜)와 동일한 개념으로 변화하였으며 차왜 중 소차왜는 별차왜의 이칭이 되었다.

둘째, 초량왜관 시기와 달리 두모포왜관 시기에 차왜 접대를 담당한 주체는 접위관 외에 동래부도 포함되어 있었다. 동래부는 1658년을 기점으로 차왜 접대 주체에서 사라지게 된다. 차왜 재정비 과정에서 동래부의 접대는 제도가 정착되기 전의 과도기적 접대를 잘 보여주는 사례라 할 수 있을 것이다.

셋째, 차왜에 대한 접대식례는 주로 '1특송사례, 세견1선례, 세견4선례, 기타 송사선례, 다례, 접대불허'를 기준으로 삼았다. 대체로 경접위관은 1특

송사례로 접대하는 경우가 많았고, 향접위관은 1특송사례, 세견1선례, 세견
4선례, 다례 등 다양한 예가 적용되었지만, 세견1선례로 접대하는 사례가
대다수였다. 동래부 접대의 경우는 세견선을 비롯하여 다양한 연례송사선
의 접대례가 적용되었다.

　『접왜식례』에 정리된 차왜 접대 사례는 초량왜관 시기 별차왜를 재정비
하는 과정에서 기초 자료로 작용하였다. 이는『통문관지』나『증정교린지』
등의 외교 규정집에서『접왜식례』를 지속적으로 인용하고 있는 점에서도
확인할 수 있다.

2. 『嶺南接倭式例改釐正謄錄』(18세기) 자료 소개

I. 구성 및 내용

『영남접왜식례개이정등록(嶺南接倭式例改釐正謄錄)』은 조선후기 왜관으로 왕래했던 연례송사(年例送使)에 대한 접대 관련 내용을 담고 있다. 작성 시기는 속표지에 '雍正十年壬子九月日'이라고 표기하고 있어 1732년(영조 8) 작성되었음을 알 수 있다. 이 시기는 초량왜관 시기에 해당한다. 동시에 기존에 평의진(平義眞)송사 등이 중단되어 연례8송사가 정착되어 있던 시기이기도 하다. 때문에 연례송사에 대한 접대례가 완비되어 기존의 접왜식례(接倭式例)를 수정하고 보완할 필요에 의해 작성된 것으로 추측된다.

기존의 접왜식례라 함은 1659년 연례송사 접대 일례 기록을 담고 있는 『접왜식례(接倭式例)』[1]일 가능성이 크다. 항목 및 차례가 거의 동일하고, 관수차왜(館守差倭)를 연례송사의 범주에 동일하게 포함시키고 있는 점, 평

---

1) 『접왜식례(接倭式例)』는 조선후기 이형상이 동래부사로 재임(1690.8.~1691.7.)할 당시 일본사신을 접대하는 사례를 정리한 것으로 보인다. 연례송사 접대의례와 물품 등은 1659년 일례를 기록하였고, 차왜 접대 사례는 임진전쟁 이후부터 1689년까지 정리되어 있다. 박민철과 구지현은 『접왜식례(接倭式例)』가 민정중이 동래부사로 재임할 당시(1658~1659) 기록한 내용을 필사하여 작성한 것인지 검토가 필요하다고 하였다.(구지현, 「이형상의 일본지리지 동이산략(東夷散略) 연구」 『인문과학연구』 44, 강원대학교 인문과학연구소, 2015, 21~22쪽) 연례송사의 경우 민정중 재임 기간의 사례이므로 이런 추측이 가능하지만 차왜 접대식은 1689년까지 기록된 것으로 보아 이형상이 재임 직후 정리하여 작성한 것으로 보는 것이 타당하다.(심민정, 「두모포왜관시기 차왜 접대례 변화와 정비-『접왜식례』 분석을 중심으로」 『동북아문화연구』 46, 동북아시아문화학회, 2016, 20쪽)

언삼(平彦三)송사가 1657년 폐지되고 난 이후의 연례송사 접대례를 기록하고 있는 점 등에서 유사 관계가 보인다. 하지만 『영남접왜식례개이정등록』에서는 작성 기관이 경상감영으로 명확히 드러나기 때문에 작성 주체에 대한 의문점은 여전히 존재한다.

책의 겉표지에는 '『영남접왜식례개등록(嶺南接倭式例改謄錄)』'이라고 되어 있으며, 속표지에는 "이정(釐正)"이라는 글자를 첨가하여 기존의 접왜식례를 수정하고 바로잡았음을 부각하고 있다. 책의 겉표지 제목을 따르는 것이 일반적이지만 기존에 작성된 장서각 해제(김효경)나 부산 향토문화전자대전(이상규)에서 모두 속표지의 제목을 따르고 있고, "이정(釐正)"이라는 단어가 추가됨으로 인해 본 자료의 성격을 더 명확하게 드러내줌으로 본 자료 소개에서도 '『영남접왜식례개이정등록(嶺南接倭式例改釐正謄錄)』'이라는 명칭을 사용한다.

『영남접왜식례개이정등록』은 목차가 별도로 없고, 본문이 바로 시작된다. 내용은 다음과 같은 차례와 구성을 갖추고 있다.

속표지
일공잡물질(日供雜物秩)
구청잡물질(求請雜物秩)
연향잡물질(宴享雜物秩)
요미태질(料米太秩)
육물질(陸物秩)
공무역질(公貿易秩)
필사기(筆寫記)

본문에는 차례로 제시된 항목 아래에 연례송사별로 접대받는 인원, 접대 기간, 접대 방식 등이 간략하게 기록되어 있으며, 접대에 제공되는 물품의 종류 및 수량이 순서대로 나열되어 있다. 접대 방식은 구체적이지 않아 자세한 내용을 알 수 없지만, 제공되는 물품의 품목과 수량은 상세하여 각 사신별·항목별 지급 물품을 파악하는데 도움이 된다.

「일공잡물질」은 연례송사가 왜관에 머물 때에 지급하는 내역을 적은 것이다. 「구청잡물질」은 일본 사신들의 구청(求請)·구무(求貿) 항목을 적고 있다. 「연향잡물질」은 연향을 베풀 때 연례송사에게 지급되는 품목과 수량이다. 여기에는 각 사신별로 연향이 달리 베풀어지기 때문에 각 사신별·연향별로 지급되는 물품을 구분하여 기재하고 있다. 「요미태질」은 사신에게 지급되는 쌀과 콩, 「육물질」은 배의 수리에 소용되는 물자이다. 또한 「공무역질」은 사신들이 조선 측에 헌납하는 것으로, 동·납·단목·흑각 등이 많다. 이 헌납품에 "공무역"이라는 명칭을 붙이는 이유는 일본사신 측에서 헌납품에 대한 대가를 받아가기 때문이다. 「공무역질」에는 각 사신별로 공무역과 그에 대한 해조회례별폭(該曹回禮別幅)을 기재하고 있다.[2]

II. 접대하는 왜인의 범주

『영남접왜식례개이정등록』에서 접대 대상으로 삼고 있는 주요 일본사신은 연례송사, 관수왜(館守倭), 대관왜(代官倭)이다. 한편 「공무역질」에는 중절오선(中節五船), 평미일(平彌一)송사, 재판차왜(裁判差倭)가 추가로 기재되어 있어 이들의 무역 활동을 짐작하게 해 준다.

1) 연례송사

『영남접왜식례개이정등록』의 "접왜(接倭)"라는 명칭에서 보듯이 차왜를 포함한 왜인, 즉 일본사신 전체 접대에 대한 일련의 내용이 포함되어야 하

---

2) 김효경, 『영남접왜식례개이정등록』 해제, 한국학중앙연구원, 2003.

지만 본 자료는 연례송사 및 관수왜의 접대례에 집중하고 있다.

1609년 기유약조 체결 당시에는 일본사신선 중 17척의 세견선(歲遣船)과 3척의 특송선(特送船) 만을 접대 범주에 포함하였다. 하지만 1611년(광해 3)에는 평경직(平景直)·현소(玄蘇)·평언삼(平彦三)송사가 추가 접대 대상이 되었고, 1622년(광해군 14)에는 유방원(流芳院)·만송원(萬松院)송사가 추가되었다.

한편 대마도 측의 국서개작사건으로 일컬어지는 柳川一件이 마무리됨과 동시에 1637년 5월 겸대제(兼帶制)의 최초 시행 대상으로서 송사선이 파견되었다. 이후 1640년(인조18)에는 평경직송사를 부특송으로 변경하고, 1638년(인조 16)에 현소송사를 이정암(以酊菴)으로 변경하였으며, 경진년에는 평언만(平彦滿)송사를 접대 범주에 포함하였다. 하지만 유방원 송사가 혁파되었고, 1657년(효종 8)에는 평언삼송사도 혁파하였다. 이로써 두모포왜관 시기 연례송사 접대는 1특송사, 부특송사, 세견1선, 세견2선, 세견3선, 세견4선, 이정암송사, 만송원송사, 평언만[평의진]송사에 이르는 9송사 접대로 마무리되었다. 이렇게 연례9송사 접대례가 완비되면서 1659년 연례송사 접대례가 『접왜식례』에 기재된 것으로 보인다.

1678년 초량으로 왜관이 이전한 뒤에도 연례9송사 접대는 유지되었다. 그러다가 1702년 평의진(平義眞)이 죽으면서 평언만송사도 혁파되었다. 보통은 이후 연례송사가 8송사로 정착되면서 "연례송사 = 연례8송사"로 인식하고 있다. 『통문관지』(1720) 및 『증정교린지』(18세기 말) 등의 작성 시점이 평언만송사가 혁파된 이후이므로 "연례8송사" 라는 용어는 적합한 용어일 것이다. 『영남접왜식례개이정등록』 또한 8송사 접대례를 중심에 놓고 있다. 하지만 한편으로는 「공무역질」에 기록된 평미일(平彌一:平義如)송사 역시 간과해서는 안 된다. 1727년(영조 3)에 아명(兒名)송사로서 조선 측의 허가를 받았다가 대마도주 직위를 승계하고 얼마 지나지 않은 1734년(영조 10)에 혁파되기는 하였으나 송사로 파견된 것은 명백한 사실이기 때문이다.

이들 아명송사를 연례송사의 범주에 포함해야 하는지 혹은 그렇지 않은 지에 대한 명확한 답변 없이 조선후기 연례송사를 팔송사와 동일시하는 것은 문제가 있어 보인다. 겸대제 시행 이후 연례송사가 파견되었으나 이들은 때로는 10송사, 9송사, 혹은 8송사이기도 했고, 1734년 이후에 가서야 연례 8송사로서 정비된 것이라 할 수 있다. 때문에 1734년 전의 접대례에 포함되는 송사는 "연례8송사"가 아니라 "연례송사"라는 명칭이 적합할 것이다. 『영남접왜식례개이정등록』은 1732년 식례를 담고 있지만 평미일송사는 접대 범주에 넣지 않았다. 이를 단기간 무역만을 허락한 수직인선인 중절오선과 동일시했는지는 추가로 검토가 필요해 보인다.

연례송사선의 솔속은 『증정교린지』에 의하면, 정관(正官), 부관(副官), 도선주(都船主), 이선주(二船主), 유선주(留船主), 진상압물(進上押物), 사복압물(私卜押物), 시봉(侍奉), 반종(伴從), 격왜(格倭) 등이다. 이 중 『영남접왜식례개이정등록』에서 접대 대상 범주에 포함시키고 있는 구성원은 정관, 선주, 압물, 시봉, 반종까지이다. 그리고 「연향잡물질」의 경우 조선 측 접대담당자인 부산첨사와 동래부사를 '대객(對客)'으로 삼아 접대 물목 내역을 별도로 마련하고 있는 점 역시 눈여겨 볼만하다.

2) 관수왜

『영남접왜식례개이정등록』에는 연례송사 외에 관수왜의 접대례도 포함하여 기록하고 있다. 예조가 편찬에 관여한 『통문관지』, 『춘관지』, 『증정교린지』 등에는 관수를 '관수차왜(館守差倭)'로 명명하며 차왜의 범주에 포함시키고 있다. 반면에 『영남접왜식례개이정등록』에는 관수왜가 연례송사와 같은 접대 범주에 들어가 있는 것이다.

그렇다면 관수차왜는 왜 연례송사와 함께 범주에 포함시키고 있는 걸까? 이에 대해 이상규도 동일한 의문을 가지고 자료에 접근하였다. 이상규는

『통문관지』를 비롯한 책은 예조에 보관된 일본 관계 기록을 토대로 편성하였기 때문에 이미 없어진 사례까지 실어 놓았던 것이고, 『영남접왜식례개이정등록』은 1732년 당시 연례송사로 인정하고 있었던 부분까지 기록하였기 때문[3]으로 보았다. 이에 의하면 1732년 당시까지는 관수왜가 연례송사의 범주에 들어가 있었지만 『통문관지』, 『춘관지』, 『증정교린지』 등에서는 그 이후에 관수왜를 차왜의 범주로 접대했다는 말이 된다.

하지만 본 연구자는 여기서 "식례(式例)"라는 단어에 주목하고자 한다. 식례란 사례를 제시한 것이기도 하지만 규정이 되기도 하는 것이다. 왜인을 접대할 때의 규정을 확인해 보면, 연례송사 접대 규정이 기본이 되고 있다. 차왜라고 해서 접대 규정이 별도로 존재했던 것이 아니다. 대차왜(大差倭)의 경우 기준이 되는 관백고부차왜(關白告訃差倭) 접대는 대체로 제1특송선의 예에 따르며, 소차왜(小差倭) 중 표인영래차왜(漂人領來差倭)는 세견제1선송사의 예에 따른다. 즉 종류가 많고 비정기적으로 도래했던 차왜의 경우 별도의 접대 기준을 마련하기가 어려웠을 것이다. 이 때문에 본 자료에는 연례송사만을 범주에 넣고 있는 것으로 보인다.

관수차왜 또한 동일선상에서 생각할 수 있다. 관수왜가 『통문관지』, 『증정교린지』 등에서는 차왜의 범주에 포함되어 있으나 그 접대는 '연례송사와 같다.'고 기록하고 있다. 하지만 어떤 종류의 연례송사와 같은 지는 제시되어 있지 않다. 아마도 관수차왜는 생성 단계에서 연례송사와 같은 범주로 파악되어 접대례가 갖추어졌기 때문일 것이다.

Ⅲ. 연향접대

『영남접왜식례개이정등록』의 내용 중 가장 많은 부분을 차지하는 것이 「연

---

3) 이상규, 「『영남접왜식례개이정등록』」, 부산 향토문화전자대전.

향잡물질」이다. 접대 준비의 대부분이 일공과 연향에 집중되기 때문이다.
이에 본 자료소개에서는 연향과 관련된 내역에 집중하여 자료 내용을 확인
하고자 한다.

연향이 제공되는 사신 중 1특송사부터 시작하여 부특송사, 제1선송사, 제
2선송사, 제3선송사, 제4선송사, 이정암송사, 만송원송사, 관수왜를 마지막
으로 연향의 종류 및 잡물 내역이 정리되어 있다.

자료의 구체적인 내용은 다음에 제시한다.

1) 연향 종류 및 횟수

일본사신이 왜관에 도착한 이후부터 다시 배를 타고 돌아가기 전까지 외
교 의례와 함께 각종 연향이 치러진다. 연향은 하선다례(下船茶禮)·하선연
(下船宴)·별연(別宴)·노차연(路次宴)·명일연(名日宴)·진상간품다례(進上看
品茶禮)·예단입급다례(禮單入給茶禮)·상선연(上船宴)·별하정(別下程)·예
하정(例下程) 등인데, 사신에 따라 각각 가감이 있다.

연향과 관련한 조선 측 기록은『증정교린지』,『통문관지』등에도 그 내
용이 자세하다. 하지만 이상의 기록들은 규정집이므로 실제로 모든 시기의
사신들에 동일하게 적용될 수 없었다. 이는 다음 <표 부-10>에서 두 사료에
기재된 사신별 연향 횟수만 보더라도 명확해 진다. 두 사료의 초간 시점이
같은 18세기라고 하더라도 80여 년의 기록상 차이가 존재하는데, 이 기간
동안 규정의 변화를 확인할 수 있다. 또한 규정이 변화했다는 것은 실제 적
용 사례에서 더 많은 변화가 있었음을 추측할 수 있게 한다.

『영남접왜식례개이정등록』은 작성 시기상『통문관지』와『증정교린지』
의 중간 시기에 해당하여 연향의 횟수와 종류가 변화하는 과정을 단계적으
로 살필 수 있게 해 준다.

〈표 부-10〉 18세기 연례송사 연향 횟수

사신 \ 연향	하선 다례			하선연			별연			노차연			명일연		
	통	영	증	통	영	증	통	영	증	통	영	증	통	영	증
1특송사	1	1	1	1	1	1	1	1	1	1	1	1	4	4	3
세견제1선송사	1	1	1	1	1	1	1	·	·	1	1	1	3	3	3
세견제2,3,4 선송사	1	1	1	1	1	1	1	·	·	1	1	1	3	·	·
부특송사	1	1	1	1	1	1	1	1	1	1	1	1	4	4	4
만송원송사	1	1	1	1	1	1	1	·	·	1	1	1	3	3	3
이정암송사	1	1	1	1	1	1	·	·	·	1	1	1	·	·	·
관수왜	1	1	1	1	1	1	1	·	·	1	·	·	3	·	·
합계	7	7	7	7	7	7	6	2	2	7	6	6	20	14	13

사신 \ 연향	진상간품다례			예단입급다례			상선연			별하정			예하정		
	통	영	증	통	영	증	통	영	증	통	영	증	통	영	증
1특송사	1	·	·	1	1	1	1	1	1	2	1	·	2	·	·
세견제1선송사	1	·	·	1	1	1	1	1	1	·	·	·	·	·	·
세견제2,3,4선송사	1	·	·	1	·	·	1	1	1	·	·	·	·	·	·
부특송사	1	·	·	1	1	1	1	1	1	2	1	2	2	·	2
만송원송사	1	·	·	1	1	1	1	1	1	·	·	·	·	·	·
이정암송사	·	·	·	1	1	1	1	1	1	·	·	·	·	·	·
관수왜	1	·	·	1	1	1	1	1	1	·	·	·	·	·	·
합계	6	0	0	7	6	6	7	7	7	4	2	2	4	0	0

※ '통'은『통문관지』, '증'은『증정교린지』, '영'은『영남접왜식례개이정등록』의 내용이다.
※ 합계는 세견제2,3,4선 송사 연향횟수를 모두 더한 값이다.
※ 연향횟수 변화가 있는 부분은 음영으로 표시하였다.

<표 부-10>에 의하면, 대체로 18세기 초반의『통문관지』기록에 비해 18세기 후반의『증정교린지』시기는 연향 및 접대가 점차 간소화되는 경향을 띤다. 여기에『영남접왜식례개이정등록』의 기록은 그 사이에 존재하면서 접대가 간소화되는 변화를 같은 흐름에서 입증해 준다. 특히 연향 중 가장 기본이 되는 하선다례, 하선연, 상선연을 제외하고 대부분의 연향이 축소되어 가는 점은 주목할 만하다.

한편 1732년 사례를 기록한『영남접왜식례개이정등록』은 그 기록 시기가『통문관지』와 더 가까움에도 불구하고 70년 정도 차이가 나는『증정교린지』의 규정에 더 가까운 접대 실례를 보이고 있다. 이는 아마도 이상의

교린관련 규정집들이 간행 시점 이전에 사례를 수집하여 규정을 정리했기 때문일 것이다. 또 한편으로는 초량왜관 이전 후 일본사신 접대 부담을 줄이고자 했던 조선 측의 의지가 정책 실현으로 잘 반영된 결과로 볼 수도 있다.[4]

2) 연향 식재료

일공 및 연향에 필요한 식재료는 영남 지역을 중심으로 분담하였으며, 추가분은 주변 지역에서 가정하는 형태로 충당하였다. 이 때문에 『영남접왜식례개이정등록』에 "영남"이라는 글자가 들어가 있다.

『통문관지』와 『증정교린지』 등에서도 연향 식재료를 확인할 수 있지만 『영남접왜식례개이정등록』의 내용이 더 상세하다. 특히 원역별 접대 인원이 명확히 제시되어 있고, 음식상의 대·소 크기 및 상의 수량도 함께 제시하고 있는 것이 특징이다.

1특송사와 관수왜의 하선연 음식상 구성을 표로 나타내면 다음과 같다.

〈표 부-11〉 1특송사와 관수왜 원역별 하선연 음식상 구성

사신	원역구성	총인원	음식상
1특송사	정관 1, 선주 2, 압물 2, 시봉 1	6명	大床으로 개별상 6
	반종 7, 對客 2	9명	대상으로 개별상 9
	정관 1, 선주 2, 압물 2, 시봉 1, 대객 2	8명	小床으로 개별상 8
관수왜	정관 1	1명	대상으로 개별상 1
	대객 2, 반종 3	5명	대상으로 개별상 5
	정관 1, 대객 2	3명	소상으로 개별상 3

※『嶺南接倭式例改釐正謄錄』「연향잡물 秩」1특송사; 관수왜, 하선연 참조.

자료의 내용에 따르면 하선연의 경우 1차례만 상음식이 제공되는 것이

---

4) 심민정, 『조선후기 일본사신 왕래와 접대양상』, 부경대학교 사학과 박사학위논문, 2015, 109~110쪽.

아니라 2차에 나누어 음식상이 제공되고 있다. <표 부-11>를 보면, 일본사
신을 접대하는 음식상은 기본적으로 처음에는 큰상[大床]이 개별상으로 제
공되고, 2차 때에는 작은 상[小床]이 개별상으로 제공되었다. 개별상의 경
우 원역별로 음식 재료에 차이가 없어[5] 동일한 음식이 차려졌던 것 같다.

특이한 점은 일본사신을 접대하는 조선 측 관원[對客]인 동래부사와 부산
첨사에게도 개별 음식상이 추가로 제공되고 있는 것이다. 일본인들 뿐 아니
라 접대 주체인 조선 측 관원에게 소용되는 식재료 비용도 함께 산정하였다
는 점에서 연향은 주·객이 함께하는 의식으로 인식하였음을 알 수 있다.

그렇다면 이 음식상들에 올라갔던 식재료는 무엇일까? 『영남접왜식례개
이정등록』에 제시된 연례송사의 연향음식 중 일부를 다음 표를 통해 확인
해 본다. 작성 시기는 음력 9월이므로 수확량이 어느 정도 충분한 가을이라
는 점도 염두에 두어야 한다. 당시 모든 연례송사의 사례를 다 확인하기 힘
들어 가장 접대가 융성했던 1특송사와 반대로 가장 접대가 간소했던 관수
왜의 하선연을 비교·대조해 보았다.

〈표 부-12〉 1특송사와 관수왜의 하선연 식재료

| 종류 | | 수량 | | 종류 | | 수량 | |
		1특송사	관수왜			1특송사	관수왜
곡류	콩가루	3石4斗1升5合4夕4里	7斗5升5合	밀가루		1石1斗9升9合3夕2里	5斗3升2合
	찹쌀	3斗2升5合5里	1斗6升59夕6里	木米		1斗5升	6升
	녹두	1升6合5夕7里	9合9夕6里	팥		1升6合5夕7里	9合9夕6里
	엿기름	3斗4升4合	3升				
육류	포육	2貼3條	7條반	말린 꿩		5마리3快	2마리1快
	계란	92개	36개	산닭		1마리씩	1마리씩
	산돼지	·	1마리				
해산물	대구어	52마리	16마리	청어		12級4마리	3級14마리
	건어	11束5마리	3束6마리	전복		6串9개	2串1개
	문어	2마리7條	7條반	광어		11마리반	3마리
	상어	23마리	6마리	生鰒		92개	36개

---

5) 『嶺南接倭式例改釐正膳錄』 「연향잡물 秩」 「1특송사」 하선연.

종류		수량		종류	수량	
		1특송사	관수왜		1특송사	관수왜
	해삼	1斗1升5合	4升5合	홍합	1斗1升5合	4升5合
	생선	6마리	1마리			
과채류	황밤	1升1合5夕	9合4夕6里	대추	2升4合1夕	9合4夕8里
	잣	6升9合	2升4合	호도	6升9合	2升4合
	개암	6升9合	2升4合	곶감	1貼7개	1貼9串2개
	표고	7合5夕	9夕9里6分	생강	1升8夕	9夕9里6分
	芝草	1升6合6夕5里	6合	생밤	1斗5升9合9夕1里	4升5合
	홍시	75개	33개	배	61개	24개
	오미자	7合5夕씩	·			
조미료	참기름	4斗2升5合1里	9升	꿀	9升3合8夕	2升7合7夕6里
	甘醬	4升9合9夕9里5分	1升9合9夕8里	간장	3升3合3夕	9合8夕6里
	겨자	4合1夕7里	3合	소금	3升3合3夕	9合9夕6里

※ 『嶺南接倭式例改釐正謄錄』 「연향잡물 秩」 「하선연」 참조하여 작성.
※ 제공되는 식재료 종류가 차이나는 부분은 음영으로 표시하였다.

위의 <표 부-12>은 1특송사 및 관수왜의 하선연 접대에 사용된 음식재료를 모두 합산하여 나타낸 것이다. 연향음식은 7味가 제공되었는데, 이를 반영하듯 표에서 식재료의 다양함이 드러난다. 식재료는 곡류, 육류, 해산물, 과채류, 조미료 등으로 구성되어 있고, 육류에 비하면 해산물이 많은 비중을 차지한다. 특히 어류는 건어와 날 생선에 이르기까지 사용 용도에 따라 보존 방법을 달리하여 제공되었으며 종류도 다양하다. 이는 불교를 신봉하여 네발 달린 짐승의 고기를 꺼리고 다양한 해산물을 즐기는 일본인의 식생활을 고려한 것으로 보인다.

어류 중 눈에 띄는 것은 상어와 대구이다. 상어는 잔치상에 대표적으로 올라가는 음식 중 하나이며 대구는 해산물 중 날 생선을 제외하고 가장 많은 물량이 제공되고 있다. 상어와 대구는 동래 지역의 토산품이기도 하다.

전자리상어[占察魚], 대구[大口魚], 靑魚, 洪魚, 錢魚, 전복[鰒], 굴[石花], 紅蛤, 烏海藻, 김[海衣], 미역[藿], 海蔘, 다시마[昆布·塔士麻][6], 石榴, 유자[柚], 사기그릇[磁器], 오지그릇[陶器], 竹箭〈蘇山에서 남.〉, 표고, 소금,

은어[銀口魚], 농어, 廣魚.[7]

위에 제시한 물품들이 조선시대 동래현의 토산품이었던 것을 감안한다면, 구하기도 쉽고 일본인들의 입맛에도 맞는 해산물 음식을 많이 활용했음을 짐작할 수 있다. 특히 대구는 경상도의 대표적인 특산물로 일본인의 상차림에 자주 올라가고 있으며, 왜인들이 많이 요구했던 구청(求請) 물품 중 하나이기도 하다.[8] 전자리상어는 찜 등의 형태로 요리되어 상에 올라갔던 음식재료 중 하나인데, 껍질은 말려 칼자루에 장식하거나 물건을 닦는데 사용하기도 했다.

1특송사와 관수왜의 식재료 중 차이가 나는 것은 오미자와 돼지이다. 관수왜에게는 오미자가 지급되지 않았던 반면 특송사에게는 돼지가 지급되지 않았다. 오미자가 음료의 재료로 쓰인다는 점을 감안하면 관수왜에게는 오미자를 사용한 음료가 상에 올라가지 않았다는 것을 의미한다. 그런데 돼지가 특송사에게 보이지 않는 점은 특이하다. 개별 연향음식 재료를 확인하기 힘들지만 『증정교린지』에서 각종 다례와 연향에 제공된 식재료의 총량을 보면 돼지 15마리가 포함[9]되어 있기 때문이다. 이는 하선연에서 돼지고기가 제공되지 않았음을 의미한다. 『영남접왜식례개이정등록』에 기재된 1특송사 다례 및 연향 식재료 중 돼지가 포함된 연향과 다례를 분류하면, 하선다례 2마리, 명일연 8마리, 별하정·예하정 4마리, 예단다례 1마리로 총 15마리의 돼지가 제공되고 있다. 하지만 하선연, 상선연, 별연에는 돼지가 제공되지 않았다. 반면 관수왜의 연향과 다례에는 하선다례, 하선연, 예단다례, 상선

---

6) 곤포와 塔士麻 모두 다시마를 의미하는데, 정약용의 『경세유표』에는 '곤포 중에 작은 것을 방언으로 다시마라 한다.'고 되어 있다.

7) 『신증동국여지승람』 「경상도」 동래현 토산.

8) 김동철, 「국역왜인구청등록(1) 해제」 『국역왜인구청등록(Ⅰ)』, 부산광역시사편찬위원회, 2004, 22쪽.

9) 『증정교린지』 권1 「연례송사」 1특송사.

연에 각각 돼지 1마리씩이 지급되어 총 4마리의 돼지가 제공되었다.[10]

Ⅳ. 자료의 가치

일본사신 접대와 관련한 자료 중 『영남접왜식례개이정등록』(1732)은 『통문관지』와 『증정교린지』에 비해 풍부한 사례를 담고 있음에도 불구하고 잘 활용되지 않고 있다. 아마도 예조가 편찬에 관여하지 않고 경상감영의 조사에 의해 작성되었다는 점으로 인해 널리 알려지지 못한 측면이 클 것이다.

그럼에도 불구하고 본 자료는 나름의 가치와 생각해볼 거리를 제시해 준다.

첫째, 접대할 사신 범주에 연례송사와 함께 관수차왜가 포함된 점이다. 본 자료에 제시된 일본사신은 주로 연례송사이다. 차왜가 포함되지 않았다는 점도 이상하지만 여러 차왜 중 관수차왜만 포함시키고 있는 점 또한 의문을 자아내게 한다. 차왜가 접대할 사신 범주에서 제외된 이유는 아마도 비정기적으로 왕래하는 사신이라는 점, 차왜에 대한 접대 기준 또한 연례송사 접대 기준을 따르고 있는 점 등을 들 수 있을 것 같다.

관수차왜도 동일한 인식선상에서 볼 때, 접대 기준에 주목할 필요가 있다. 『증정교린지』에 관수차왜의 접대는 '연례송사와 같다.'고 되어 있다. 즉 관수차왜는 형성 단계에서 이미 연례송사와 동일한 접대 기준이 마련된 것이다. 형성 시점이 겸대제 시행 직후라는 점도 작용한 듯하다. 이러한 이유들로 본 자료에 관수차왜가 연례송사와 함께 들어가 있을 가능성이 크다.

둘째, 자료 작성시기의 중요성이다.

『영남접왜식례개이정등록』은 『통문관지』, 『증정교린지』와 같은 18세기에 작성되었지만 시기상 두 자료의 중간 시기에 위치한다. 즉 『통문관지』와

---

10) 『嶺南接倭式例改釐正謄錄』 「연향잡물 秩」 1특송사; 관수.

『증정교린지』 사이의 공백을 메워주고, 접대규정이 변화하는 과정을 보여주기에 좋은 자료인 것이다. 본 자료 소개에서는 연향 횟수 변화만을 중점적으로 확인하였으나, 접대 인원이나 일공 재료 등 다양한 부분에서 변화 과정을 파악할 수 있는 자료가 될 것이다.

마지막으로 「연향잡물질」 등에서 보이는 기록의 상세함을 들 수 있다. 『통문관지』와 『증정교린지』 등에서도 일공이나 연향 잡물의 종류 및 내역을 기록하고 있다. 하지만 『영남접왜식례개이정등록』은 더 상세하다. 본문에서 예로 든 연향만 하더라도 각 연향별로 제공되는 식재료는 물론이고, 한 상에 들어가는 식재료 및 전체 상에 들어가는 식재료를 별도로 구분하여 정리하고 있는 것에서 그 상세함이 드러난다. 하선연이라 하더라도 1차 하선연과 2차 하선연에 상의 크기가 달라지는 점, 접대에 관여하는 조선 측 대객(對客)의 음식상도 마련되고 있는 점 등도 본 자료의 활용가치를 부각시켜주는 부분이다.

이처럼 자료의 가치가 풍부함에도 불구하고 기존의 연구들에서 『영남접왜식례개이정등록』은 잘 활용되지 않고 있다. 현재 장서각에서는 본 자료의 원문 이미지 파일 및 텍스트 파일을 무료로 제공하고 있으니 더 많이 활용되었으면 하는 바람이다.

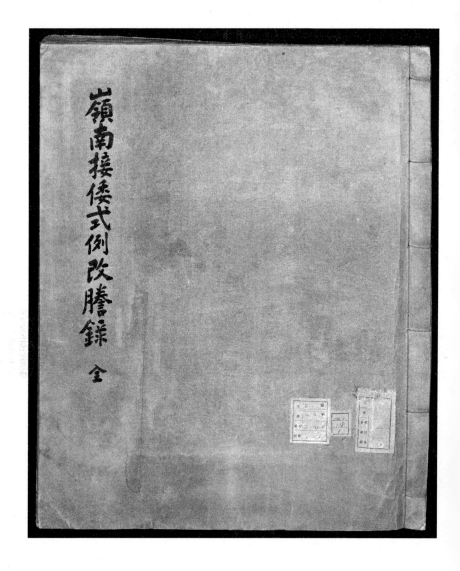

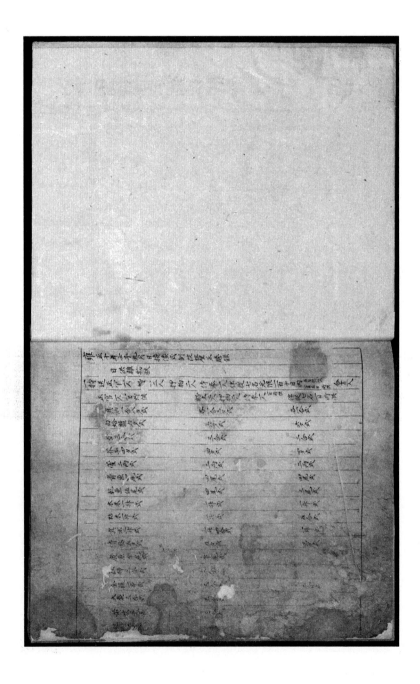

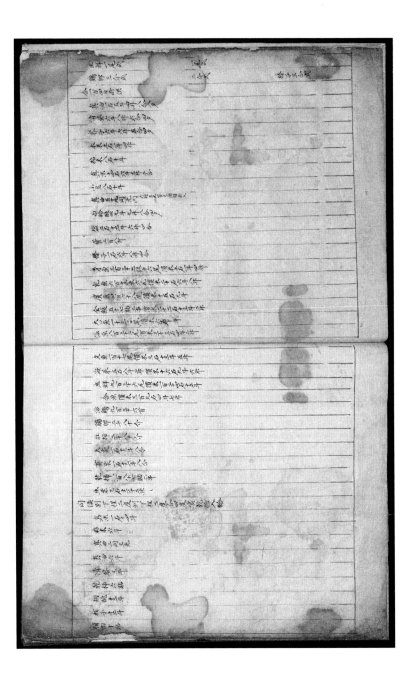

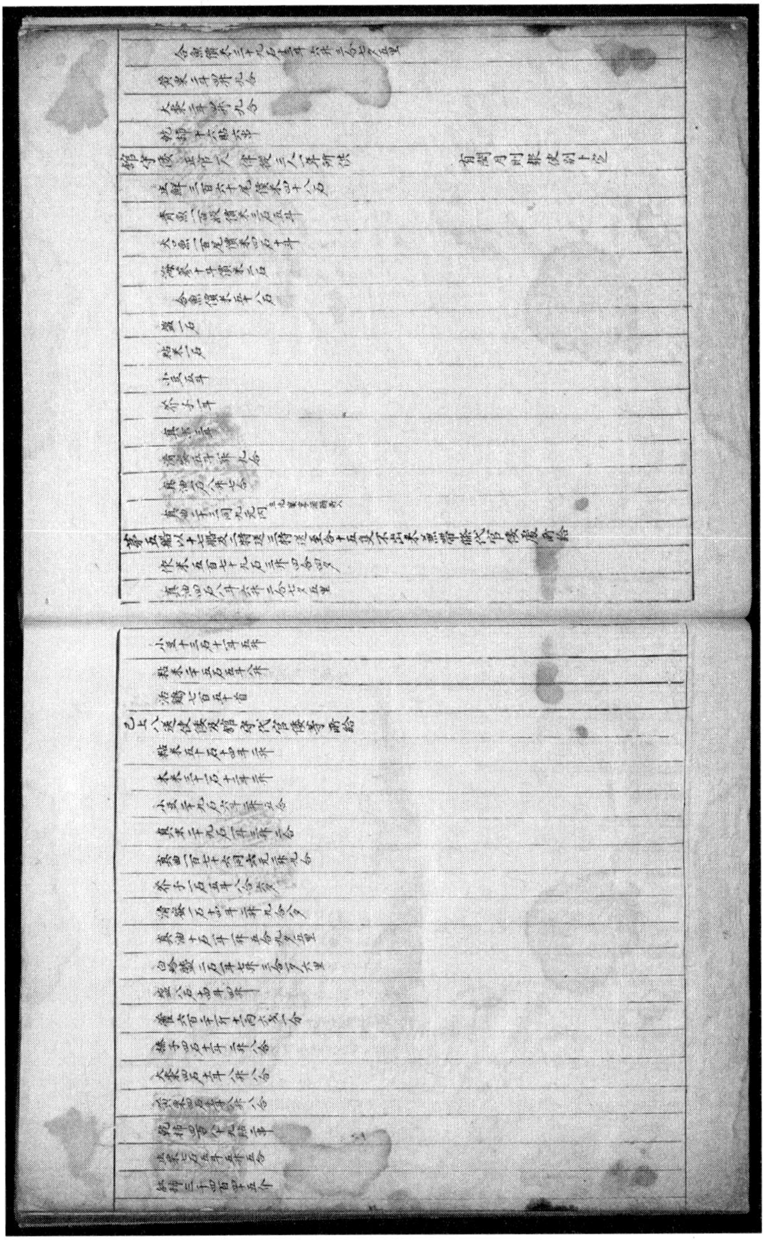

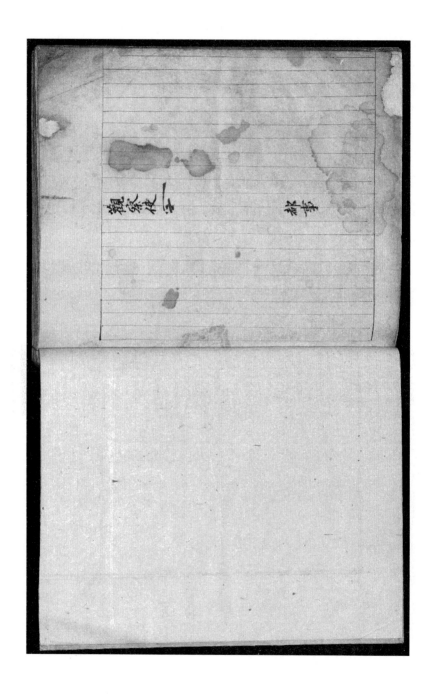

찾아보기

저자소개

심민정

부경대학교 사학과에서 석·박사학위를 받고,
부경대·신라대 사학과에서 강의하고 있음.
부경대 대마도연구센터, 한국여성독립운동연구소 비상임연구원.

■ **주요연구**

조선시대 한일관계사, 해양교류사, 부산경남지역사를 연구하고 있다.
「조선 후기 통신사 員役의 차정과 변화」(2004)
「조선 후기 일본사신 접대절차와 양상」(2015)
「두모포왜관 시기와 초량왜관 시기 연례송사 접대 비교 연구」(2019)
「1682년 임술통신사행의 임술약조 강정과 조일 교린관계의 재편」(2021)
「조선 후기 부산에서의 표류일본인 접대 -『朝鮮漂流日記』(1819)를 중심으로-」(2021)
『한국수산지』번역(공역)
『조선전기 해양개척과 대마도』(공저), 『조선시대 해양환경과 명태』(공저), 『전란기의 대마도』(공저)

조선후기 일본사신 왕래와 접대

2022년 1월 13일 초판 인쇄
2022년 1월 27일 초판 발행

지 은 이   심민정
발 행 인   한정희
발 행 처   경인문화사
편 집 부   박지현 김지선 유지혜 한주연 이다빈 김윤진
마 케 팅   전병관 하재일 유인순
출판신고   제406-1973-000003호
주   소   (10881) 파주시 회동길 445-1 경인빌딩 B동 4층
대표전화   031-955-9300   팩 스   031-955-9310
홈페이지   http://www.kyunginp.co.kr
이 메 일   kyungin@kyunginp.co.kr

ISBN 978-89-499-6613-7   93910
값 21,000원